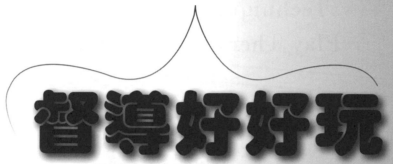

督導好好玩
遊戲治療督導技巧

SUPERVISION CAN BE PLAYFUL:
Techniques for Child and Play Therapist Supervisors

主　編　Athena A. Drewes、Jodi Ann Mullen

總校閱　林妙容

譯　者　許智傑、謝政廷

Supervision Can Be Playful

Techniques for Child and Play Therapist Supervisors

Edited by
Athena A. Drewes and Jodi Ann Mullen

Published by agreement with Jason Aronson, Inc., an imprint of the Rowman & Littlefield Publishing Group through The Yao Enterprises, LLC.

Copyright © 2008 by Jason Aronson

Complex Chinese Edition Copyright © 2023 by Psychological Publishing Co., Ltd.

目次

Part 1
督導形式與重要考量

Part 3
催化自我覺察

主編者簡介

Athena A. Drewes

　　心理學博士（PsyD）、文學碩士（MA）、經認證的遊戲治療師督導（RPT-S），為知名的作者，也是《學校中的遊戲治療》（*School-based Play Therapy*, 2001）和《遊戲治療中的文化議題》（*Cultural Issues in Play Therapy*, 2005）的共同主編。她在各類型的治療環境中與兒童青少年進行工作，有近三十年的臨床經驗，同時也是臨床訓練中心的主任與 APA 於阿斯特兒童之家（Astor Home for Children）的駐地實習督導。Drewes 博士在督導同儕與博士層級的遊戲治療實習方面有超過十二年的經驗，持續給予學生鼓勵和支持，幫助他們成為認證的遊戲治療師與遊戲治療師督導。她擔任過六年的美國遊戲治療學會理事長，是經過認證的遊戲治療師與遊戲治療師督導，也是紐約的瑪麗斯特學院（Marist College）與聖人學院（Sage College）遊戲治療課程的客座教授。她是遊戲治療機構（Play Therapy Institute）的創立者與負責人，也是紐約遊戲治療協會（New York Association for Play Therapy）的創立者與前理事長。

　　Drewes 博士撰寫了許多遊戲治療的文章與書籍章節，也是《國際遊戲治療學報》（*International Journal of Play Therapy*）與《專業心理學家的訓練與教育》（*Teaching and Education of Professional Psychologists*）等期刊的編輯委員，在遊戲治療領域為享譽全美與國際的大師及訓練者。

Jodi Ann Mullen

　　哲學博士（PhD）、持有美國心理衛生諮商師執照（LMHC）、擁有國家執照之合格諮商師（NCC）、經認證的遊戲治療師督導（RPT-S），任職於紐約州立大學奧斯威格分校（State University of New York at Oswego）諮商與心理服務學系，擔任研究所遊戲治療認證課程的督導。Mullen 博士是經認證的遊戲治療師與遊戲治療師督導，亦是多篇遊戲治療與督導研究論文的作者。她與 Jody Fiorini 博士合著的《哀傷與失落的兒童與青少年諮商》（*Counseling Children and Adolescents through Grief and Loss*, 2006）榮獲《美國護理期刊》（*American Jaurnal of Nursing*）「年度最佳書籍」的殊榮。Mullen 博士是紐約遊戲治療協會的理監事成員，也是《國際遊戲治療學報》的編輯委員。

作者群簡介

Sue Bratton, PhD, LPC, RPT-S

　　北德州大學遊戲治療中心主任、副教授

Peggy Ceballos, MEd

　　北德州大學遊戲治療中心副主任

David A. Crenshaw, PhD, ABPP, RPT-S

　　紐約州萊茵貝克兒童與家庭中心主任

Judith M. Dagirmanjian, LCSWR

　　紐約州阿爾斯特郡心理衛生中心家庭及兒童部心理治療社工師

Athena A. Drewes, PsyD, RPT-S

　　臨床訓練中心主任、紐約阿斯特兒童之家駐地實習督導

Lennis G. Echterling, PhD

　　維吉尼亞州詹姆斯麥迪遜大學心理學研究所博士

Jody J. Fiorini, PhD

　　紐約州立大學奧斯威格分校諮商與心理服務學系副教授

Sandra B. Frick-Helms, PhD, RPT-S

南卡羅來納大學醫學院兒童與成人神經精神病理學及行為醫學系臨床教師

馬里蘭州約翰霍普金斯大學諮商學系教學教員

Ken Gardner, MS, Cpsy

加拿大亞伯達省洛奇蒙頓遊戲治療學院聯合主任

Kristi A. Gibbs, PhD, RPT

田納西大學查塔努加分校諮商學程助理教授

Eliana Gil, PhD, ATR, RPT-S

維吉尼亞兒童扶助中心註冊藝術治療師

Eric J. Green, PhD, RPT-S

馬里蘭州約翰霍普金斯大學諮商與人類服務學系助理教授

Louise Guerney, PhD, RPT-S

全美關係增進研究所所長

賓夕法尼亞州立大學人類發展與心理諮商學系榮譽退休教授

Susan Hansen, LCSWR, RPT-S

紐約州阿爾斯特郡心理衛生中心家庭及兒童部心理治療社工師、

遊戲治療師督導

Linda E. Homeyer, PhD, LPC-S, NCC, RPT-S

德州州立大學專業諮商學程教授

Melissa Luke, MS, LMHC

紐約雪城大學諮商與人類服務學系教授

Mary Morrison, PhD, LPC, NCC, RPT
　　德州州立大學助理教授

Jodi Ann Mullen, PhD, LMHC, NCC, RPT-S
　　紐約州立大學奧斯威格分校諮商與心理服務學系

Evangeline Munns, PhD, RPT-S
　　加拿大安大略省金鎮臨床心理師

Yumiko Ogawa
　　北德州大學博士

Dee Ray, PhD, LPC, RPT-S
　　北德州大學兒童與家庭資源中心副主任、助理教授

Arthur Robbins, EdD
　　紐約州紐約普拉特藝術學院藝術治療教授

Lawrence Rubin, PhD, LMHC, RPT-S
　　佛羅里達州邁阿密聖湯瑪士大學諮商教育教授

Angela Sheely, MA
　　北德州大學遊戲治療中心副主任

Anne Stewart, PhD
　　維吉尼亞州詹姆斯麥迪遜大學心理學研究所

Lorri Yasenik, MSW, RSW, RPT-S
　　加拿大亞伯達省洛奇蒙頓遊戲治療學院聯合主任

總校閱者簡介

林妙容

現職：國立暨南國際大學諮商心理與人力資源發展學系專任副教授

學歷：美國北科羅拉多大學諮商師教育博士

經歷：國立高雄師範大學輔導與諮商研究所專任助理教授

　　　高雄市兒童青少年家庭諮商中心專業督導

　　　國立暨南國際大學學務處諮商中心主任

　　　台灣遊戲治療學會第四屆理事長

　　　彰化縣、苗栗縣學生輔導與諮商中心外聘專業督導

譯者簡介

許智傑（第 4、5、11 ～ 16 章）

　　現職：臺北市信義區信義國小教師

　　學歷：國立臺灣師範大學教育心理與輔導學系博士

　　經歷：臺中市烏日區僑仁國小專任輔導教師

　　　　　國立嘉義大學家庭與社區諮商中心特約諮商心理師

　　　　　國立嘉義大學學生輔導中心兼任輔導老師

　　　　　嘉義縣學生輔導與諮商中心特約諮商心理師

　　　　　嘉義市學生輔導與諮商中心特約諮商心理師

　　　　　台灣遊戲治療學會第六屆理事

　　　　　台灣團體諮商與治療研究學會第一屆秘書長

　　　　　台灣學校心理與諮商輔導協會第一屆理事

謝政廷（第 1～3、6～10、17 章）

現職：國立臺北教育大學心理與諮商學系專任助理教授

學歷：國立彰化師範大學輔導與諮商學系博士

經歷：新北市板橋區文聖國小專任輔導教師

彰化縣學生輔導與諮商中心兼任諮商心理師

國立嘉義大學學生輔導中心兼任輔導老師

國立彰化師範大學學生心理諮商與輔導中心兼任諮商心理師

中臺科技大學兒童教育暨事業經營學系兼任講師

國立臺東大學教育學系兼任助理教授

嘉義市諮商心理師公會第二屆監事

台灣團體諮商與治療研究學會第一屆理事

台灣學校心理與諮商輔導協會第一屆理事

謝辭

特別感謝紐約萊茵貝克「阿斯特兒童之家」總部的圖書館館長 Denise Garafolo。不論多麼困難的任務，Denise 總能為我找到寫作時所需要的文章、書籍與媒材。我由衷感謝你的效率，還有你那溫暖又令人歡愉的舉止風範。你從未讓我感到失望。

感謝執行董事 Dr. Jim McGuirk、醫療主任 Dr. Alice Linder，以及七百位阿斯特兒童之家的員工提供這樣具支持與滋養的環境。阿斯特為世界級的組織，是大型、非營利、多樣化服務的心理衛生機構，提供幼童、門診病人、日間治療、居住照護與寄養照護，還有針對兒童及家庭提供以學校和家庭為基礎的服務，遍及紐約中哈德遜區的杜且斯郡，以及布朗克斯郡與橙郡。我很驕傲自己身為這個組織中的一分子。特別感謝阿斯特居家治療中心的前主任 Dr. David Crenshaw 的督導與支持，還有前費城兒童輔導診所的家庭治療顧問 Andy Fussner。透過你們的訓練、支持與角色楷模，讓我過去十六年來能夠發展並琢磨我的遊戲治療督導技巧。你們向我示範了要如何做好這些！

特別感謝 Art Pompanio 的鼓勵與 Rowman & Littlefield 出版集團 Jason Aronson 出版社的支持，讓我們得以完成這本書的計畫。

最後，謝謝我的家人：Rev. James R. Bridges、Scott Richard Drewes Bridges 和 Seth Andrew Bridges，他們總是充滿著愛、支持與關懷。

～ *Athena A. Drewes*

感謝亦師亦友的 Athena Drewes。何其有幸你成為我生命中的一部分，沒有你的話，這個計畫不可能會開花結果——謝謝你！

我有一個令人讚嘆的支持後盾。謝謝無條件支持著我的朋友與同事、我引以為傲的家人，還有始終愛我的丈夫 Michael，以及我的孩子 Andrew 和 Leah。

～ *Jodi Ann Mullen*

總校閱者序

在諮商師培育及養成的過程中，督導往往扮演關鍵性之角色。欲擔任督導者乃需要接受一系列諮商督導課程及實務之訓練，始可適任，且展現督導效能。

有別於一般諮商督導理論與實務之書籍，本書乃由 Dr. Athena A. Drewes 及 Dr. Jodi Ann Mullen 彙編了精熟諮商督導及遊戲治療理論與實務之作者群所論述的文章而成，內容主要包含四大部分：督導形式與重要考量（5 章）、特殊族群之督導（6 章）、催化自我覺察（4 章）、遊戲式的技術集錦（2 章），共計 17 章。本書除第一章概述督導理論、模式、原則及歷程議題外，其他章節皆著重於遊戲治療督導實務之運用。此書不僅可提供從事遊戲治療督導實務工作者參考，更可當作有志學習運用表達性媒材進行諮商督導者之學習指引。

本書的兩位譯者──謝政廷與許智傑兩位諮商博士，他們在諮商督導、遊戲治療之理論與實務上皆有扎實的訓練及豐富之臨床經驗，自是翻譯此書的最佳人選。在此，感佩有他們二位的努力、付出與貢獻。

　　翻譯與校閱實是耗時且費力之工作，非常感謝心理出版社林總編輯敬堯先生及執行編輯汝穎始終如一的支持、包容與協助，終於讓此書中文版可以問世了。本書文中之字詞倘有疏漏、不妥之處，尚祈包容見諒，不吝指正。

林妙容

於埔里暨大

2023 年 5 月

譯者序

　　經過將近兩年半的時間，終於順利完成《督導好好玩》這本書的翻譯工作。翻譯是一件非常吃力不討好的事，特別是每天都有很多工作要忙碌，閒暇之餘就想休息了；之所以會選擇在閒暇之餘放棄休閒的時間而致力於讓這本書翻譯問世，主要是因為這本書是遊戲治療的進階書籍，對於實務工作有非常大的裨益。輔導諮商領域的夥伴們都知道，理論、實務、督導是訓練中不可或缺的鐵三角，這本書有別於坊間的書籍大多聚焦在遊戲治療師的相關理論與實務，而將全書聚焦在遊戲治療的督導，為督導者或受督導者注入了很多新的觀點。更特別的是，這本書整合了遊戲治療與表達性藝術治療的技巧融入遊戲治療督導之中，為遊戲治療督導增添更多的可能性。

　　本書共分成四大部分，第一部分主要在談督導的形式與重要考量，當中涵蓋了督導的模式與議題、沙盤督導的技術、遊戲治療師的決策模式、跨文化的督導視野與督導的文化能力內涵；第二部分討論督導特定的族群，像是針對主要工作對象為特教兒童、經歷創傷的兒童、具攻擊性的兒童、親子遊戲治療、團體遊戲治療、角色扮演活動等遊戲治療師進行的督導；第三部分則是督導中的重要主題——催化自我覺察，當中涵蓋的主題有：督導的遊戲空間、以人本取向的表達性藝術形式進行督導、沙盤媒材形式的督導、反移情的遊戲等；第四部分是遊戲式的督導，當中探究了督導的遊戲式活動、經驗性的活動。

　　一本書的完成，背後經過了很多不為人知的辛苦。所幸在辛苦的過程中，遇到很多人的協助，讓本書得以順利付梓。要感謝本書的總校閱林妙容老師，從決定要翻譯後與出版社辛苦的討論、過程中引導翻譯章節的分工合作、翻譯後的校閱等，是這本書出版的主要舵手。再者，感謝陳秉華老師（許智傑的指導教授）、林杏足老師與吳秀碧老師（謝政廷的指導教授），三位老師都是在督導領域深耕的專家與實務工作者，開啟了我們想要持續耕耘督導工作的想法，也是促成這本書出版的幕後推手。此外，也要感謝高淑貞老師、洪慧涓老師、施玉麗老師教導我們遊戲治療的課程，讓我們有扎實的理論基礎，得以更為完整的完成此書的翻譯。最後，要感謝心理出版社林敬堯總編輯與執行編輯林汝穎。林總編輯對於輔導諮商專業的支持，多年來堅持出版品質優良的圖書，讓我們有更強的動力將本書順利出版；汝穎在校對時候的細心與專業自然是不在話下，讓這本書得以更臻於原作者的原意，在此一併感謝。

　　感謝的人甚多，然囿於篇幅，無法一一致謝，套句陳之藩先生的話，因為要感謝的人太多了，那就感謝天吧！

許智傑、謝政廷 謹識

序言

　　本書內容是出於我們的熱情，還有對遊戲治療與遊戲的熱愛，以及我們相信遊戲治療所帶來的療癒力量。在一起對談中，我們都想要進一步幫助兒童臨床醫生與他們的督導，用好玩的方式來進行督導。畢竟，遊戲治療適合所有年齡層的個案。遊戲提供治癒與治療的力量，不只是*作為*治療或是在治療中，在*治療之外*也是如此。成人也需要遊戲，為了保持新鮮感、活力，面對許多困難的案件、個案與受督導者，或許可能還需要更多的遊戲。

　　對於那些針對他們的個案使用遊戲本位（play-based）介入的兒童與遊戲治療臨床實務工作者而言，在督導中少了遊戲似乎有些扞格。角色楷模與運用遊戲介入和個案進行工作時，有什麼方法會比在督導中實際運用遊戲技術更好呢？在支持、信任與溫馨的督導關係中為助於催化冒險，有什麼方法會比讓督導者與受督導者一同參與運用遊戲治療技術來得更好呢？

　　兒童與遊戲治療師包含各式各樣的心理健康專業人員，他們在不同的場域、與多元的族群和不同程度的受督導者進行工作。有一些受督導者是兒童與遊戲治療的新手，而有些經驗豐富的專業人員也才剛開始接觸遊戲治療；相同的場景也適用於督導者，有一些督導者是新手督導，而有些督導者也才剛開始督導兒童與遊戲治療師。在本書中，我們試圖提供遊戲的介入與策略以供督導歷程中作為運用。

　　不論你是督導者、受督導者或是兩者身分兼具，本書可說填補了大學教授兒童與遊戲治療的老師、訓練主任，以及機構與臨床督導，還有想要運用

經驗取向的私人執業督導者與受督導者，在督導訓練上的不足。

根據遊戲治療中心（Center for Play Therapy）2005 年的資料，目前有超過一百個研究所學程，至少提供了一門遊戲治療研究所課程。以大學為基礎的遊戲治療研究生課程每年都大幅的成長。本書對於許多已經獲得認證的遊戲治療師督導（RPT-S）、需要督導訓練的臨床醫生，以及要督導培訓中的兒童治療師（child therapists-in-training）的研究所教授和駐地實習督導者來說很實用。本書綜合了目前已知在臨床督導中與兒童工作什麼是有效的，提供了方法來衡鑑督導關係，最重要的是，在選擇適合兒童／遊戲治療受督導者需求的創造性介入提供了指引，讓他們能夠為個案提供最高品質的治療。

我們很榮幸能夠邀請兒童與遊戲治療領域中多元且跨階段的專家，與讀者分享他們的所知和遊戲式的介入策略。這些作者都有多年的督導經驗，橫跨各種臨床環境，對於新手或有經驗的督導者在開展工作上都會有所助益。我們將本書分成四個部分。

第一部分：督導形式與重要考量，包含五章，目標在定義名詞並討論與臨床督導相關的研究及模式。這些章節也在處理心理發展、跨學科、族群，以及督導關係中與受督導者和個案有關的文化特徵。同時焦點也放在兒童與遊戲治療師會面臨的特定挑戰。每一章都含括許多能夠立即在督導中運用的遊戲技術，來營造信任、支持，以及冒險的環境。

第二部分：特殊族群之督導，包含六章，檢視了不同的工作環境與兒童／遊戲治療專業人員所接觸到的個案族群。這些章節反映出一般在兒童與青少年臨床督導和治療中會面臨的議題，並且提供一些會讓新手兒童臨床醫生感到難以處理的獨特情境。有幾個章節提供了案例研究來檢視衡鑑策略與遊戲技術的應用，也會就關係的動力、倫理的考量與介入的選擇（受督導者／醫生與督導者）來檢視案例與情境。遊戲治療督導者與受訓中的督導者將能夠學習如何在兒童與遊戲治療督導中衡鑑與概念化不同類型的議題，並且逐一透過遊戲本位的技術來回應。

　　第三部分：催化自我覺察，共包含四章，著重於處理經驗的影響，並且提供兒童／遊戲治療的臨床督導，還有兒童／遊戲治療師的議題會如何在臨床督導中浮現。兒童／遊戲治療督導者與受督導者的自我覺察很重要，因此特別加以強調。當與家庭中的兒童和成人個案工作，個人的移情與反移情議題會出現，但是相似的議題也會出現在督導者與受督導者的關係中。兒童遊戲治療師與督導者必須要能夠看到其中這些因素如何阻礙工作同盟或是妨礙創造安全與支持的治療或督導環境。同時強調並詳述表達性藝術與沙盤的運用，讓受督導者與督導者雙方能利用它們來進行聯合活動以邁向自我覺察。

　　第四部分：遊戲式的技術集錦，包含兩章，有許多獨特與好玩的技術和活動能在督導中運用。每個技術都有清楚的概述，好讓督導者與受督導者能夠參與在活動之中，也能夠在團體督導中運用。

　　我們有信心這本書將有助於提升兒童與遊戲治療師的督導水平以及受督經驗。相對來說，透過運用本書所提供的遊戲本位技術，個案及其家人也能從更好玩又有自信的治療師身上獲益。

Part 1

督導形式與重要考量

Supervisory Styles

and

Critical Considerations

督導：
模式、原則與歷程的議題

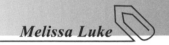

Melissa Luke

　　本章針對督導加以定義，並介紹三種被廣為接受的督導模式：以心理治療為基礎（psychotherapy based）、發展性（developmental），以及社會角色（social role）的模式。同時會更深入地討論幾個督導的內涵，包括融合經驗性元素（experiential element）在兒童及遊戲治療督導中的合理性。並且描述了在督導中使用經驗性與遊戲性介入的基本原則，特別是探索與歷程議題相關的督導關係。案例則用來說明使用遊戲式督導介入的契機。

　　督導已被認為是諮商師、心理學家、精神科醫師、精神科護理人員、社工人員，以及婚姻與家庭治療師教育及訓練中的主要內容（Bernard & Goodyear, 2004; Watkins, 1995, 1998）。Shulman（2005）認為督導是跨心理健康專業的「特色教學法」（signature pedagogy），指出督導已經逐漸成為所有臨床實務工作準備的主要方法。許多執照管理單位與認證機構要求參與督導作為教育與訓練的程序，定義出關於督導的類別與內容的要求（如 American Association for Marriage and Family Therapists, 2002; American

Psychological Association, 2000; Association for Play Therapy, 2006; Mascari & Wilson, 2005; National Board for Certified Counselors, 2000, 2001）。 在相同的專業中，透過較資深的成員提供新進成員督導，能讓專業認同的發展與專業的社會化兩者都更為優質（Bernard & Goodyear, 2004），有許多學會組織維持提供認證督導合法化的要求，例如：美國遊戲治療學會（Association for Play Therapy, APT）鼓勵申請認證成為認證遊戲治療師（registered play therapists, RPT）的申請者接受認證遊戲治療師督導者（registered play therapist-supervisors, RPT-S）的督導（Association for Play Therapy, 2006）。

定 義

儘管行政與臨床督導的區分已被建立（Barret & Schmidt, 1986; Dollarhide & Miller, 2006; Henderson & Gysbers, 2006; Sutton & Page, 1994），關於臨床督導的標準化特性、目標以及歷程，仍然有分歧的解釋（Hart & Nance, 2003; Miller & Dollarhide, 2006; Wilkerson, 2006）。與督導相關的經典文獻為督導下了多樣的定義，然而，最常被引用的是由 Bernard 與 Goodyear（2004）所提出的下述定義：

> 督導是一門專業中，較精熟的成員提供一位或多位相同專業的新手成員的一項介入。這個關係是評價性的、延伸一段時間的，同時具備提升新手個體（們）的專業功能；監控他（們）所看見提供給個案的專業服務品質，以及擔任那些進入特定專業成員的把關者等目標。（p. 8）

此外，督導的功能也包含在這個定義中，認為督導是藉由更多專業性、態度、價值觀、思考模式，以及問題解決策略而被同化的社會歷程（Auxier,

Hughes, & Kline, 2003; Holloway & Wolleat, 1994; O'Byrne & Rosenberg, 1998）。例如，督導提供兒童與遊戲治療師經驗性的機會，以整合關於兒童發展與臨床觀察的改變理論、專業知識，以及與兒童工作的必要有效技巧等一般知識（Drisko, 2000; Zorga, 1997）。然而，所有督導最基本的功能仍是催化專業諮商技巧的發展，以及確保專業的把關，並管控提供給個案諮商服務的品質（Association for Counselor Education and Supervision, 1990; Bernard & Goodyear, 2004; Bradley & Ladany, 2001）。

歷史脈絡

在 Leddick 與 Bernard（1980）對督導的文獻進行全面的回顧中，他們指出直到 1970 年代，清楚明確的督導技巧才被有條理的組織出來，進而推動各種督導概念模式的發展。近三十年來，已經有很多可信的臨床督導模式提出。Glidden 與 Tracey（1992）觀察到這些督導模式提供實施督導的督導者如何組織與實施督導建議的啟發式價值觀。

過去三十年來，一個實質性的督導文獻回顧已經出現（Bernard & Goodyear, 2004; Bradley & Ladany, 2001; Falender & Shafranske, 2004），以廣泛的理論與實徵內容支持及促進臨床督導（Tyler, Sloan, & King, 2000）。三份當代期刊：《臨床督導者》（*The Clinical Supervisor*）、《諮商師教育與督導》（*Counselor Education and Supervision*）和《專業心理學的訓練與教育》（*Training and Education in Professional Psychology*）專門探討訓練與督導的議題。國際臨床督導年會暨學術研討會在 2005 年舉行，聚焦於跨專業的臨床督導理論、實務與研究的核心議題（International Interdisciplinary Conference on Clinical Supervision, 2006）。這些發展支持並確立督導是一種有別於諮商或治療實務的不同能力（American Counselor Education and Supervision, 1995; American Association for Marriage and Family Therapists, 2002; American Psychological Association, 2002; Dye

& Borders, 1990; Holloway, 1995; National Board for Certified Counselors, 2001）。

督導的概念化

在第一版《臨床督導的基礎》（*Fundamentals of Clinical Supervision*）一書中，Bernard 與 Goodyear（1992）區分出以心理治療為基礎、發展性，以及概念性的督導模式。他們之後刪除了概念性的模式，並以社會角色模式來取代（Bernard & Goodyear, 1998, 2004）。這三個類別現在時常被用來區分督導模式（Bernard & Goodyear, 2004; Borders & Brown, 2005; Bradley & Ladany, 2001; Falender & Shafranske, 2004）。

以心理治療為基礎的模式

早期的督導取向出現在各個不同的諮商與治療學派（Holloway, 1992; Leddick & Bernard, 1980）。一開始督導者轉化自己理論取向的歷程與程序等相關知識進入督導元素中，組織正式理論成為特定的督導。這些早期督導的概念化大多取決於諮商關係的模式、倡導，以及被他們所尊崇與抱持的諮商理論所影響（Bradley & Gould, 2001）。

Eckstein 與 Wallerstein（1958）的心理動力督導是最早以心理治療為基礎的督導模式，它指出藉由心理動力督導者協助受督導者增加自我覺察的明確階段，也就是說，由於被理論化而引導到更有效的治療性的運用自我。其他以心理治療為基礎的模式包含：當事人中心取向督導、行為取向督導等等。雖然兒童與遊戲治療並非一個特定的理論取向，但很特別的是，兒童與遊戲治療中活動性的學習及固有的象徵性表達，拓展了超越口語意義的溝通（Rogers, 1957; Sutherland & Bonwell, 1996）。因此令人感到難以理解的是，到目前為止，尚未有反映出這個實務工作的相似督導模式。然而，Mullen、Luke 與 Drewes（2007）指出，兒童與遊戲治療督導者具備獨特的

機會來呈現、教育，以及促進經驗性與遊戲性介入的可能性，並且在督導中示範，遊戲是一種語言的專業世界觀（Ginott, 1959）。

發展性模式

Kell 與 Mueller（1966）以及 Boyd（1978）首先提出督導並不是依附在特定理論取向的討論。支撐這些最初的督導理論是三個直覺性的發展假設：臨床技巧可藉由經驗性與教導性的學習而加以琢磨，理論與實務工作可以藉由反思實踐加以整合，以及專業認同是受到專業的社會化所影響（Bernard & Goodyear, 2004; Dollarhide & Miller, 2006; Holloway & Neufeldt, 1995; Watkins, 1995）。

形式化的發展性督導模式（Littrell, Lee-Borden, & Lorenz, 1979; Loganbill, Hardy, & Delworth, 1982）提出增加技巧與覺察的一連串先後階段。這些模式建議依據受督導這變動但是可預測的發展需求決定督導的活動（Neufeldt, 1994）。雖然 Holloway（1987）將發展性督導模式描述為「最具時代精神的督導思考與研究」（p. 209），一些相關的文獻回顧卻做出關於它們的實徵性效度仍然不確定的結論（Goodyear & Robyak, 1982; Holloway, 1992; Steven, Goodyear, & Robertson, 1998; Worthington, 1987）。

社會角色模式

發展性督導模式取決於受督導者不斷變化的需求，而社會角色督導模式則概括了督導者的行為，特別是與受督導者角色相關的核心任務與歷程（Bernard & Goodyear, 2004）。早在 1958 年，Apfelbaum 介紹了評論、楷模、培育的角色以區辨不同治療取向的模式。同樣的，社會角色模式（Bernard, 1979, 1997; Hawkins & Shohet, 1992; Holloway, 1995）有時候被標示為具備折衷、整合，以及以歷程為基礎等特徵的模式（Borders & Leddick, 1987; Bradley & Ladany, 2001; Falender & Shafranske, 2004），描述了在督導範圍內使用的督導焦點、目標、功能、角色及形式。雖然這個指

涉對象的術語會有所變動，一般具有共識的是，這個模式是作為「理解來自於督導歷程中，彼此相互影響關係的概念化工具」（Falender & Shafranske, 2004, p. 19）。

　　或許督導者可能偏好特定的督導角色或風格（Bernard, 1981; Holloway, 1995; Putney, Worthington, & McCullough, 1992），但研究結果並沒有支持受督導者明顯的偏用任何一種督導角色或風格（Fernando & Hulse-Killacky, 2005; Shechtman & Wirtzberger, 1999），也沒有持續的報告指出歸因於特定角色在生產性、效能性或學習等面向的優勢（Holloway & Wampold, 1983）。因為社會角色模式較傾向是非理論的，它們可能被使用在結合發展取向以及其他與理論範圍內相適配的模式，或許也促使社會角色督導模式當代大量的討論與應用（Pearson, 2001, 2004, 2006）。

經驗性元素的整合

　　當代督導理論認為臨床督導是一種有別於教育、諮商或諮詢的獨特介入（Bernard & Goodyear, 2004）。雖然人際溝通時常不只透過言語而產生（Pedersen, 1994; Sue & Sue, 1999），從歷史來看，所有現存督導模式的督導介入都局限在口語的方法（Mullen, Luke, & Drewes, 2007）。然而，當督導的介入延伸到包含經驗性與遊戲治療的介入時，有可能會增加出現像孩子般的嬉鬧、較具冒險性，以及一段較深入的反思歷程。此外，Fall 與 Sutton（2003）主張當督導有意圖的包含象徵性表達的機制時，便開展了溝通。接下來描述三種在兒童與遊戲治療師督導所熟悉的督導脈絡中，可以融合遊戲性與經驗性的技術。

課程實習與駐地實習

　　區辨模式（Discrimination Model）（Bernard, 1979, 1997）是在訓練情境中最被廣泛使用的督導模式之一（Borders & Benshoff, 1999; Borders &

Brown, 2005）。對於受訓督導者而言，發展「最精簡的藍圖」（Bernard, 1997, p. 310）來概念化他們的督導介入，區辨模式（Bernard, 1979）提出三個督導的焦點（介入化技巧，原本被稱為歷程化技巧；概念化技巧；個人化技巧）以及三個督導者的角色心境（教師；諮商師；諮詢師）。因為每個角色可以被用來有效的呼應每個焦點，區辨模式提供豐富的可能性來含括經驗性的技術於兒童與遊戲治療受訓實務工作者的督導之中。

運用教師的角色，督導者可以簡要的示範經驗性的技術來擴展兒童或遊戲受訓治療師介入技巧的全套本領（repertoire）。以相同的角色，督導者可能也評估受督導者採用來概念化個案的方式。同樣的，為了引發更多關於兒童或遊戲受訓治療師如何概念化個案的資訊，督導者可以諮商師的角色並且要求受督導者象徵性地呈現他們對於個案經驗的理解與覺察。此外，由於受訓的實務工作者有超過一位以上的督導者是很常見的（例如：指導老師、駐地督導者、臨床督導者），督導者可以運用諮商師或諮詢師的角色來處理受督導者可能接受多元督導指導的現象場經驗（例如：個人化）。

學校

儘管諮商師、心理師、社工師，以及有時候是教師在學校情境提供兒童心理健康服務，專業的文獻已經指出督導尚未在學校脈絡裡建立其本身常見的實務工作（Luke & Bernard, 2006）。沒有督導，這些實務工作者可能錯失督導所帶來的效益，包括：增加有效性與責任承擔；改善諮商技巧與理解角色期待；提升專業發展；改善工作表現、信心，以及覺察學校諮商師角色的多元面向（Agnew, Vaught, Getz, & Fortune, 2000; Brott & Meyers, 1999; Crutchfield & Borders, 1997; Dahir, 2000; Herlihy, Gray, & McCollom, 2002）。相較於這些益處，很多實務工作者指出他們所接受到的督導是不令人滿意的（Coll, 1995），提出的問題像是：傳統督導的口語方式在當代的實務工作中，是否適切地符合在學校脈絡的受督導者從事實務工作的需求。

在討論學校諮商督導時，Struder（2005）主張好的督導者會依據受督

導者的發展性、脈絡性，以及情境的需求在不同的督導焦點與角色中變動。有鑑於許多在學校工作的實務工作者會提供常見的兒童與遊戲治療服務，在督導中融入相同的經驗性與遊戲性的介入，可增加督導者的彈性以符合這些受督導者的需求。儘管表達性技術幾世紀以來已經被用來提升象徵性溝通（Heiney & Darr-Hope, 1999），但是運用在督導是近期的文獻中才開始出現（Drisko, 2000; Mullen, Luke, & Drewes, 2007）。這可以藉由針對學校實務工作者採用納入學校脈絡（例如：學校房舍與學校人物的玩具）的表達性方法來完成。此外，提供平行的機會讓受督導者藉由口語表達以外的其他方法在督導中參與和溝通自己的經驗，可以增加他們對於兒童個案的同理。例如：能夠幫助受督導者玩出自己的興奮、沮喪、孤獨、責任感，以及成為為數不多在學校能提供兒童與遊戲治療的一位實務工作者。

團體

Hayes、Blackman 與 Brennan（2001）指出在定義團體督導時，很重要的是區分受督導者組成團體的脈絡，以及「督導目標是團體領導（leadership of a group）」（p. 185）的脈絡之間的差異。然而，無論是使用扎根於發展學習理論、人際、關係理論的經驗性或遊戲性介入的例子中，都能增加督導的效能（Mullen, Luke, & Drewes, 2007）。

督導者藉由溝通、示範，以及在特定治療原則與理論取向範圍內，直接教導必要的技巧以促進受督導者的成長（Dye & Borders, 1990; White & Russell, 1995）。儘管遊戲治療不是一個特定的理論取向，它已經被認為當受督導者在督導中可以真誠地參與這些時，接受象徵性表達與遊戲性介入的共享世界觀可以因而被提升（Mullen, Luke, & Drewes, 2007）。在團體督導的脈絡中，受督導者可以真實的經驗到這些介入用來探索重要團體系統性層次的目標，包含個人內在、人際，以及整個團體。舉例來說，一個受督導者也許被邀請挑選一顆球並且在物體之間移動球，藉此呈現內在的聲音、介於自我與其他團體成員之間的溝通，也一起考量整個團體。在一個團體裡，受

督導者可能藉由遊戲性的介入以及治療性的和他人、督導者分享一個遊戲空間而自發性地「卸下面具」（unmask），反過來釋放了「成長與發展的心靈」（Drisko, 2000, p. 157）。

基礎與基本原則

實徵的文獻發表了關於選擇督導介入為基礎的不同構念，包含工作同盟（Martin, Garske, & Davis, 2000），像是專業度、誠信度和吸引力等社會影響歸因（Neufeldt, Beutler, & Ranchero, 1997）；受督導者的發展（Ellis & Dell, 1986; Ellis, Dell, & Good, 1988; Gysbers & Johnston, 1965; Heppner & Roehlke, 1984）；以及理論取向（Goodyear, Abadie, & Efros, 1984; Goodyear & Bradley, 1983; Goodyear & Robyak, 1982; Putney, Worthington, & McCollough, 1992; Whitman, Ryan, & Rubenstein, 2001）。不管如何選擇，每種督導隱含著介於督導者與受督導者之間權力的特殊分配（Holloway, 1995）。這也包含了經驗性與遊戲性的介入。

早在 1957 年，Rogers 便假定經驗學習是直接與有效諮商相關的唯一一種學習（p. 78）。在討論經驗學習時，Kolb（1984）指出督導者需要使用一系列的方法幫助受督導者反思、概念化及專業技巧的實施。近來，強調「學生藉由在學習歷程中的主動參與，更可能內化、理解和記住學到的媒材」（Sutherland & Bonwell, 1996, p. 3）。儘管日後對於效能的探究是必要的，但似乎將活動的象徵性溝通融入某個人的督導全套本領中，有望提升督導以及兒童與遊戲治療師的效果。

歷程的議題

儘管目前尚未有研究可以用來檢視在督導中實施經驗性與表達性活動的成效，一些研究指出督導介入的選擇可能影響督導歷程（Milne & James,

2002; Worthington & Roehkle, 1979）。因為非口語的行為被認為是情緒與關係的語言（Kiesler, 1988），在督導中有目的地使用經驗性與遊戲性的非口語介入，可能有助於啟發督導關係與歷程的動力。

　　研究已進一步推論：督導關係本身，以及這個關係的經驗，和督導中的內涵與歷程是息息相關的（Bordin, 1983; Eckstein & Wallerstein, 1958; Holloway, 1992, 1995）。因此，督導者使用象徵性的溝通、非口語的表達性模式，以及遊戲性的介入，可能和受督導者發展一個較為正向的工作同盟，也因此可以提供更具理解性及有效的督導。然而，還有待未來的研究探索這些關係。

案　例

　　接下來是三個臨床督導案例的回顧，作者創造並運用了遊戲性的介入符合特定的督導內容。藉由使用這類的經驗性技術出現有力的象徵性表達，展現對兒童或遊戲治療師受督導者的裨益，也提供類似的遊戲性介入可以如何提升兒童與遊戲治療師的督導品質。

戴帽子的受督導者

　　參加 2006 年美國諮商學會（American Counseling Association, ACA）年會的新手餐會時，筆者有幸遇到 ACA 即將就任的下屆理事長 Marie Wakefield，她像 Seuss 博士《戴帽子的貓》（*Cat in the Hat*）一樣正穿戴上各種類型的帽子[1]。這次相遇之後，其間 Wakefield 討論到她有數百頂的帽子，每一頂帽子代表的是不同的職業、情緒和場合，帽子的用處是作為象徵性表達的方法。筆者開始和一位名為夏安的新的受督導者工作，而使用帽子

---

[1] 譯註：每種帽子有各式各樣的顏色、形狀、設計款式，代表多元的現象，就像受督導者帶著個人的經驗、想法、感覺，每個受督導者都不同。透過督導者與受督導者討論帽子，可以協助受督導者自我覺察。

也變得格外有意義。

　　夏安是二十四歲的拉丁裔女性，進修了學校的諮商課程，在一所城市裡的小學完成她的第一次實習課程。在我們第四次的每週督導會談時，她表現出拒絕辨識她剛開始工作的那位兒童可測量的目標。此外，當我詢問時，夏安不知道身為督導者的我，在學期末前如何能幫助她達成大學指定的目標。在一些探詢之後，我意識到為了協助夏安發展以及明確表達治療或督導的目標，我們首先需要討論的是我們的關係以及人際的期待。

　　有別於用口語的方式向夏安說明這個題材，我從 Wakefield 和她的帽子獲得靈感。用手指向裝有人物及服裝服飾的箱子，裡頭確實裝有許多帽子，我邀請夏安用這些呈現到目前為止她在督導中顯現的部分、她對於我身為一個督導者的期望、她對於我這個督導者的恐懼、她在督導中所隱藏的自我、她在這學期末將展現的自我、她身為一位學校諮商師所呈現的自我、在她實習課程中我這個督導者、沒有向我呈現的部分等等。在每一次的挑選之後，我們輪流描述我們看見與感覺到什麼，以及我們雙方的關聯。我刻意避免進行任何的詮釋。之後，我和夏安進行「角色」轉換，邀請她決定我要挑選的人物與服飾。她的要求包含：呈現一個好的受督導者、一個不好的受督導者、身為一個督導者當我很滿意時，以及身為一個督導者當我負向地評價一個受督導者時。我們再次以相互回應的方式處理我們的想法與情感。

　　在這個經驗性、充滿遊戲的介入之後，我暗示夏安我們之間有些事已經有所轉變，並且詢問她是否能夠將這轉變說出來。她沒有任何停頓的馬上回應我：「是的，梅麗莎，今天我們終於彼此了解，而現在我知道你對我的諮商技巧有所幫助。」緊接著，她從眾多箱子中的其中一個挑選出某個樣式，那是一個人形，但是是兩個人在一艘獨木舟上。夏安放了一頂舞會帽在其中一個人的頭上，以及一頂學士帽在另外一個人的頭上，說：「我不知道誰是誰，但我知道這是我們，做了我們今天所做的，一起航向畢業。」

　　我沒有更深入的提示，但夏安能夠和她的小學生個案共同辨識出在他們的工作裡頭需要被聚焦的特定領域。她可以清楚連貫地對她的個案指出她如

何使用治療關係、示範，以及表達性遊戲技術，來催化個案參與治療歷程。

阻滯的課題

　　史蒂芬是四十二歲的白人男性，全職工作是汽車製造廠的夜間督導，同時進修半日制復健諮商研究所。儘管史蒂芬在課業上非常認真，但他試圖在身兼父親、丈夫、員工、教練、學生及復健諮商駐地實習角色之間找到平衡。在我們第十二次的每週督導會談中，史蒂芬呈現他所進行過的初次晤談中其中兩個部分的錄音帶，那是他和一個中度認知遲緩、被判決進行酒精治療、名為朱利斯的十二歲大混血男孩進行會談的內容。很清楚的是雖然史蒂芬聽懂他個案的話語，但他卻無法進入朱利斯的情緒經驗中。由於史蒂芬先前已曾和相似的個案建立連結，我對他對於這個個案缺乏情感回應度（emotional availability）感到吃驚。在幾次針對這點討論之後，顯而易見的是史蒂芬對於他和朱利斯連結以及理解的評估顯然和我有所差異。我詢問他是否有意願做一個小實驗，而他也很快地應允。

　　我建議史蒂芬下次遇到朱利斯時，有別於詢問朱利斯他今天或上週情況如何，他可以試著讓朱利斯將這些表現出來，像是比手畫腳的猜謎遊戲。然後我們談論關於這個取向的一些優點，以及如何從他的工作中符合理論架構。史蒂芬的對話之後離題，他開始評論關於他自己八歲和十一歲大的孩子喜歡玩「疊疊樂」和「腦力大作戰」的遊戲。在下一次的督導會談，史蒂芬非常興奮的給我看一個圖表，他已經畫出由朱利斯所造成的阻滯的課題。後來不是用比手畫腳的猜謎遊戲，朱利斯要求創造一個立體的迷宮，呈現他近來的經驗。史蒂芬播放一卷這個歷程的錄音帶，同時創作這個阻滯的課題反映朱利斯的經驗，並且相較於他先前以談話為主的兩個晤談歷程引發更多潛在的治療性題材。

　　符合象徵性表達和經驗性技術的原則，史蒂芬邀請朱利斯運用阻滯的課題來引導朱利斯說出關於每個物件代表的是什麼。當在督導中詢問關於他的動態經驗，同時來回討論朱利斯的阻滯課題，史蒂芬指出他回憶起在大學時

代關於足球獎學金以及在八月又濕又熱時被要求加倍練習到精疲力盡的訓練。我大聲分享了我對於史蒂芬充滿力量的連結感到驚奇。此外，我推論他可能之前對於因為同理而間接感受到如此吃力、可能過度的承諾，以及進入朱利斯的現象場經驗也許有多麼猶疑不定。史蒂芬的眼神閃爍並且說：「你知道的，他只比我的孩子大一歲。」然而，在這個會談之後，史蒂芬確實與朱利斯相處融洽，和他有情感的連結就像和自己的孩子一般。

沙暴

　　雷娜和我因為都是社區婚姻與家庭訓練中心進行現場督導的反映團隊（reflecting team）的一員，已經一起工作將近一年的時間。在這個場合，四個有經驗的臨床工作者分別搭配一位擔任協同治療師的學生，提供沒有保險的個案服務。當每個協同治療師與各自的個案伴侶或家庭進行工作時，其餘的六位治療師組成反映團隊，在單面鏡後面觀察並且間歇性地傳遞介入策略。

　　雷娜與她的共同治療師琳達已經和一位母親貝絲以及她四歲半大的兒子喬希針對適應和分離的議題進行大約六個月的工作，主因為身為丈夫和父親的羅曼多被調派到阿富汗。羅曼多剛結束他的行程回國，因此出現在這次的會談，坐在貝絲隔壁的位子上。喬希在他父母親腳邊的沙盤安靜地玩著；在整個晤談的前半段，雷娜與琳達單獨和貝絲與羅曼多進行工作，幫助他們表達關於分離、重聚，以及對未來期望等錯綜複雜的感覺。然而，協同治療師似乎沒有同步，當其中一人往某個方向移動時，另一人時常往相反的方向移動。不過喬希的父母親或是協同治療師沒有這樣的覺察，喬希在沙盤上創作出一個景象符合成人口語表達的情感內容。在這次晤談的幾個時間點，雷娜與羅曼多兩人試著口語上的參與在地板上持續沉默且全神貫注在自己工作的喬希。

　　當反映團隊與這一家互換空間時，此時建議我們團隊中的一個人採取每個家庭成員的觀點，然後誇大呈現出目前為止發生在晤談期間裡各式各樣的

人際互動。我選擇喬希，並且讓他不帶情感的對空間內每個人誇大肢體與口語，以及在沙盤裡的情緒反應。其他反映團隊的成員則雕塑伴侶的趨避步調以及協同治療師在同時出現平行（parallel）的狀態。我們對這個家庭與協同治療師唯一的口語介入是當我們通過大廳時，詢問：「你想要怎麼樣的改變？」

　　一旦回到我們原本的房間，外在的改變是醒目的。羅曼多坐在喬希旁邊的地板上，他們一起共同建構一個戰爭的場景，同時貝絲坐在他們兩個上方的椅子上，當她關注他們的活動時，她會輪流摸摸她先生的肩膀與孩子的頭。在這段時間裡，雷娜與琳達能夠一前一後協力工作，平等的聚焦在每個家庭成員身上。在這次晤談的最後幾分鐘，雷娜起身靠近沙盤並且邀請喬希分享他和他爸爸在玩些什麼。喬希用一個僅是四歲半大孩子的聲音大聲宣告他們是好人，但是他們目前在打仗。他持續藉由他的「遊戲」說明許多相似的議題，其中有些議題在較早階段的家庭晤談時已經被討論過。這些包含這個家庭如何重新溝通界線與規則、親密與分離，以及溝通型態。在請喬希命名他的沙盤時，他稱之為「沙暴」，之後藉由說：「但是這個風暴已經過去了。我爸爸和我現在在同一邊。」來緩和這個命名。

結　論

　　督導有其歷史、理論知識基礎、模式，以及相關的當代議題（Bernard & Goodyear, 2004）。然而，督導的科學可以說尚未追趕上實務工作，這意味著許多督導的模式、方法與歷程還未被充分的探討。更糟的是，現存的督導研究已經被大肆的批評。最主要是一些個別與沒有相關的研究窄化地關注於大學社區脈絡中學生實習經驗的督導操作（Ellis & Ladany, 1997; Lambert & Ogles, 1997; Leddick & Bernard, 1980; Watkins, 1995）。目前主要的督導研究也已經指出依賴調查研究的描述性研究，以及許多方法學上的缺陷令人感到憂心（Gruman & Nelson, 2008）。對這些現存督導知識基礎的疏忽，

造成了關於受訓中的兒童與遊戲治療師督導普遍發現適當性的問題。

因此，Ellis、Ladany、Krengel 與 Schult（1996）建議未來的督導研究應謹慎關注於適切的使用理論基礎、明確的假設，以及減少效度的威脅。此外，也建議致力於督導的綜合研究方案，使用一系列的方法學進行研究，包含：自陳法、實驗法、單一受試法、重複測量法，以及質性設計，以接近督導歷程的多元面向（Falender & Shafranske, 2004）。最後，因為大量的督導包含對兒童與遊戲治療師的工作，研究特別檢視這類的督導是有必要的。這種未來的調查研究應該也要考量在督導範圍內涵蓋經驗性與遊戲性的介入之間的關係。而督導的成效可以藉由工具來評估，像是督導中的受督導者知覺（Supervisee Perception of Supervision）（Olk & Freidlander, 1992）、工作同盟量表（Working Alliance Inventory）（Hovrath, 1982）、督導者評量表（Supervisor Rating Form）（Barak & LaCrosse, 1975），以及遊戲治療技巧檢核表（Play Therapy Skills Checklist, PTSC）（Ray, 2004）。

參考文獻

Agnew, T., Vaught, C. C., Getz, H. G., & Fortune, J. (2000). Peer group clinical supervision program fosters confidence and professionalism. *Professional School Counseling*, 4(1), 6–12.

American Association for Marriage Family Therapists. (2002). *Approved supervisor designation: Standards and responsibilities handbook*. Alexandria, VA: American Association for Marriage Family Therapists.

American Psychological Association. (2000). *Office of Program Consultation and Accreditation guidelines and principles for accreditation of programs in professional psychology* (Rev. ed.). Washington, DC: American Psychological Association.

American Psychological Association. (2002). Ethical principles of psychologists and code of conduct. *American Psychologist, 57*, 1060–73.

Apfelbaum, B. (1958). *Dimensions of transference in psychotherapy*. Berkley: University of California Press.

Association for Counselor Education and Supervision, Supervision Interest Network. (1990). Standards for counseling supervisors. *Journal of Counseling & Development, 69*, 30–32.

Association for Counselor Education and Supervision. (1995). Ethical guidelines for counseling supervisors. *Counselor Education and Supervision, 34*, 270–76.

Association for Play Therapy. (2006). www.a4pt.org/.

Auxier, C. R., Hughes, F. R., & Kline, W. B. (2003). Identity development in counselors-in-training. *Counselor Education and Supervision, 43*, 25–38.

Barak, A., & LaCrosse, M. B. (1975). Multidimensional perception of counselor behavior. *Journal of Counseling Psychology, 22*, 471–76.

Barret, B. G., & J. J. Schmidt (1986). School counselor certification and supervision: Overlooked professional issues. *Counselor Education and Supervision, 26*, 50–55.

Bernard, J. M. (1979). Supervisor training: A discrimination model. *Counselor Education and Supervision, 19*, 60–68.

Bernard, J. M. (1981). In-service training for clinical supervisors. *Professional Psychology, 12*(6), 740–48.

Bernard, J. M. (1992). Training master's level counseling students in the fundamentals of clinical supervision. *The Clinical Supervisor, 10*(1), 133–43.

Bernard, J. M. (1997). The discrimination model. In C. E. Watkins, Jr. (Ed.), *Handbook of psychotherapy supervision* (310–27). New York: Wiley.

Bernard, J. M., & Goodyear, R. K. (1992). *Fundamentals of clinical supervision*. Boston: Allyn & Bacon.

Bernard, J. M., & Goodyear, R. K. (1998). *Fundamentals of clinical supervision* (2nd ed.). Boston: Allyn & Bacon.

Bernard, J. M., & Goodyear, R. K. (2004). *Fundamentals of clinical supervision* (3rd ed.). Boston: Allyn & Bacon.

Borders, L. D., & Benshoff, J. (1999). *Clinical supervision: Learning to think like a su-*

pervisor. Video production sponsored by the Association for Counselor Education and Supervision.

Borders, L. D., & Brown, L. L. (2005). *The new handbook of counseling supervision*. Malwah, NJ: Lawrence Erlbaum Associates.

Borders, L. D., & Leddick, G. R. (1987). *Handbook of counseling supervision*. Alexandria, VA: Association for Counselor Education and Supervision.

Bordin, E. S. (1983). A working alliance-based model of supervision. *The Counseling Psychologist, 11*, 35–42.

Boyd, J. D. (1978). *Counselor supervision: Approaching preparation practices*. Muncie, IN: Accelerated Development.

Bradley, L. J., & Gould, L. J. (2001). Psychotherapy-based models of counselor supervision. In L. J. Bradley, & N. Ladany (Eds.), *Counselor supervision* (3rd ed., 147–82). Philadelphia: Brunner-Routledge.

Bradley, L. J., & Ladany, N. (Eds.). (2001). *Counselor supervision* (3rd ed.). Philadelphia: Brunner-Routledge.

Brott, P. E., & Meyers, J. E. (1999). Development of professional school counselor identity: A grounded theory. *Professional School Counseling, 2*(5), 339–48.

Coll, K. M. (1995). Clinical supervision of community college counselors: Current and preferred practices. *Counselor Education and Supervision, 35*, 11–117.

Crutchfield, L. B., & Borders, L. D. (1997). Impact of two clinical peer supervision models on practicing school counselors. *Journal of Counseling and Development, 75*, 219–30.

Dahir, C. A. (2000). The national standards for school counseling programs: A partnership in preparing students for the new millennium. *NASSP Bulletin, 84*(616), 68–75.

Dollarhide, C. T., & Miller, G. M. (2006). Supervision for preparation and practice of school counselors: Pathways to excellence. *Counselor Education and Supervision, 4*, 242–52.

Drisko, J. W. (2000). Super-vision insights: Brief commentaries on supervision. *The Clinical Supervisor, 19*, 153–65.

Dye, H. A., & Borders, L. D. (1990). Counseling supervisors: Standards for preparation and practice. *Journal of Counseling and Development, 69*, 27–32.

Eckstein, R., & Wallerstein, R. S. (1958). *The teaching and learning of psychotherapy*. New York: International Universities Press.

Ellis, M. V., & Dell, D. M. (1986). Dimensionality of supervisor roles: Supervisors' perceptions of supervision. *Journal of Counseling Psychology, 33*, 282–91.

Ellis, M. V., Dell, D. M., & Good, G. E. (1988). Counselor trainees' perceptions of supervisor roles: Two studies testing the dimensionality of supervision. *Journal of Counseling Psychology, 35*, 315–24.

Ellis, M. V., & Ladany, N. (1997). Inferences concerning supervisees and clients in clinical supervision: An integrative review. In C. E. Watkins, Jr. (Ed.), *Handbook of psychotherapy supervision* (447–507). New York: Wiley.

Ellis, M. V., Ladany, N., Krengel, M., & Schult, D. (1996). Clinical supervision research from 1981 to 1993: A methodological critique. *Journal of Counseling Psychology, 43*, 35–50.

Falender, C. A., & Shafranske, E. P. (2004). Clinical supervision: A competency-based approach. Washington, DC: American Psychological Association.

Fall, M., & Sutton, J. M. (2003). Supervision of entry level licensed counselors: A descriptive study. *The Clinical Supervisor, 22*(2), 139–51.

Fernando, D. M., & Hulse-Killacky, D. (2005). The relationship of supervisory styles to satisfaction with supervision and the perceived self-efficacy of master's-level counseling students. *Counselor Education and Supervision, 44,* 293–304.

Ginott, H. G. (1959). The theory and practice of "therapeutic intervention" in child treatment. *Journal of Consulting Psychology, 23,* 160–66.

Glidden, C. E., & Tracey, T. J. (1992). A multidimensional scaling analysis of supervisory dimensions and their perceived relevance across trainee experience levels. *Professional Psychology: Research and Practice, 23,* 151–57.

Goodyear, R. K., Abadie, P. D., & Efros, F. (1984). Supervisory theory into practice: Differential perception of supervision by Ekstein, Ellis, Polster, and Rogers. *Journal of Counseling Psychology, 31,* 228–37.

Goodyear, R. K., & Bradley, F. O. (1983). Theories of counselor supervision: Points of convergence and divergence. *The Counseling Psychologist, 11,* 59–67.

Goodyear, R. K., & Robyak, J. E. (1982). Supervisors' theory and experience in supervisory focus. *Psychological Reports, 51,* 978.

Gruman, D., & Nelson, M. L. (2008). Supervision of professional school counselors. In H. K. Coleman & C. Yeh (Eds.), *Handbook of school counseling.* New York: Erlbaum.

Gysbers, N. C., & Johnston, J. A. (1965). Expectations of a practicum supervisor's role. *Counselor Education and Supervision, 4,* 68–74.

Hart, G. M., & Nance, D. (2003). Style of supervision as perceived by supervisors and supervisees. *Counselor Education and Supervision, 43,* 146–58.

Hawkins, P., & Shohet, R. (1989) *Supervision in the helping professions. An individual, group and organizational approach.* Milton Keynes, UK: Open University Press.

Hayes, R. L., Blackman, L. S., & Brennan, C. (2001). Group supervision. In L. J. Bradley & N. Ladany (Eds.), *Counselor supervision* (3rd ed., 183–206). Philadelphia: Brunner-Routledge.

Heiney, S. P., & Darr-Hope, H. (1999). Healing icons: Art support programs for patients with cancer. *Cancer Practice, 7*(4), 183–89.

Henderson, P., & Gysbers, N. C. (2006). Providing administrative and counseling supervision for school counselors. In G. A. Waltz, J. C. Bleuer, & R. K. Yep (Eds.), *Vistas: Compelling perspectives on counseling* (161–64). Alexandria, VA: American Counseling Association.

Heppner, P. P., & Roehlke, H. J. (1984). Differences among supervisees at different levels of training: Implications for a developmental model of supervision. *Journal of Counseling Psychology, 31,* 76–90.

Herlihy, B., Gray, N., & McCollom, V. (2002). Legal and ethical issues in school counselor supervision. *Professional School Counseling, 6,* 55–60.

Holloway, E. L. (1987). Developmental models of supervision: Is it development? *Professional Psychology: Research and Practice, 18,* 209–16.

Holloway, E. L. (1992). Supervision: A way of teaching and learning. In S. D.

Brown & R. W. Lent (Eds.), *Handbook of counseling psychology* (2nd ed., 177–214). New York: John Wiley.

Holloway, E. L. (1995). *Clinical supervision: A systems approach.* Thousand Oaks, CA: Sage.

Holloway, E. L., & Neufeldt, S. A. (1995). Supervision: Its contributions to treatment efficacy. *Journal of Consulting and Clinical Psychology, 63*(2), 207–13.

Holloway, E. L., & Wampold, B. E. (1983). Patterns of verbal behavior and judgments of satisfaction in the supervision interview. *Journal of Counseling Psychology, 30,* 227–34.

Holloway, E. L., & Wolleat, P. L. (1994). Supervision: The pragmatics of empowerment. *Journal of Educational and Psychological Consultation, 5*(1), 23–43.

Hovrath, A. O. (1982). *Working alliance inventory* (Rev. ed.). Vancouver, BC: Simon Fraiser University.

International Interdisciplinary Conference on Clinical Supervision. (2006). Retrieved October 28, 2006, from www.socialwork.buffalo.edu/csconference.

Kell, B. L., & Mueller, W. J. (1966). *Impact and chance: A study of counseling relationships.* Englewood Cliffs, NJ: Prentice-Hall.

Kiesler, D. J. (1988). *Therapeutic metacommunication: Therapist impact disclosure as feedback in psychotherapy.* Palo Alto, CA: Consulting Psychologists Press.

Kolb, D. A. (1984). Experiential learning: Experience as the source of learning and development. Englewood Cliffs, NJ: Prentice-Hall.

Lambert, M. J., & Ogles, B. M. (1997). Researching psychotherapy supervision. In C. W. Watkins, Jr. (Ed.), *Handbook of psychotherapy* (421–46). New York: Wiley.

Leddick, G. R., & Bernard, J. M. (1980). The history of supervision: A critical review. *Counselor Education and Supervision, 20,* 186–96.

Littrell, J. M., Lee-Borden, N., & Lorenz, J. A. (1979). A developmental framework for counseling supervision. *Counselor Education and Supervision, 19,* 119–36.

Loganbill, C., Hardy, E., & Delworth, U. (1982). Supervision: A conceptual model. *Counseling Psychologist, 10,* 3–42.

Luke, M., & Bernard, J. M. (2006). The school counselor supervision model: An extension of the discrimination model. *Counselor Education and Supervision, 45,* 282–95.

Martin, D. J., Garske, J. P., & Davis, M. K. (2000). Relation of the therapeutic alliance with outcome and other variables: A meta-analytic review. *Journal of Consulting and Clinical Psychology, 68,* 438–50.

Mascari, J. B., & Wilson, J. (2005). Current state licensing trends: Credits, supervision and threats to counselor identity. Presented at American Association for State Counseling Boards Annual Conference. Savannah, GA (available online at www.aascb.org/extras/aascb/pdfs/05conf/proceedings.pdf and www.aascb .org/extras/aascb/pdfs/updatestateinformation.pdf).

Miller, G. M., & Dollarhide, C. T. (2006). Supervision in schools: Building pathways to excellence. *Counselor Education and Supervision, 45,* 296–303.

Milne, D. L., & James, I. A. (2002). The observed impact of training on competence in clinical supervision. *British Journal of Clinical Psychology, 41,* 55–72.

Mullen, J. A., Luke, M., & Drewes, A. (2007). Supervision can be playful too: Play therapy techniques that enhance supervision. *International Journal for Play Therapy*, 16(1), 69–85.

National Board for Certified Counselors. (2000). *NBCC eligibility requirements*. Retrieved October 27, 2006, from www.nbcc.org.

National Board for Certified Counselors. (2001). *Approved clinical supervisor requirements*. Retrieved March 2, 2007, from www.cce-global.org/credentials -offered/acs/art_acsrequirements.

Neufeldt, S. A. (1994). Use of a manual to train supervisors. *Counselor Education and Supervision, 33*, 327–36.

Neufeldt, S. A., Beutler, L. E., & Ranchero, R. (1997). Research on supervisor variables in psychotherapy supervision. In C. E. Watkins, Jr. (Ed.), *Handbook of psychotherapy supervision*. New York: Wiley.

O'Byrne, K., & Rosenberg, J. I. (1998). The practice of supervision: A socio-cultural perspective. *Counselor Education and Supervision, 38*, 34–42.

Olk, M., & Freidlander, M. L. (1992). Trainees' experiences of role conflict and role ambiguity in supervisory relationships. *Journal of Counseling Psychology, 39*, 389–97.

Pearson, Q. M. (2001). A case in clinical supervision: A framework for putting theory into practice. *Journal of Mental Health Counseling, 23*, 174–83.

Pearson, Q. M. (2004). Getting the most out of clinical supervision: Strategies for mental health counseling students. *Journal of Mental Health Counseling, 26*, 361–73.

Pearson, Q. M. (2006). Psychotherapy-driven supervision: Integrating counseling theories into role-based supervision. *Journal of Mental Health Counseling, 28*, 241–53.

Pedersen, P. (1994). *A handbook for developing multicultural awareness* (2nd ed.). Alexandria, VA: American Counseling Association.

Putney, M. W., Worthington, E. L., & McCullough, M. E. (1992). Effects of supervisor and supervisee theoretical orientation and supervisor-supervisee matching on interns' perceptions of supervision. *Journal of Counseling Psychology, 39*(2), 258–65.

Ray, D. (2004). Supervision of basic and advanced skills in play therapy. *Journal of Professional Counseling: Practice, Theory & Research, 32*(2), 28–41.

Rogers, C. R. (1957). Training individuals to engage in the therapeutic process. In C. R. Strother (Ed.), *Psychology and Mental Health* (76–92). Washington, DC: American Psychological Association.

Shechtman, Z., & Wirzberger, A. (1999). Needs and preferred style of supervision among Israeli school counselors at different stages of professional development. *Journal of Counseling and Development, 77*(4), 556–64.

Shulman, L. (February 6–8, 2005). The signature pedagogies of the professions of law, medicine, engineering and the clergy: Potential lessons for the education of teachers. Paper presented at the Math Science Partnerships (MSP) Workshop: "Teacher Education for Effective Teaching and Learning," Hosted by the National Research Council's Center for Education. Irvine, CA (available online at

hub.mspnet.org/media/data/Shulman_Signature_Pedagogies.pdf?media
_000000001297.pdf).

Steven, D. T., Goodyear, R. K., Robertson, P. (1998). Supervisor development: An exploratory study of change in stance and emphasis. *Clinical Supervisor, 16,* 73–88.

Struder, J. R. (2005). Supervising counselors-in-training: A guide for field supervisors. *Professional School Counseling, 8,* 353–59.

Sue, D., & Sue, D. (1999). *Counseling the culturally different: Theory and practice* (3rd ed.). New York: Wiley.

Sutherland, T. E., & Bonwell, C. C. (1996). *Using active learning in college classes: A range of options for faculty.* San Francisco, CA: Josey Bass.

Sutton, J. M., & Page, B. J. (1994). Post-degree clinical supervision of school counselors. *The School Counselor, 42,* 32–39.

Tyler, J. D., Sloan, L. L., & King, A. R. (2000). Psychotherapy supervision practices of academic faculty: A national survey. *Psychotherapy, 37,* 98–101.

Watkins, C. E. (1995). Psychotherapy supervision in the 1990's: Some observations and reflections. *American Journal of Psychotherapy, 49,* 568–81.

Watkins, C. E. (1998). Psychotherapy supervision in the 21st century: Some pressing needs and impressing possibilities. *Journal of Psychotherapy Practice and Research, 7,* 93–101.

White, M. B., & Russell, C. S. (1995). The essential elements of supervisory systems: A modified Delphi study. *Journal of Marital and Family Therapy, 21,* 33–54.

Whitman, S. M., Ryan, B., & Rubenstein, D. F. (2001). Psychotherapy supervisor training: Differences between psychiatry and other mental health disciplines. *Academic Psychiatry, 25*(3), 156–61.

Wilkerson, K. (2006). Peer supervision for the professional development of school counselors: Toward an understanding of terms and findings. *Counselor Education and Supervision, 46,* 59–67.

Worthington, E. L., Jr. (1987). Changes in supervision as counselors and supervisors gain experience: A review. *Professional Psychology: Research and Practice, 18,* 189–208.

Worthington, E. L., & Roehlke, H. J. (1979). Effective supervision as perceived by beginning counselors-in-training. *Journal of Counseling Psychology, 26,* 64–73.

Zorga, S. (1997). Supervision process seen as a process of experiential learning. *The Clinical Supervisor, 16*(1), 145–61.

沙盤督導：
臨床督導者的沙盤技術

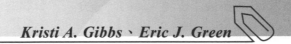

Kristi A. Gibbs、*Eric J. Green*

　　臨床督導是大多數從事心理健康專業人員在自己生涯中的不同時期會被要求進行的一項任務（Bernard & Goodyear, 2004; Scott et al., 2000）。不管心理健康實務工作者是持續私人執業或是在研究所課程進行教學，治療師通常會提供督導給此專業的初階成員。然而，大多數為心理健康專業人員籌劃的研究所學程都將督導課程排除在外（Navin, Beamish, & Johanson, 1995）。因此，督導訓練並未標準化，而臨床工作者往往設定督導者的角色是沒有充分準備的（Scott et al., 2000）。

　　心理健康專業人員向來會接受各種諮商理論的教導，並且被鼓勵致力於發展個人理論來概念化個案的議題。通常這被認為是一幅「路線圖」，臨床工作者藉此有效地諮商個案。同樣的，臨床督導要求臨床工作者規劃一幅詳細的路線圖來概念化受督導者關注的焦點。然而，很多從事督導的臨床工作者卻沒有在特定的臨床督導模式中受到充分的訓練。很遺憾的是，當一個督導者沒有接受充足的準備，他們其實未能充分準備好指導新一代的治療師成

員（Magnuson, Norem, & Bradley, 2001）。

　　在本章中，會以概述方式呈現兩個廣被使用的督導模式：整合發展模式（Stoltenberg, McNeill, & Delworth, 1998）以及區辨模式（Bernard, 1979）。此外，也會討論作者所創造的沙盤技巧——*沙盤督導*（sanding in supervision），進而提供讀者經驗性的活動，並輔以一個案研究以呈現它的效用。

心理健康領域的臨床督導

　　Bernard 與 Goodyear（2004）定義督導是由某個專業中較精熟的成員提供給相同專業較為資淺成員的一種介入。督導關係的目標是引導受督導者有所收穫，以及練習新的實務技巧。為了更具效能，督導的關係是「評價性的、隨著時間延伸的，且同時具有提升資淺者的專業功能之目標、監控督導者所看見提供給個案的專業服務品質，並且充當那些進入特定專業人們的把關者」（p. 8）。

　　臨床督導有許多派典，當中的兩種模式——*發展性*（developmental）與*社會角色*（social role）將會在本章完整探討。發展性模式主要關注受督導者的發展階段（例如：一位初次實習的學生以及一位已經完成一半取照所需時數的碩士後受督導者之間的差異）；社會角色模式則聚焦於督導者在督導期間參與的角色（例如：教師、諮商師、諮詢師）。

整合發展模式

　　Stoltenberg（1981）發展了督導的整合發展模式（Integrated Developmental Model, IDM）。由於這是一個督導的發展模式，IDM 將焦點放在如何在督導關係裡，藉由擴大他們的訓練技巧，讓受督導者在參與接受督導的諮商經驗中增進臨床效能。Chagnon 與 Russell（1995）使用這個模式概念化受督導者，他們藉由這樣的角度主張關於受督導者發展的兩個基本假設。

第一個假設是當受督導者在諮商實務工作中獲得技巧與知識時，他們會通過性質不同的階段。第二個觀點是當受督導者在他們所擁有的技巧與訓練中通過發展階段時，他們需要不同的督導環境。

整合發展模式（Stoltenberg, McNeill, & Delworth, 1998）描述諮商師發展是發生在四個不同的階段。在最初階段的階段一，受督導者具備有限的訓練或有限的經驗，而且是依賴督導者。在最初階段的受督導者可能是一名學生，或者可能是一位經驗較為豐富的臨床工作者，有特定想要獲得的新技巧。例如，典型的情況是某個臨床工作者主要是與成人個案進行諮商，當他決定改變個案族群並轉換到與兒童進行諮商時，可能會變得過度依賴他的督導者。

在下一個階段（階段二），受督導者在依賴與自主間變動。受督導者在階段二可能也是個學生，但是這個受督導者通常已在該領域接受進階的訓練，或是有較多心理健康諮商工作的經驗。在第三階段的焦點是轉換到發展個人的判斷以及督導關係逐漸變得更為分工協作。在階段三，受督導者一般都擁有研究所的學位，而且可能正在努力取得心理健康專業執照。最後，達到階段四時，受督導者已經成為一個精熟的諮商師，能覺察個人的優勢與限制。在這個階段的關係是較多諮詢而非督導，受督導者可能已經獲得執照成為一名心理健康專業人員，並且已能獨立進行實務工作。

知道受督導者處在哪個發展階段，是催化一段具有生產性的督導關係不可或缺的。重要的是當受督導者要從不同的發展階段進步時，需要提供給他們一個不同的、符合發展性的環境。一個評估發展水準的方法是詢問受督導者：「你對於這些技巧的感覺是什麼？」或是「在督導中，你需要從我身上獲得什麼？」經驗較為豐富的臨床工作者時常忘了在臨床發展的早期階段是多麼的令人生畏。這個模式幫助督導者評估受督導者的發展水準，可以提升學習並且提供一個架構促成有效的督導。

區辨模式

　　區辨模式（Bernard, 1979）是一種社會角色模式，關注督導者採取的角色，及其所關注三種不同督導的面向。這些角色包含教師、諮商師或諮詢師；而關注的面向包含介入化技巧（intervention skill）、概念化技巧（conceptualization skill），以及個人化技巧（personalization skill）。依據區辨模式，督導者可以有力的決定哪個關注的面向應該在哪個會談期間加以強調，須切記的是關注的面向可能會在一段督導會談期間轉換許多次。

　　Bernard（1979）認為第一個關注的面向是介入化技巧，原本稱為歷程化技巧。介入化技巧是可觀察的行為，並且包含大多數諮商師在早期的訓練中所學習到的基本諮商技巧。例子包括開始一段晤談、探問、反映、重述語意或是摘要。Bernard 指出：「這些行為大多數是個案會注意的，成為諮商已經開始而社會閒聊已經結束的指標。」（p. 62）

　　Bernard（1979）稱第二個關注的面向為概念化技巧。這些技巧是較少觀察得到、較多隱微的行為。「概念化技巧是反映諮商師深思熟慮的思考以及個案分析的那些部分。」（p. 62）這些技巧涉及治療師如何了解個案在會談中所說的內容，以及辨識不同會談階段的主題之能力。

　　第三個以及最後關注的面向是個人化技巧，個人化技巧同時包含明顯的行為以及較為隱微的本質。例子包括擔任諮商師角色的能力及舒適度、接受挑戰而不變得過度防衛的能力，以及參與諮商關係而不在會談中帶入個人的議題（Bernard, 1979）。

　　一旦關注的面向被辨識出來，督導者將會從三種角色之一進行回應。Bernard（1979）指出重要的是以慎重的方式選擇這個角色，為受督導者的需求個別量身訂做，而非僅是個人偏好的結果。這三種基本的角色是教師、諮商師，以及諮詢師。

督導者作為教師聚焦在他（她）希望傳遞給諮商師某些知識或是專門技術。督導者作為諮商師的角色最主要關注的點是這位諮商師個人的需求，帶著一股信念認為這個關注將會讓諮商師克服阻礙自然發展的焦慮或自我懷疑。督導者作為諮詢師的角色聚焦於和這位諮商師在本質上探索的關係，假定諮商師已經有表達他（她）的督導需求的能力。（p. 64）

區辨模式提供督導者在督導會談中，進行介入與建立目標時有更多樣的選擇。

督導的目的

Bernard 與 Goodyear（2004）指出三個督導主要的目的：提升受督導者的專業功能、監控對於個案的照護（care），以及擔任專業的把關者。提升受督導者的功能是每一對個別督導者與受督導者之間應該要討論的主要目的。依據 Bernard 與 Goodyear 的觀點，這個目標通常會被督導者個人的理論或模式，以及受督導者的發展需求和表達出來的期望所影響。例如，某位受督導者可能在沒有任何關於某些技巧的特定知識下，表達想要學習與特定兒童諮商的技巧。另一方面，若有人想要接受遊戲治療的專門訓練，可能會尋找一位已經在這領域提供訓練的督導者。所以，受督導者的期望以及督導者的理論取向應該都會影響督導的第一個目的。

監控對於個案的照護以及擔任專業的把關者，或許是每一位督導者最重要的責任。Bernard 與 Goodyear（2004）指稱這些目標可能並不容易，特別是在督導者懷疑傷害到某位個案的時候。儘管督導者時常視自己與受督導者為同盟，「他們必須準備好，他們是否看見對個案的傷害正在發生，或可能冒著挫傷了受督導者自我（ego）的風險」（p. 14）。作為一位把關者，督導者可能會發現有時候引導某位受督導者離開這個專業是必要的。

擔任專業的把關者在督導兒童諮商的心理健康專業人員時，可能會是

個特別的挑戰。當兒童參與諮商歷程時，諮商師的能力是四個最常見的倫理議題之一（Croxton, Churchill, & Fellin, 1988; Hendrix, 1991; Henkelman & Everall, 2001; Huey, 1996; Koocher & Keith-Speigal, 1990; Lawrence & Robinson Kurpius, 2000; Remley & Herlihy, 2007; Sweeney, 2001）。Lawrence 與 Robinson Kurpius（2000）指出兒童是一個特殊族群，需要特定知識與技巧，因此，實務工作的倫理指出在獨立與兒童進行諮商之前，需具備不同的教育、訓練與接受督導的實務經驗。一些作者堅稱的一個想法是，大多數的心理健康專業人員在他們生涯的某些時刻與兒童進行諮商時，沒有接受合適的訓練（Lawrence & Robinson Kurpius, 2000; Stern & Newland, 1994）。當這種情況發生，督導者就有充當把關者角色的權責，並且引導受督導者朝向合適的訓練或是諮商他們離開這個領域。

為了執行前述的督導目的，受督導者接受回饋是必要的。Bernard 與 Goodyear（2004）認為諮商的實務工作經驗對學習而言是不充足的，除非它能夠伴隨清楚的、系統的回饋。督導者至少具備一種督導模式的知識，可以增加督導關係成功的可能性，因為督導者對像是提供回饋等技巧的見識變得更廣。此外，一位臨床工作者在督導技巧的訓練中，比較能建立一幅清晰的路線圖，當中包含為督導關係設定目標。與兒童進行諮商的臨床工作者的督導很可能包含特定的目標以及族群。

兒童諮商的特定督導議題

如前所述，這些專業的文獻指出，大多數的治療師在他們的生涯中某些時刻會與兒童進行諮商（Lawrence & Robinson Kurpius, 2000; Stern & Newland, 1994）。Lawrence 與 Robinson Kurpius（2000）也已經指出：「諮商師與成人進行工作的有效性並不意味著這樣的有效性將會轉移到未成年人身上。和兒童進行工作有其特別的知識領域以及特定的技巧。」（p. 132）

當督導某位正在學習與兒童進行諮商的人時，特別重要的是記住兩件

事：受督導者可能尚未接受過與兒童進行諮商的特定技巧入門訓練，以及受督導者可能沒有意識到和兒童進行諮商工作接受特殊訓練是必要的。對於從心理健康訓練體制畢業的學生而言，兒童諮商領域的技巧訓練很有限是常見的（Gibbs, 2004）。遺憾的是，某些臨床工作者可能錯誤地認為兒童個案是成人的縮小版，因而可以使用和青少年或成人個案相同的口語技術有效地進行諮商（Lawrence & Robinson Kurpius, 2000）。兒童與他們的發展一致，藉由遊戲來溝通：玩具是他們的文字，遊戲是他們的語言（Axline, 1947）。因此，重要的是在督導關係一開始的時候，評估某人和兒童進行諮商時所具備的技巧，並且解釋這套獨特的技巧對於和兒童進行諮商的必要性。例如對一位兒童治療師而言，很重要的是願意且能夠使用遊戲作為和兒童溝通的工具（Kottman, 2001）。

另外一個考量是已經精熟和某個族群工作技巧的臨床工作者，也許已經和這個族群進行許多年的實務工作，但是正決定改變想要獲得和某類不同個案工作的新技巧。例如，某位已經成為和成人進行實務工作的精熟諮商師，在學習與兒童進行諮商新技巧的過渡期間，可能暫時回到初期的發展階段。

截至目前為止，本章已經定義心理健康領域的臨床督導，提供兩種不同的督導模式，並且涵蓋督導的特殊議題，包含與未成年個案工作的心理健康實務工作者的督導。接下來的篇幅將會檢視特定的督導技巧，臨床督導者可以利用督導關係支持受督導者和一個特殊族群——兒童——進行工作。

在臨床督導中結合沙盤

發展上與心理社會上的不足，可能會限制了成人準確和完整表達情緒的能力。沙盤提供一個媒介讓受督導者去發現並清楚地表達那些可能較難以用口語表達的強烈情緒感受（Mitchell & Friedman, 2003）。此外，沙盤讓受督導者體驗到遊戲的方式，這或許可以提供更多對兒童個案的洞察。

　　Margaret Lowenfeld（1979）首先發展出在治療中使用沙盤（sand tray）與兒童一同工作的治療方式。她提供兒童個案一個裝有沙子的淺盤以及各種可以被放置在沙子中以「建構一個世界」（build a world）的小玩具。隨後，接受榮格（Carl Jung）訓練的 Dora Kalff，將榮格的理論與 Lowenfeld 在沙中的實務工作加以整合，而命名為「*沙遊*」（sandplay）（Mitchell & Friedman, 2003）。沙遊是指由 Dora Kalff（1980）所發展出來以個體化為目標、進行分析的歷程，扎根於個案生活世界的榮格取向。**沙盤**是利用沙子和玩具，讓臨床工作者以遊戲的形式和個案一同參與。個案的遊戲可能會藉由許多理論被概念化，像是人本—存在取向、認知行為，以及心理動力。

　　沙遊是一種非口語的治療形式，觸及心靈深層的前語言（preverbal）層面（Green & Ironside, 2004）。人們潛意識的深處追求完整性與內在的心靈補償。沙遊鼓勵創造力的復原以及在個體的心靈範圍內出現能夠自我療癒的原型（Green & Ironside, 2005; Weinrib, 1983）。沙遊是一種整合沙子與遊戲，以及選擇和夾雜水或小型物件的活動。它是一種活化想像力並藉由表達性的方式使它具體化，藉由沙子的呈現方式象徵性地描述個體潛意識的方法（Green, 2006; Steinhardt, 2000）。

沙盤督導：臨床督導者的一項技術

　　沙盤督導（Green & Gibbs, 2006）是奠基於 Margaret Lowenfeld 的「世界技法」（World Technique），邀請兒童個案創作世界景象的一種技術。為了在督導歷程中使用這種介入，督導者必須在一開始先將沙盤裝滿沙子，並且挑選出受督導者可能選擇的物件。受督導者之後會擺放物件到沙中，並且創造他選擇的景象，以和藝術家的繪畫相似的目標敘說故事。這個歷程可以在經常進行督導的辦公室進行，或是在督導者已經準備好沙盤和物件的其他地點進行。有機會進入到一間有沙盤的遊戲室是另外一種選項，可以感染到它原有的治療品質。

一旦受督導者在即將進行沙盤創作的房間就坐以後，筆者建議可以這樣說：「今天我想要請你為我在沙盤上建造一些東西。你可以使用這些架子上所看見的任何物件。我會給你 30 分鐘來完成這個計畫，完成之後我會請你告訴我與它有關的部分。」下面列出兩個建議，但是這最終取決於督導者發現一個合適的媒介，以及察覺到適配於督導者—受督導者特定關係的動力為何（Green & Gibbs, 2006）。

範例 1：「想想你最具有挑戰性的個案。基於你所知道的訊息，以及你對於這個個案最多的理解，建造你個案的世界。」原理：這段陳述讓受督導者探索某位可能造成一些特定挑戰的個案的世界以及希望的結果，以增加對於這名個案的理解。

範例 2：「回想在你開始接受心理健康專業的訓練之前，反思在你完成學位的過程中你的經驗。建構你逐漸變成現在的你所走的旅程途徑。」原理：這段陳述對於那些接近訓練課程尾聲的學生特別有幫助。在筆者的經驗中，學生完成這個活動的結果是增加關於發生在訓練課程中學習到哪些的洞察，因而提升對於臨床技巧的信心。在接下來的個案研究中，會更深入的闡明這個技術。

個案研究：凱洛琳

凱洛琳是個四十一歲的學生，正在修習她的社區諮商碩士學位最後一學期。現在她已經在社區心理衛生機構完成駐地實習，她在機構裡諮商兒童、青少年與成人。這天，她來接受督導時看起來特別的憂傷。她和她的督導者一起進入遊戲室，並且得到下面的指示：「我想要你花一些時間思考以及概念化你最複雜或最挑戰的個案。在沙盤中為我建構你個案的世界。」督導者告訴凱洛琳她可以在沙中使用任何的物件，她問道：「其他的東西也可以嗎？」對此，她的督導者回應：「任何你在這裡看到的都可以放在沙盤中，除了玩偶以外。」

督導者在凱洛琳建構時沒有評論或詢問她問題，而是等待凱洛琳陳述她所完成的世界。這可以讓受督導者不中斷且自由地創作她的世界。半小時之後，凱洛琳宣告：「完成了！」督導者回應：「請告訴我關於你創作完成的世界。」

督導者注意到凱洛琳並沒有將她的世界創作在沙盤的範圍內。她放了一些物件在沙盤下面，也就是沙盤下的桌子，以及沙盤裡每個可用的區域。她在沙盤下放了一個倒置的黃色桶子，是先前用來裝培樂多的，在上面有一個骨瘦如柴的人偶。桌子上擺了各種人物，每個人都面向著沙盤中所建構的世界。在沙盤突出的暗礁上出現一些天使跟老人。最後，沙盤裡充滿了人、士兵、紅色光碟（原本是遊戲室裡的玩具配件）、樹、毛根，以及一張黑色勞作紙看起來像是用來覆蓋某些東西。

凱洛琳確認沙圖的景象是她的一位十歲大的女孩個案的世界，這個個案在兩歲到五歲期間受到身體虐待，是被忽略的孩子。她說這個個案覺得她好像溺水一樣，而且無法想起自己大部分的早年生活。凱洛琳補充這名個案在兒童時期常被鎖在衣櫃裡（有一個玩偶被困在沙盤下方的黃色桶子底下）。紅色光碟代表個案的憤怒，特別是對於她的媽媽。黑色的勞作紙代表記憶的消逝。當紙張被移開時，底下有一隻鯊魚，凱洛琳確定這是個案的父親。

凱洛琳在這個時間點似乎更加深了對個案的同情，因而陳述：「我想我能夠看見何以她的生活是如此的混亂。」凱洛琳做了個深呼吸並且繼續對她所創作出來的世界進行解釋：「桌子上的人們代表五年來治療師的更迭交替，而環繞在沙盤邊緣的事物代表她（個案）不讓它們進入的好事情。」凱洛琳和個案一起在沙盤裡，但是在她們兩人之間放置了一個圍籬。

當凱洛琳結束她對於沙盤景象的解釋時，督導者詢問：「生活在這個世界裡可能會是什麼樣子？」凱洛琳回答：「哇！要變成她必須要非常堅韌。我真的從未想過她身上所背負的這一切。難怪在我們晤談時她總是顯得一塌糊塗。」凱洛琳坐下一陣子，沉浸在她剛才所創作的世界裡的圖像，同時她似乎很滿足的觀察沙圖景象而沒有和督導者有任何的眼神接觸。過了一會

兒，督導者詢問凱洛琳在這個活動的歷程中她學到什麼。凱洛琳回答：「你知道的，這是我向來很害怕的個案。她讓我感到身心俱疲，而我在想她是否真的有做任何努力。我們每一週都談論相同的事情，她似乎從未對那些她可以做的改變負起任何責任。呃！但是現在，我相信我對於她的內在世界有更多洞察，我想我可以更有耐心的對待她。而且現在，也許我可以幫助她。」凱洛琳在她的臉上露出一抹微笑，而且似乎因為她對於她的個案已經獲得的這個新覺察而感到放心。

　　凱洛琳的督導者問了最後一個問題：「對你來說這次的經驗如何？」她回應：「太棒了！當你第一次邀請我做這個時，我覺得那是沒有意義的。但是當我投入其中，時間過得很快。當我檢視我在沙中完成的創作，我知道我無法僅藉由談論我的個案而獲得對她的洞察。這真是令人難以置信！」

　　凱洛琳的督導者相信沙盤裡的寫照就像是凱洛琳對於她個案的描述一樣。儘管督導者沒有和凱洛琳分享，督導者以很多種方式體驗到凱洛琳的沮喪，就像凱洛琳體驗到她的個案一樣。這個動力就稱為平行歷程（parallel process），發生在督導關係裡，受督導者呈現出和個案在與受督導者進行諮商會談期間所呈現出來相似的感覺與行為（Friedlander, Siegel, & Brenock, 1989）。凱洛琳已經揭露先前幾次關於她個人「更換治療師」的經驗的資訊，而督導者知道她有某些創傷的經歷。那一天，凱洛琳學到關於她的個案的一些事，而她也學習到關於自己的一些事。凱洛琳說她已經對於環伺在個案生活周遭的混亂有更多的覺察，因而相信她可以更同理她的個案。她也說和她先前所認為的相較之下，她相信四十一歲的她也許和十歲的孩子有更多的共通點。「我的個案和我，我們有很多相似的部分。建構那個世界幫助我理解我和她之間的關聯。」

結　論

　　本章提供了督導基本的概述，也提供心理健康領域中臨床督導的定義，並且描述整合發展模式（Stoltenberg, McNeill, & Delworth, 1998）以及區辨模式（Bernard, 1979）。本章也闡述在督導中使用沙遊技術的案例。在臨床督導的脈絡中使用沙盤督導有很多益處（Carey, 2006; Markos & Hyatt, 1999; Green & Gibbs, 2006）。如果受督導者在運用結合鼓勵創造力與自主性的沙盤技術中提供一個安全與支持性的督導關係（Carey, 2006; Green & Gibbs, 2006），他們的臨床技巧可能會更為進步。沙盤督導也催化受督導者對於個案內在世界的理解，並且提供健康表達困難情緒的管道（Allan, 2004）。最後，當督導者結合沙盤督導時，平行歷程的學習會發生在受督導者和個案的治療關係，就像個案研究所呈現的一樣（Markos & Hyatt, 1999）。在臨床督導中結合沙盤活動是臨床督導者可以用來強化在督導配對中發展的一種方法，以安全、溫暖與創造性表達產生受督導者與個案兩者之間的臨床效能，而間接的影響個案。

參考文獻

Allan, J. (2004). *Inscapes of the child's world: Jungian counseling in schools and clinics.* Dallas, TX: Spring Publications, Inc.

Axline, V. (1947). *Play therapy.* New York: Ballantine.

Bernard, J. M. (1979). Supervisor training: A discrimination model. *Counselor Education and Supervision, 19,* 60–68.

Bernard, J. M., & Goodyear, R. K. (2004). *Fundamentals of clinical supervision.* Boston: Allyn & Bacon.

Carey, L. (Ed.). (2006). *Expressive and creative arts methods for trauma survivors.* Philadelphia: Jessica Kingsley Publishers.

Chagnon, J., & Russell, R. K. (1995). Assessment of supervisee developmental level and supervision environment across supervisor experience. *Journal of Counseling and Development, 73,* 553–58.

Croxton, T. A., Churchill, S. R., & Fellin, P. (1988). Counseling minors without parental consent. *Child Welfare, 67,* 3–14.

Friedlander, M. L., Siegel, S. M., & Brenock, K. (1989). Parallel process in counseling and supervision: A case study. *Journal of Counseling Psychology, 36,* 149–57.

Gibbs, K. (2004). Counselor educators' perceptions of training students to counsel children in non-school settings (Doctoral dissertation, University of New Orleans, 2004).

Green, E. J. (2006). Jungian play therapy: Activating the self-healing archetype in children affected by sexual abuse. *Louisiana Journal of Counseling, 8,* 1–11.

Green, E., & Gibbs, K. (October 14, 2006). *Utilizing play in supervision.* Association for Play Therapy Annual Conference, Toronto, Ontario, Canada.

Green, E. J., & Ironside, D. (2004). Archetypes, symbols, and Jungian sandplay: An innovative approach to school counseling. *Counselor's Classroom.* Retrieved September 22, 2006, from www.guidancechannel.com.

Green, E. J., & Ironside, D. (January 29, 2005). *Jungian sandplay in family therapy: Implications for marriage and family counselors.* International Association of Marriage and Family Counselors World Conference, New Orleans, LA.

Hendrix, D. H. (1991). Ethics and intrafamily confidentiality in counseling with children. *Journal of Mental Health Counseling, 13,* 323–33.

Henkelman, J. J., & Everall, R. D. (2001). Informed consent with children: Ethical and practical implications. *Canadian Journal of Counseling, 35,* 109–21.

Huey, W. C. (1996). Counseling minor clients. In B. Herlihy & G. Corey (Eds.), *ACA ethical standards casebook* (5th ed., 241–45). Alexandria, VA: American Counseling Association.

Kalff, D. (1980). *Sandplay: A psychotherapeutic approach to the psyche.* Boston: Sigo Press.

Koocher, G. P., & Keith-Spiegal, P. C. (1990). *Children, ethics, and law.* Lincoln: University of Nebraska Press.

Kottman, T. (2001). *Play therapy: Basics and beyond.* Alexandria, VA: American Counseling Association.

Lawrence, G., & Robinson Kurpius, S. E. (2000). Legal and ethical issues involved when counseling minors in nonschool settings. *Journal of Counseling and Development, 78*, 130–36.

Lowenfeld, M. (1979). *The World Technique.* London: George Allen & Unwin.

Magnuson, S., Norem, K. & Bradley, L. J. (2001). Supervising school counselors. In L. J. Bradley and N. Ladany (Eds.), *Counselor supervision: Principles, process, & practice* (3rd ed., 207–21). Philadelphia: Brunner-Routledge.

Markos, P. A., & Hyatt, C. J. (1999). Play or supervision: Using sandplay with beginning practicum students. *Guidance and Counseling, 14*(4), 3–6.

Mitchell, R. R., & Friedman, H. S. (2003). Using sandplay in therapy with adults. In C. E. Schaefer (Ed.), *Play therapy with adults.* Hoboken, NJ: Wiley.

Navin, S., Beamish, P., & Johanson, G. (1995). Ethical practices of field-based mental health counselor supervisors. *Journal of Mental Health Counseling, 17*, 243–53.

Remley, T. P., Jr., & Herlihy, B. (2007). *Ethical, legal, and professional issues in counseling* (2nd ed.). Upper Saddle River, NJ: Merrill Prentice Hall.

Scott, K. J., Ingram, K. M., Vitanza, S. A., & Smith, N. G. (2000). Training in supervision: A survey of current practices. *The Counseling Psychologist, 28*, 403–22.

Steinhardt, L. (2000). Foundation and form in Jungian sandplay. London: Jessica Kingsley Publishers.

Stern, M., & Newland, L. M. (1994). Working with children: Providing a framework for the roles of counseling psychologists. *The Counseling Psychologist, 22*, 402–25.

Stoltenberg, C. D. (1981). Approaching supervision from a developmental perspective: The counselor-complexity model. *Journal of Counseling Psychologists, 28*, 59–65.

Stoltenberg, C. D., McNeill, B. W., & Delworth, U. (1998). *IDM: An integrated developmental model for supervising counselors and therapists.* San Francisco: Jossey-Bass.

Sweeney, D. S. (2001). Legal and ethical issues in play therapy. In G. Landreth (Ed.), *Innovations in play therapy: Issues, process and special populations* (65–81). Philadelphia: Brunner-Routledge.

Weinrib, E. L. (1983). *Images of the self.* Boston: Sigo Press.

Chapter 3

當取向相碰撞時：
遊戲治療師的決策模式

Ken Gardner、*Lorri Yasenik*

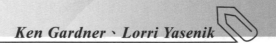

定義遊戲治療督導模式的緣由

　　遊戲治療的領域在過去八年來已經明顯的拓展開來。全美與國際的遊戲治療組織會員人數已有成長，包含在遊戲治療領域中數以千計受過訓練的專業人員。除了世界各地遊戲治療組織的會員數增加以外，高等教育機構現在也提供遊戲治療的專精課程與學程（英國的約克大學、南非大學、北德州大學、德州州立大學聖馬科斯分校、東京國際基督教大學、亞利安國際大學、羅馬林達大學加拿大分校、紐約州立大學奧斯威格分校，以及費爾利迪金森大學）。

　　遊戲治療組織（遊戲治療學會、加拿大兒童與遊戲治療學會、英國遊戲治療學會、英國遊戲治療總會、國際遊戲治療學會）已經認定大多數會員來自各種專業的事實，像是臨床社會工作、幼兒照護、心理學、護理、婚姻與家族治療、精神科醫師，以及諸如藝術治療與音樂治療等表達性治療。那些

從其他主要專業學位進入遊戲治療領域的人，傾向隸屬於一個專業協會以規範自己全科醫學的專業。各種管理機構已經明確指出提供一般心理健康服務所必要的技巧與能力。儘管獲得專門的遊戲治療訓練前接受一般諮商的訓練是必備需求，一般的諮商訓練並沒有提供充分的實務與倫理上的指導以勝任成為一位遊戲治療師。

遊戲治療師的專業能力必須被認可與強調。各種專業組織與作者已經定義出一個能夠安全且合乎倫理地從事實務工作的遊戲治療師的特定能力列表。例如，Landreth 與 Joiner（2005）使用德懷術（Delphi Technique）（Dalkey & Helmer, 1962）建立起被認為是遊戲治療師教育中必要的核心技術／方法與實務經驗，這樣的資訊是來自遊戲治療領域的專家及遊戲治療的教授所做的問卷而獲得。這個研究結果指出了幫助引導在美國遊戲治療師的訓練與實務工作的十個目標領域。英國遊戲治療總會（Play Therapy United Kingdom, 2002）、國際遊戲治療學會（Play Therapy International），以及英國遊戲治療學會（British Association for Play Therapy）也已經發展出核心能力的領域。一般來說，全球核發遊戲治療認證與註冊關注的內容包含：遊戲治療的知識、遊戲治療師的技巧，以及專業和個人特質，與成為一位遊戲治療師相關的態度。所有的組織都強調接受與分立領域相關技巧的督導是遊戲治療實務不可或缺的。如上所述，在遊戲治療督導的領域中採用系統性的督導模式來引導督導歷程是很重要的。就像是系統性的使用理論模式來建立一個人際歷程的必要性（遊戲治療定義的一部分），那些傳遞與接受督導的人應該也要能夠描述自己的模式，好讓他們能夠以一種可預測的方式操作，而提供受督導者一個可信賴的架構。

專業的督導需要避免隨意折衷主義的危險。學生可能被訓練某個遊戲治療的取向，或是他們可能被訓練跨數個理論取向。美國遊戲治療學會（APT）與英國遊戲治療總會（PTUK）均建議，遊戲治療師和新的訓練課程需要學生從五到八個當代的遊戲治療理論進行比較與對照，像是兒童中心遊戲治療（child-centered play therapy）、阿德勒取向遊戲治療、認知行為

遊戲治療、治療性遊戲（theraplay）、完形遊戲治療、關係遊戲治療與親子遊戲治療，以及非指導性的遊戲治療。也因此，遊戲治療的學生可以帶著關於不同方法的知識處理遊戲治療情境中的兒童而脫離訓練。依據遊戲治療的情境作為實務經驗訓練的要素，學生可能出現一至多個處理遊戲治療歷程的方法。受督導者大致會帶來不同領域的督導訓練經驗，因此督導者需要一個概括性的方法來滿足受督導者。督導者之後需要一個接受與支持遊戲治療取向專業的遊戲治療督導模式。

　　遊戲治療督導者的目的是提供：(1) 客觀的回饋與引導；(2) 置入臨床情境的訊息（包含技術、特殊的主題，以及歷程）；(3) 諮詢以及關於倫理議題與困境的方向；(4) 諮詢以及關於法律議題的方向（British Association of Play Therapists, 2006; Association for Play Therapy, 2006）。

　　在提供專業的遊戲治療時所出現的困境是，假如沒有一個高度涵蓋性的模式得以實踐所有與兒童工作的方法，督導者要如何符合上述的目標以及滿足遊戲治療的核心能力。此外，Schaefer（2003）指出，實務工作者正從不同的理論選擇那些最適合用來處理兒童個案所呈現的問題的策略與技術。Phillips 與 Landreth（1995）發現截至目前為止，折衷、多元理論取向是最常被回應者所使用的取向。督導者要如何提供一個有組織的架構來因應這個逐漸成長的趨勢呢？

遊戲治療的多面向模式

　　遊戲治療的多面向模式（Play Therapy Dimensions Model, PTDM）（Yasenik & Gardner, 2004）是從這個困境衍生而來。如同在遊戲治療學派間之觀點，PTDM 指出基礎哲學上的差異。這個模式是做決策以及治療計畫的工具，這對於大多數的遊戲治療師在使用許多理論模式後的反思是很有用的，讓它在本質上折衷。有三個最重要的假設：第一，每個兒童的技巧與能力都是獨特的；再者，所有的兒童遵循一般的發展途徑；第三，遊戲治療師

在催化改變與正向成長上具備重要的角色（Yasenik & Gardner, 2004）。由
於每個兒童在治療中被看成是獨特的，因而需要遊戲治療師為這個兒童以及
這個兒童的需求量身訂做介入策略。這個模式不是規定的，但是它是有意圖
的提供遊戲治療師一個方法來概念化遊戲治療的歷程，以及回答遊戲治療歷
程中的誰、什麼、何時、何以，以及如何。治療師藉由回答上述問題獲得方
向，再次強調，是被兒童所驅策。

　　PTDM 辨識出兩個主要的面向：意識（consciousness）與指導性
（directiveness），並且強調現存的遊戲治療理論與技術在這兩個面向範圍
內的互動方式。

　　意識的面向（圖 3.1）反映出兒童在遊戲中所呈現出來的意識，意識可
以在兒童的遊戲活動與口語表達中呈現出來。兒童時常有與他們正試著重組
的議題、煩惱，以及顧慮保持情感距離的需求。在兒童的遊戲中可以觀察到
一個往返的歷程，藉由在意識面向上下來回的移動、從意識較強的層次移動
到較弱的層次，或是用相反的方式呈現出來（Yasenik & Gardner, 2004）。
當兒童藉由某個外在經驗體驗到瓦解時，他們心靈的基模中關於他們看待自
己或他人的相關方式可能被扭曲與產生衝突。解離的想法與感覺可能藉由
象徵性的遊戲被創造成意識。Wilson、Kendrick 與 Ryan（1992）提及象徵
性遊戲以及它在遊戲治療中的角色，並且指出皮亞傑（Piaget, 1977）的適
應、同化、調適的發展理論。象徵性的遊戲時常在半意識或經驗性層次，而
兒童使用象徵來重組認知基模以及同化新的可能性進入某個過去的表徵，這
之後引導他們潛在的成長與改變。在討論意識時，需要從發展的觀點來看待
兒童。因為每個兒童將會以不同的能力來進行意識的覺察，例如，非常年幼
兒童的語言與認知基模仍然在發展中。當遊戲治療師追蹤兒童的歷程時，將
意識在某段特定的遊戲治療歷程所表現出來的程度納入考量是很重要的。

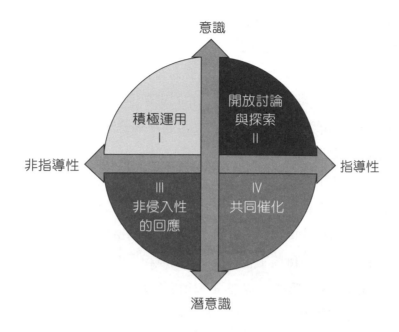

圖 3.1　遊戲治療面向圖

　　心理動力的理論家與榮格分析取向的遊戲治療（Peery, 2003）支持兒童投射內在的能量到遊戲客體上的概念，無論兒童是有意識的覺察與否。假如遊戲的客體或媒材被遊戲治療師視為象徵內在的能量，這位遊戲治療師可能會選擇使用詮釋。榮格取向的遊戲治療師可能會辨別意識與潛意識的影響，因而可能在某個時間點進行詮釋性的評論，以及在遊戲中辨別觀察到的主題。遊戲治療師會考量蛻變（deintegration）的概念，因此他們會探索可能的退行以進入更深層的潛意識素材。儘管某些遊戲治療理論完整地探索在治療中的意識層面，其他的理論可能就不是這樣。意識被確認與探索的程度對所有遊戲治療師而言仍然是一個做決策的因素。

　　在意識面向很重要的是治療師對那些經歷創傷事件或生活威脅經驗的兒童使用的因應策略的知識。不論何種轉介的需求，當遊戲治療師在進行關於催化較強烈的意識程度呈現解離的思想與感覺的決策時，必須做良好的臨床判斷。Pynoos 與 Eth（1986）在他們的研究中，那些目睹殺人的兒童出現下

列的因應策略：壓抑、固著於創傷、替代、在幻想中否認（兒童幻想一個正向而非創傷的事件），以及認同〔兒童認同他（她）自己是父親（母親）或助人的人物〕。Terr（1993）在她和經歷喬奇拉（Chowchilla）校車綁架以及活埋事件的兒童會談歷程中，描述到相關綁架場景的強迫性重複。遊戲治療師在考量遊戲中的意識程度，以及兒童往增加意識覺察方向的能力前進時，必須觀察到發展上的支撐。

意識的面向因而是治療師關注的一個領域。引導性的遊戲治療師可能選擇在一段遊戲歷程期間，去命名可能的感覺、行為，以及未來的行動，或是他們可能因為相關的中斷事件而針對這個兒童建構遊戲活動。那些在意識連續體較下端工作的治療師將不會詮釋兒童的歷程；而是他們會依循兒童的引導並且信任兒童內在的驅力，以在沒有使用詮釋性的評論中辨識出兒童的經驗，進而帶來意識覺察的議題。這兩種方法都沒有錯。PTDM 鼓勵遊戲治療師在特定的遊戲治療歷程中探索較強程度的意識，以回答何時、何以，以及如何（藉由理解與觀察兒童來引導）。

下一個 PTDM 描繪的主要面向是**指導性**（圖 3.1）。這個面向代表遊戲治療師對於活動的涉入程度（治療師進入與引導遊戲的程度），以及遊戲治療師所做的詮釋的層面。治療師在圖中的指導性連續體最左邊工作時會被視為在遊戲中最少的涉入，兒童將能夠全然的引導遊戲。很多遊戲治療師是接受非指導性遊戲治療取向的訓練，並且受這個領域的先驅者像是 Axline（1969）與 Rogers（1951）所影響。Axline（1969）描述介於兒童與治療師之間關係的原則，當中強調做決策與催化改變時**兒童的**角色。Landreth 與 Sweeney（1999）更進一步在描述遊戲治療的兒童中心取向時強調 Axline 的非指導性工作。他們聚焦在兒童這個人本身，以及治療師非診斷性、不是對症下藥式的涉入，以及強調兒童與生俱來所擁有引導自我成長與療癒的能力。在兒童中心遊戲治療中，治療師的工作是去理解**兒童**對自身現實（reality）的感知，而非灌輸治療師對這個兒童的現實觀點。Axline（1969）與 Landreth（2002）依循 Rogers 取向的人格構念：(1) 這個人本

身；(2) 現象場；以及 (3) 自我。除此之外，這些理論家也描述指導性面向中非指導性末端的特性。

在圖 3.1 的最右邊，治療師被視為全然的涉入，證明兒童*以及*治療師在治療師所建構的遊戲活動中的投入。阿德勒取向遊戲治療（Kottman, 2003）可能呈現出指導性面向，治療師在一開始可能會以非指導性和兒童工作，而過了一些時間後，會藉由較多指導性的示範以及教導親社會技巧以增加兒童與他人的連結。治療性活動的範例包含進行家庭繪畫技術、詢問兒童關於早期回憶的問題、幫助兒童獲得個人洞察，以及使用後設溝通（治療師針對一個觀察到的互動型態創造一個直接的詮釋）。介入的結構化階段強調這個遊戲治療的取向，其他遊戲治療結構的理論取向包含完形遊戲治療（Oaklander, 2003）、治療性遊戲（Munns, 2000）、生態系統遊戲治療（O'Connor, 1997）、認知行為遊戲治療（Knell, 1999, 2003），以及處方式遊戲治療（prescriptive play therapy）（Schaefer, 2003）。它們可能全都是圖 3.1 最右邊的指導性面向尾端的代表。必須要指出的是，治療師在進行這些遊戲治療取向的實務工作時，可能也會在遊戲治療期間任何特定的時間做關於指導性*程度*的抉擇。在檢視指導性的程度時，顯而易見的是關係是雙向的，而且儘管有些時候兒童需要選擇與引導遊戲活動，但也有些時候兒童會變得靜止不動且看著治療師要其提供結構或方向。

PTDM 提供治療師一個訓練指導性與非指導性的方式，在督導中定向以及討論自己的取向。督導者（無論訓練背景為何）可以從意識與指導性的觀點接近受督導者。這可以讓受督導者與督導者在一個連續體上自由的觀看雙方，並支持以意識的方向和以兒童的指導性為訊號來從事遊戲歷程。

因此，PTDM 由「意識」與「指導性」兩個主要面向所組成，兩者交會而創造出四個象限。圖 3.1 可以看到每個象限，這些象限提供無論是哪個理論取向的遊戲治療師一個有組織的結構。這些象限協助所有的遊戲治療師辨識自己的指導性、涉入的層面，以及催化兒童對於正在浮現的遊戲主題與活動的意識覺察程度。這些象限並不是單指辨識不同取向或實施遊戲治療的

方法；而是一個檢視任何所施予遊戲治療歷程的方法。這些象限提供了一個窗口，得以看見在一個治療歷程或跨越多個歷程，使用許多遊戲治療模式和介入的可能性。這些象限也提供一個方式來概念化在遊戲治療歷程期間的動作。同樣的治療師，可能在一個治療歷程或多個治療歷程期間依據兒童的型態、呈現出來的需求、遊戲的能力，以及兒童的發展階段，採用全部的四個象限來進行工作。根據兒童個案告知遊戲治療師他們需求的這一事實，在任何象限裡沒有預先規定要進行的工作順序。督導者得以和受督導者討論，並探索他們要從哪個象限開始以及原因何在。

　　象限 I 稱為「積極運用」（Active Utilization），位在圖 3.1 的左上角。這個象限在圖上的空間位於非指導性，但是是意識的。在這個象限中，兒童使用自己的隱喻、象徵，或是具體的口語開始遊戲。在這個象限工作和在象限 III（也位於圖上的非指導性那一側）工作，與由治療師從兒童觸發的意識反應開始間歇地詮釋性評論是不一樣的。那些進行各種詮釋層面的治療師往往會以快速的方法這麼做，並且不會持續開放的討論這個議題，除非兒童有想要持續這個方式的傾向。確切地說，治療師可能會進行關於某個角色或某個角色的動機的詮釋，或是治療師可能會進行更多直接的詮釋，將遊戲景象和發生在兒童身上某些所知道相似的部分連結起來。治療師不會在象限 I「積極運用」停留太久的時間。我們很快會看到治療師將會回到象限 III「非侵入性的回應」（Nonintrusive Responding）工作，兒童持續導向與引導遊戲，或是如果詮釋已經對兒童帶來往高度意識方向前進的素材時，兒童可能會想要談論更多關於他們的經驗，引起治療師向象限 II「開放討論與探索」（Open Discussion and Exploration）前進。督導者在討論一個遊戲歷程或是在回顧錄下的影片歷程時，可以幫助受督導者追蹤他們在象限之間的動作（動作可能是簡短快速的）。

　　Mills 與 Crowley（1986）描繪 Erickson 取向的理論，並強調運用（utilization）一詞連結兒童所呈現出來的行為之有效性與完整性深具意義的關係。「運用」技術的核心是一組抽象的技巧與能力，來觀察、參與和重

新框架兒童所呈現的部分。在遊戲治療中，積極運用的歷程指的是治療師帶著兒童遊戲的核心元素進入意識覺察的真實性，藉由提供口語、詮釋性的脈絡來探索和潛在地解決特定議題。

象限 I「積極運用」表示遊戲治療師和完整兒童（the whole child）工作的信念，意味著治療性活動對兒童不同層面的影響：認知的、情感的和語言的。Harter（1999）支持這樣的事實，即兒童語言的出現，帶來了建構自己生活故事敘說的能力，以及持久的自我意象發展的影響。O' Connor（2002）指出兒童的心理健康與他們的語言使用之間有高度的相關。在某種程度上，兒童使用語言的能力是一座從行動到象徵到想法的橋樑，而語言在情緒自我調節的核心功能說明了語言應該在介入歷程中扮演核心的角色。

象限 II「**開放討論與探索**」在圖 3.1 的右上方。它位於圖中意識與指導性的部分，指出治療師在這個象限的工作將被視為開啟和建構與兒童所呈現的問題相關的遊戲活動。治療師在這個象限工作，比較可能會使用發展上的敏感度、認知遊戲取向，並且會致力於兒童所呈現出的議題的意識歷程。結構性的遊戲本位的活動可能包含：治療性的紙盤遊戲、繪畫活動、外化的活動、角色扮演、沙遊的重演、感覺卡片遊戲等等。當兒童需要較多的結構、感覺語言，或是假如兒童已經無法藉由一般遊戲的習慣程序重組創傷性的事件時，治療師可能選擇在這個象限工作。遊戲治療師可能不會總是在象限 III 進行實務工作；相反的，他們可能已經發現在非指導性遊戲治療期間的習慣程序，兒童已經發出信號他們需要較多的討論與方向，而且事實上可能已經引導了治療師的方向。

有時候在象限 II「開放討論與探索」的工作，已經被短期治療取向或情境所驅動，要求在兒童身上花費有限的時間，像是學校本位的遊戲治療。儘管遊戲治療的指導性與意識的取向可能無法符合所有兒童的需求，但某些情境聚焦在症狀的緩解，而象限 II 適用於強調想法與感覺上開放的對話，當中時常藉由積極的問題解決或是新的因應技巧的預演引導新選擇的探索。在象限 II 中與兒童工作有很多充分的好理由。Greenspan（1997）強調問題解

決依循某個情緒途徑，而且直到兒童達成直觀的情緒調節反應或是感覺對了的想法，他便能夠實際使用這個解決方法。遊戲治療師了解（即使指導性與使用意識的素材）藉由遊戲直到感覺對了是療癒過程的一部分。這個知識與技巧也讓認知與指導性的遊戲治療師以及其他沒有接受遊戲療癒力訓練的治療師有所區別。

象限 III「非侵入性的回應」，也許是遊戲治療師最能夠理解的象限，它位於圖 3.1 的左下角。那些接受非指導性工作訓練的治療師會認為這個象限在這個圖上既是潛意識也是非指導性的。兒童引導遊戲，而治療師與兒童依然在遊戲的隱喻中。在象限 III 中，鼓勵兒童承擔自己的責任，並且從實質上選擇主題與遊戲內容，以及驅策遊戲治療歷程。Landreth（2001）指出治療師不應該試圖詮釋正在遊戲中發生的事情，或是和兒童用意識的方式提起議題，因為它是藉由象徵性媒材的使用讓兒童得以從創傷經驗中保持距離，同時獲得控制感。

「非侵入性的回應」以及「非指導性的遊戲治療」不是同一個名詞。非侵入性的回應描述治療性活動以及角色同時在象限 III 工作，然而非指導性的遊戲治療被視為一種奠基於當事人中心（client-centered）的哲學信念，或是 Rogers 取向心理治療的一種遊戲治療模式。事情變得複雜的是，非指導性的遊戲治療被以不同的方式操作，因而一直受到錯誤的詮釋（Wilson, Kendrick, & Ryan, 1992）。非指導性取向已經被錯誤的意指治療師不活動（inactivity）；然而，Rogers 治療歷程的描述清楚指出人本中心的治療師提供了指導並且設限。指導可能以提供安全與保護空間的形式而「存在」（be），以及以一個一致性和支持性的方式針對兒童的行為進行回應。廣義來說，非指導性（nondirective）一詞被用來描述這個歷程的必要部分是辨識出兒童的內心有一種邁向健康的基本驅力，以及如果提供機會的話能夠解決自己的問題。非指導性遊戲治療取向的目標是讓兒童逐漸變得更能自我實現。象限 III「非侵入性的回應」，讓非指導性遊戲治療取向有很多不同詮釋的空間，例如透過督導，受督導者可能探索兒童中心遊戲治療以及其他非

指導性遊戲治療取向間的差異。

大多數以指導和引導兒童開始他們的遊戲歷程的治療師，自稱主要在象限 III 工作。對於某些治療師而言這個是事實，而且可能被觀察到因為他們的非指導性取向而很少移動到其他象限，然而對於其他治療師來說，移動會發生，但是治療師沒有辦法將這個移動概念化。

象限 IV「**共同催化**」（Co-Facilitation）在圖 3.1 的右下角。在這個象限工作被視為較具指導性的，但是會持續尊崇兒童保持距離的需求以及潛意識的驅力與遊戲的本質。一開始，兒童被觀察是在引導遊戲，但是兒童可能會引導或邀請治療師進入遊戲。治療師進入遊戲並且可能會使用先前追蹤的主題與型態來決定測試某個假設或是藉由置入評論、行動，或是溫和的詮釋同時停留在隱喻中來詳盡說明遊戲。這個活動是使象限 IV 較具指導性的部分，但是治療師仍然停留在兒童所呈現出來的主題與特性的真實性中進行工作。指導性被提及，因為事實是當兒童沒有直接指示治療師去做什麼時，治療師會對角色或情境影響的程度進行評論，並且發聲。治療師會停留在遊戲中並且協助詳盡的說明遊戲。詳盡的說明對於那些已經呈現出循環歷程（循環的、遊戲不完整的片段）或是強迫性重複的兒童而言，可能是非常有效的。在象限 IV「**共同催化**」，治療師在使用媒材、遊戲主題、兒童的腳本上是具**共同催化性**的，但是他們增加某些方式進入遊戲以便為兒童開啟新的途徑來表達、處理，以及區別內在的情緒與經驗。

兒童的遊戲可以被視為是自然的共同催化。例如在合作遊戲（cooperative play）中，每個兒童會加入並詳述他們玩伴的想法、情感、主題，以及物體的特性和戲劇化的呈現。一個故事情節逐步開展，兒童在此投射新的想法、主題、衝突及解答。一般兒童的遊戲是互動的以及關係式的，這讓遊戲變得有趣。當在象限 IV 工作時，治療師停留在兒童遊戲的幻想與象徵性之中，而且可以看出參與像是介紹新角色的活動（不是由兒童引導使用），例如助人的人物或是無助的人物，或是使用超過一個角色來呈現兒童一個內在的衝突。當合適的時間出現時，督導者可能會協助受督導者進入遊

戲，並且幫助受督導者辨讀兒童個案對於任何說明的回應。兒童的回應（口語的與非口語的）能幫助受督導者知道持續在象限 IV 工作是必要的或是禁忌。

　　這四個象限有助遊戲治療師組織與辨識他們如何針對兒童個案進行介入。此外，從督導的觀點來看，督導者可以幫助受督導者回答主要依據兒童反應而來的誰、什麼、何時，以及為什麼的問題。

督導的發展性架構

　　運用發展性架構結合 PTDM，提供遊戲治療督導者一個方法來：(1) 辨識受督導者的發展階段；(2) 設計符合受督導者需求的督導活動；(3) 協助受督導者談論關於遊戲治療的歷程；(4) 支持受督導者避免隨意折衷的實務工作。

　　每個受督導者如何使用 PTDM 會連結到他們自己身為一位遊戲治療師的發展階段。當遊戲治療師的發展有所進步時，他將會以更複雜的方式使用 PTDM。這顯示每個人都走在成長的連續體上，沒有哪一個階段比另一個更好或更糟；只代表他是處於那個階段。文獻上引用了很多督導的發展模式（除了催化的、行為的、技巧訓練，以及反思的取向以外），並且已經引起大量的研究興趣（Milton, 2001）。Stoltenberg、McNeill 與 Delworth（1998）以及其他以發展為焦點的督導者，已經概念化治療師的發展為發生在階段、層面或是時期。在回顧某些不同的概念化以後，三個時期的取向被改編應用於遊戲治療師（Yasenik & Gardner, 2004）。

時期一（Phase 1）

　　開始成為遊戲治療師是遊戲治療師發展的第一個時期。遊戲治療是一門針對兒童進行治療性介入的專業形式；所以儘管治療師可能已經接受過成人介入模式的訓練，他們很快理解到成人訓練是無法輕易地概括到與兒童的工

作上。大多數的機構仍未提供兒童與遊戲治療完整的課程；更甚者，對於兒童的工作有興趣的學生與經驗豐富的治療師往往已被安排在一個單一的、非實務工作基礎的遊戲治療路線上。學習關於遊戲的力量與兒童溝通方法的象徵性本質不能夠急躁，這個獨特的技巧組合以及個人覺察需要和兒童工作而非藉由一蹴可幾的學習歷程來達成。

時期一的特徵之一是受督導者傾向於想要快速的在遊戲治療領域從新手變成專家，這通常都是對歷程的高度焦慮與不確定感所驅策而來。剛開始成為遊戲治療的受督導者對於「最佳」（best）與「正確」（correct）的取向很感興趣。治療師的自我覺察常常是受限的，同時在歷程中自我關注較高，因為治療師全神貫注於他們將要如何進行。在學習新的技巧時，很困難的是保有心中更大的整體部分。

時期一的遊戲治療師通常是任務與技術導向，高度關注於評估而且治療師在這個時期相對沒有覺察到自己的優勢與弱勢。信心的水平有時候超過技巧，或是出現的技巧伴隨較少的自信。一般具備的能力包含遊戲治療評估技術、人際評估、遊戲治療個案概念化、辨識個別兒童的差異及兒童的調節因子、對照至少五個遊戲治療理論取向、辨識出介入目標／計畫，以及與兒童治療相關的專業倫理。

在與時期一的遊戲治療師工作時，督導者需要聚焦在一些連結的活動。這些充滿目標性的督導活動，是用來增加受督導者的技巧、知識和經驗。在督導期間的連結活動包含像是：花費額外的時間增加理論討論的強度與頻率、探索個人實務工作的模式、回顧記錄下來的遊戲治療歷程、介紹遊戲治療技術、藉由督導者在遊戲治療室觀察實務技巧的呈現、使用表達性遊戲本位模式來介紹自我的活動，以及提供正向回饋等。

從時期一移動到時期二意味著技術的需求減少，同時自我關注減少而對於個案的關注增加。督導者將會辨識出受督導者在與較複雜的個案工作時，會增加自主性和較多自信的層面。受督導者在運用工具與技術上的自在程度會增加，在問題解決上也更為獨立自主。

時期二（Phase II）

時期二是仿效專家，而且在這裡受督導者進入發展上的中期階段或是像青少年的階段。這個發展階段被標示為分離／自主的衝突，有時候衝突可能導致一種錯誤自主與自信的感覺。當事情進展得順利時，他們前進得非常順利，而一旦不是如此時，時期二治療師的自信會被動搖。這個矛盾心理藉由遊戲治療師介於極度沒能力的想法以及一點都不需要幫助的想法之間的變動被更深入的強調。在這個時期，受督導者通常會因為棘手的個案尋求協助。無論受督導者的能力為何，他在某些自己的功能領域範圍受到挑戰。督導者可以藉由受督導者常見的含糊其詞與間歇性的不接受督導者對於他們某些個案的建議，同時又呈現出完全是為了別人而需要依賴督導者來辨識時期二的受督導者。

時期二的受督導者對於個案的需求有較佳的覺察，而且更能夠辨識兒童個案的世界觀。增加整體的覺察意味著受督導者也更容易受自己的脆弱以及兒童個案的脆弱性所影響。在這個時期的治療師比較能夠去挑戰而碰觸他們自己的童年時期。督導者在這個時期了解關於受督導者的容忍度、耐心，以及同理的能力。在時期二最困惑的層面之一是對廣泛基礎知識整合有較高的期待，而且會有能力被翻攪的釋放感，伴隨著不斷增加學習經驗的額外壓力。這個發展時期矛盾心理的本質可能引起混淆的感覺，並將之投射到督導者身上。

用來提升成長的督導連結活動包含鼓勵承擔風險與創造力、從「告訴我」（tell me）轉移到「展現出來」（show me）的取向（這是停止提供所有建議的時候）、藉由鼓勵更加獨立自主來減少高結構層次的督導、預料有成功也有失敗（從一個個案獲得的經驗可能無法總是概括到其他個案）、強調治療歷程與治療技術的權衡、增加共同諮詢的取向、指派較複雜的個案，以及提供較具支持性的面質（即使矛盾心理是事實，督導者應該不避諱挑戰受督導者）。這對於受督導者與督導者雙方均是一個困難的時期，但是對督

導者來說可能更是如此。儘管會被受督導者間歇性的拒絕，督導者必須持續支持受督導者的成長與發展。受督導者會既期盼接近督導者卻又在同時間避免如此。督導者可能不會經驗到督導某人從時期一移動到時期二，除非督導者已經和受督導者有超過兩年以上的主要督導關係。對督導者而言，另一個更複雜的因素是他們在發展上必須至少成為時期二的督導者以適度的協助受督導者成長與發展。時期二的督導者應該已接受過來自比他們更具臨床專業的資深督導者的督導。此外，時期二的督導者要確保他們在自己的督導上接受督導。

　　當時期一和時期二的學習目標已經整合時，會觀察到從時期二移動到時期三的證據。時期二的治療師已經從和兒童與家庭的工作中發展出一個概念性的架構。矛盾心理的中斷將會被注意到，而且受督導者可能會提供更多分工協作的互動。那些離開時期二的人對於自我評估與自我探索更感興趣。對於不同概念架構的開放度開始顯現，而且受督導者開始擁有他們自己的決策。可以觀察到獨立自主的增加，而且時期二的進階受督導者在面對與個案的工作沒有進展的困難情境時，不會歸咎於自己而心裡過不去。

時期三（Phase III）

　　時期三被認為是遊戲治療師的進階階段，在這個時期受督導者往往開始辨識專精的領域。在這個層次，遊戲治療師已經累積廣泛的知識基礎並且聚焦在概念化個案的多元方法。進階的遊戲治療師知道他們如何在遊戲治療歷程中運用自我，以及如何快速地辨識兒童的需求及合適地回應。他們可以在任何特定的遊戲治療歷程中，覺察到指導性與意識的面向。時期三的遊戲治療師能夠在評估一個遊戲治療歷程或多個遊戲歷程時辨識出考量的多元因素，這個發展的層次也藉由使用結構與非結構的遊戲工具以及一般評估與觀察的能力得以證明。此外，在這個發展時期的受督導者可以同時將兒童獨特的特質、呈現出來的問題，以及很多方法來說明的特定轉介議題牢記在心。時期三的受督導者已經鑽研過特殊兒童期的問題以及兒童期的診斷。

　　在督導一個進階的遊戲治療師時，時期三需要督導者在自己所擁有的實務知識、技巧與經驗上能夠精進。儘管受督導者更為自主，督導者也不能從督導歷程中將自己去除；更確切的說，很重要的是除了持續提供時期二發展階段所有的支持以外，也要提供這個階段額外的成長機會。

　　時期三的督導目標包含賦予受督導者更多的獨立自主性，同時尋找在關鍵時刻的方法；聚焦在整體個案與個人發展的議題，包括系統的、政治的、法律的，以及專門的個案諮詢；並且花費更多時間關照心靈。這是建立共同合作關係的時候，包含分享評估，幫助辨識身為一名遊戲治療師所有的功能領域，以及強調比其他人需要更多發展的領域。在這個時期，督導者持續利用經驗性活動，藉由鼓勵原創的技術設計與奠基於發展的累積經驗（受督導者從不會因為太多體驗而無法學習到經驗性，而且當體驗式學習停止時，之後治療師會發展）、挑戰和提供支持性的面質（你無法在沒有挑戰下成長），並且持續強調所有先前的臨床目標，像是介入技巧、遊戲治療評估技術等等。

後時期三（Post Phase III）

　　當時期三的治療師能在所有的治療領域一貫地發揮功能，便可從時期三朝有經驗的治療師邁進。此時，受督導者的專業認同更為穩固，他們具備個人覺察與理解的強化感，而且他們有更多監控他們的專業生活對自己個人生活影響的能力。儘管很多有經驗的遊戲治療師已經發展出某個專精的領域，他們理解到一個要點：學海無涯，學然後知不足。學習是不斷建構新的認知基模。有經驗的遊戲治療師通常會接受許多遊戲治療模式與取向的訓練，並且熟練於辨識實務工作中的效能以及遊戲治療的直覺與神奇之處。有經驗的遊戲治療師已經具備大量的實務經驗，並且可以借鑑數以百計呈現相同問題、但在治療歷程期間需要不同處遇的兒童案例。儘管有經驗的遊戲治療師具有信心也累積了遊戲治療的經驗，他們仍看重持續接受督導和學習的需求。再多的書本學習與訓練計畫也無法取代在不斷重複中獲得的經驗。書籍

與訓練計畫能提升經驗，但是它們無法取代經驗。後時期三的治療師了解到，除了所有的學習階層與核心遊戲治療能力的發展以外，某些發生在遊戲治療歷程中費解的事情是無法全然理解的。空氣動力學的法則指出大黃蜂（翅膀單薄、身軀龐大）是不能飛的，但是大黃蜂無視這些法則照樣振翅學飛。

避免在遊戲治療中碰撞：督導機制與工具

在臨床督導期間，許多治療歷程的層面必須加以處理，並且和避免碰撞的觀點協調一致。遊戲治療的多面向模式（PTDM）鼓勵督導者與受督導者檢視個案和治療師雙方的調節因子。增加對這些重要因素的理解使介入計畫與成效更趨完備，並且支持治療師的成長與發展。

大多數的遊戲治療師同意應該從發展的觀點看待兒童，同時，遊戲治療師一般也強調每個兒童是獨特的。因此，督導活動必須在這些重要的發展面向以及捕捉兒童特定的特質上前進。例如，如果某個受督導者無法理解兒童的遊戲能力，他（她）可能會錯誤的詮釋兒童的遊戲行為是一種脫序，而不是他們整體遊戲能力的根本限制。沒有充分考慮兒童的依附形成，可能導致對兒童遊戲中表現出的重要主題的有限或不合適的詮釋。

在 PTDM 之中，有幾項督導工具可以用來協助督導者快速辨識某個受督導者對於個案的理解程度。其中一項複合式的工具是「兒童個案調節因子量表」（Child Client Moderating Factors Scale）（Yasenik & Gardner, 2004）。儘管可考量到許多因素，但或許會讓受督導者難以記住造成使用上的不便。於是，根據作者的臨床經驗以及回顧遊戲治療模式後，挑選出了十一個因子。督導者可能會依據他們主要的理論模式、了解這些調節因子對於督導是必要的，以及臨床的決策作為這些因素影響介入的步調、時機及本質，來衡量這些因子不同的重要性。

當受督導者第一次於遊戲治療室和兒童見面之前遇見其主要照顧者時，

受督導者應該要能提供在「兒童個案調節因子量表」上某些因子的一個初始分數。一旦兒童出現在治療中，受督導者可以再次檢視他們的評量，並觀察兒童對於主要照顧者的觀點與在治療歷程期間被注意到的部分之間的不一致。相較於時期一的治療師，時期二有經驗的治療師比較能夠在與兒童會面一兩次之後評量大多數的面向。當時期一的治療師獲得使用這項工具的經驗，她比較可能容易記住這些因子，並且能夠在一些臨床晤談之後快速地更新或完成這份量表。

如前所述，兒童個案告知遊戲治療師關於持續進行於四個象限之間移動的需求。因此，隨著時間的推移，使用「兒童個案調節因子量表」可以協助受督導者觀察與回應兒童需要停留在某個象限，或移動到另一個的重要跡象。例如：如果受督導者注意到兒童的口語溝通、情緒能力、自我調節，以及關係的能力全都是高的，她可以辨識出兒童具備需求或能力，而以更為意識的方法或以較指導性的方式進行工作，潛在地從象限 III「非侵入性的回應」移動到象限 II「開放討論與探索」（見表 3.1）。

認識一個人的自我是和兒童進行臨床工作的必要基礎，因為一個人的內在小孩（inner child）在遊戲治療期間會立刻被喚起並呈現出來。受督導者不只必須持續的在了解自我上工作，她也必須以最合適和最具意義的方式治療性的使用自我理解（self-understanding）來進行工作。據此，督導者應該準備催化受督導者的自我理解，以及積極的協助受督導者在遊戲治療歷程中使用自我的意識。

「治療師沉浸程度量表」（Therapist Degree of Immersion Scale）的設計是要強化治療師對於兒童個案受他們影響的覺察以支持適當的決策。通常而言，這份量表在進階的督導歷程中由受督導者完成。因為這是一個在督導中具有挑戰性的主題，也是難以用一般方式接近的，治療師特定的行為與互動被稱為「沉浸」（immersion）。為了探索他們在遊戲中沉浸的程度，以及這對孩子有什麼影響，邀請受督導者觀察六個沉浸的範疇，並且評量他們在每個範疇沉浸的程度，以及兒童對於他們沉浸的反應。這是依循治療歷程

表 3.1　兒童個案調節因子量表

請以你工作的兒童為考量並且在線上的分數作記號，以建立一個量表分數。

遊戲能力

1	2	3	4	5
非常低的遊戲能力；兒童顯著的遲緩或是呈現出嚴重的創傷反應。		中度的遊戲能力；一些想像類的遊戲。	高度的遊戲能力；創造力，想像式的複雜主題。	

溝通能力（口語與非口語的溝通分開評量）

1	2	3	4	5
溝通的能力受限——認知、情緒遲緩導致自我表達的水平顯著的低。		中度的溝通能力——一些自我表達的口語與非口語能力。	高度的溝通能力——呈現出自我理解／表達——一些意識的覺察。	

發展階段（每個領域分開評量）

1	2	3	4	5
嚴重的認知、情緒，以及（或）生理發展上的遲緩。		中度的認知、情緒，以及（或）生理發展上的遲緩。	按照發展的成長路線或是在一個或多個領域有所精進。	

情緒能力（口語與非口語表達）

1	2	3	4	5
低度情緒表達的陳述能力。		中度情緒表達的能力。	高度情緒表達的能力。	

自我調節能力

1	2	3	4	5
低度的自我調節能力、衝動、情緒或釋放情緒等能力。		中度的能力，可以管理自我調節。	大多數的時間都是高度的自我調節能力。	

表 3.1　兒童個案調節因子量表（續）

依附的結構

1	2	3	4	5
顯著的指出依附困難——被診斷為疾患或是主要照顧者可能陳述與依附關係相關的明顯困難。		有些依附困難被指出或觀察到。至少有一個主要或次要的依附人物。被觀察到和此人有某些程度的安全感。	安全的依附關係被指出或觀察到。沒有陳述有依附困難。	

關係的能力

1	2	3	4	5
很多關係上的困難被陳述出來，如同儕、家庭成員的關係；被指出或觀察到低的關係能力；積極參與的技巧較少被指出。		至少在一段重要的關係或團體關係被指出有中度的困難。	高度和他人積極參與的能力；整體而言被指出有好的關係技巧。	

世界觀：認知基模

1	2	3	4	5
兒童具備負向的世界觀，對自我與他人有負向的感覺；不會將世界視為是一個安全的地方；認為自我不太有控制權或需要控制。		可能對於特定的情境或是特定的人物有中度的負向世界觀。	正向的世界觀——即使是面對逆境；重新框架經驗成正向。	

防衛機制

1	2	3	4	5
被觀察或指出顯著的防衛機制。可能是反應性防衛的跡象，像是否認、昇華、解離、攻擊。		呈現出一些恰當的防衛機制——可能是特定情境或特定人物。	正向的使用防衛機制；不會干擾日常的功能。	

復原力

1	2	3	4	5
低度的復原力、整體的自我定義以及對於逆境的反應型態是脆弱的。緩慢的從困難、受傷的經驗中復原，而且定義自我在面對這些經驗時是負向的。		有一些從逆境環境適度復原的證據。選擇性的重組能力。		高度的復原力——以正向快速的復原，不傷元氣的結果。

支持網絡

1	2	3	4	5
可以取得非常少的長期支持。不確定的計畫：關於照顧。孤立無援的、缺乏支持的接納、資源很少。		有一些可依靠的支持服務或是支持性的人物。兒童接受來自這些支持的幫助與照顧，包含朋友。		在兒童的周遭環境中存在明顯的支持；支持被視為是可接受的與重要的。

被兒童的需求所驅策的基本假設。沉浸的程度越高不一定越好，相反的，對於每個兒童的沉浸程度與類型，以及和整個治療歷程的關聯必須加以小心的檢視。

在每次的評量之後，要求受督導者提供三個他們有效使用自我的臨床徵兆。當在督導中規律的使用時，沉浸量表藉由持續反映他們與個案之間的互動來確保受督導者未偏離軌道。了解在遊戲治療歷程中，在這個空間裡的不同時間點，他們與兒童個案之間發生了什麼，建立受督導者對於兒童的情緒調和（attunement），並且強化他們的決策。在很多情況下，這也支持了受督導者特定移情與反移情跡象的覺察，以及這些議題對於遊戲歷程的影響（見表 3.2）。

表 3.2　治療師沉浸程度量表

請考量你在遊戲中沉浸以及使用你的自我的不同方法。在線上的分數作記號，以建立一個量表的分數。

(1) 口語討論：在會談期間，你參與關於兒童生活或是和兒童的口語討論程度有多少（遊戲活動之外）？

1	2	3	4	5
低度		中度		高度

沒有開放討論。		有一些開放討論。		花費遊戲以外明顯的晤談部分，直接進行討論。主要由治療師開始。

兒童的回應：請評量使用**口語討論**的有效性。
　　　　　□低度　　　　　□中度　　　　　□高度

(2) 反映性表達：在會談期間，你如何涉入與追蹤兒童的情緒、非口語行為、遊戲活動、口語內容、順序或隱喻進行相關的反映性表達（reflective statement）。

1	2	3	4	5
低度		中度		高度

不頻繁的使用表達。		中度的使用反映性的表達，但是在遊戲期間主要使用一種或兩種反映型態。		頻繁地使用反映性表達。

兒童的回應：請評量使用**反映性表達**的有效性。
　　　　　□低度　　　　　□中度　　　　　□高度

(3) 情緒性：在會談期間，你提供以情緒為基礎的回應程度有多少（無論是直接對兒童還是藉由遊戲的隱喻）？

1	2	3	4	5
低度		中度		高度

主要觀察兒童。鮮少反映兒童的情緒。沒有置入情緒的回應。		間歇性的鏡映兒童或是遊戲角色的情緒。		對於兒童詳盡的情緒表達置入評論／情緒的回應。

兒童的回應：請評量使用**情緒性**的有效性。
　　　　　□低度　　　　　□中度　　　　　□高度

(4) 情緒的自我：在會談期間，你的情緒投入程度有多少？

1	2	3	4	5
低度		中度		高度

我不覺得有特別的情緒投入。我覺得有些同理，但是我的感覺依舊是模糊中立的。	我覺得適度的情緒投入。我注意到我對於與個案素材相關的部分有一些我個人的感覺。	我覺得高度的情緒投入，而且被個案所呈現出來的以及（或）個案揭露的影響。

兒童的回應：請評量**你的情緒性**的影響。
　　　　　□低度　　　　　□中度　　　　　□高度

(5) 身體的自我：在會談期間，你的身體投入程度有多少？身體的自我（physical self）包含：在遊戲活動中身體的動作、身體的靠近或碰觸、身體能量的水平。

1	2	3	4	5
低度		中度		高度

幾乎一點也沒有。主要觀察兒童。不會參與活動，即使在兒童靠近時。	只有在直接邀請如此做時才會參與身體的遊戲。以適度的接觸進行一些身體遊戲。	以緊密的靠近與身體接觸頻繁地參與身體遊戲。

兒童的回應：請評量使用**身體的自我**的有效性。
　　　　　□低度　　　　　□中度　　　　　□高度

(6) 詮釋：在會談期間，你使用詮釋的程度有多少？詮釋是由治療師所引發的具有目的性的評論，引起或可能引起兒童較高程度的意識。

1	2	3	4	5
低度		中度		高度

一點也沒有。	已經明確的闡述一些溫和的假設，並且正使用角色來測試假設與進行詮釋——這在遊戲隱喻中完成。	直接陳述觀察或假設以帶來一些意識的覺察。

兒童的回應：請評量使用**詮釋**的有效性。
　　　　　□低度　　　　　□中度　　　　　□高度

表 3.2 治療師沉浸程度量表（續）

(7) 詮釋的頻率： 在會談期間，你多麼頻繁地使用詮釋性的回應？

1	2	3	4	5
低度		中度		高度

從不——僅維持詮釋以及從頭到尾持續非侵入性的。		間歇性的在遊戲範圍內進行詮釋性的評論以及（或）間歇性地進行直接詮釋。		許多會談歷程是詮釋性的。非侵入性的。

兒童的回應：請評量使用**詮釋**的有效性。
　　　　　□低度　　　　　　□中度·　　　　　□高度

個案研究：莎拉與卡洛斯

　　「兒童個案調節因子量表」與「治療師沉浸程度量表」在督導中的應用可以藉由卡洛斯這個個案討論來呈現。他是一個八歲大的男孩，和他的遊戲治療師莎拉一起工作。

　　莎拉是在鄉村環境工作的一名資深諮商師。儘管莎拉已經從事青少年成癮諮商很多年了，然而她在遊戲治療領域相對而言算是新手。莎拉最近從成癮治療中心轉換到社區心理衛生中心。在此同時，莎拉的案量從全部都是與青少年的工作轉換成對象是年幼的兒童和他們的父母親。儘管莎拉對於這個改變感到興奮，她所顧慮的是她現在的督導者在家庭治療領域相當精熟，但並不是一位認證的遊戲治療師或遊戲治療師督導。也因此，莎拉已經做了特定的安排接受一位認證的遊戲治療督導者的遠距督導。

　　卡洛斯現在住在寄養家庭，並且與他的親生母親琳恩很少有接觸。依據紀錄檔案的報告，琳恩長期以來有藥物與酒精濫用的問題。卡洛斯因為童年期的情感忽視且重複暴露在家庭暴力中，在一年前從母親的照護中被帶離。卡洛斯已經有大約四年的時間沒有見過他的親生父親。

　　莎拉的遊戲治療督導者凱瑟琳請莎拉寄給她先前和卡洛斯進行的前四次

晤談歷程錄影檔，並且在「兒童個案調節因子量表」與「治療師沉浸程度量表」上進行評量。在與莎拉會談之後，凱瑟琳基於莎拉是最近才進入遊戲治療領域，加上她對於遊戲治療歷程的關注或焦慮水平，以及在錄影帶歷程中被評估的可能性表示擔憂，認為莎拉是處於時期一的遊戲治療師。在此同時，凱瑟琳辨識出莎拉有很多身為一位諮商師的優勢，並且渴望學習新技巧。

在電話督導討論中，莎拉指出她一開始讓卡洛斯在遊戲室進行主導，並且選擇反映性表達的使用。當問及她在哪一個象限工作時，莎拉回應她認為她是在象限 III「非侵入性的回應」工作，因為卡洛斯在整個會談中維持主導。有趣的是，莎拉指出在第一次會談歷程期間，卡洛斯鮮少探索遊戲室，儘管有一度他走到沙盤前，並且不斷重複地將他從物件櫃上抓取下來的物件掩埋與覆蓋起來。在第二次的會談歷程，卡洛斯選擇使用劍，並且裝扮成一位武士。在這個時間點，卡洛斯引導莎拉取得一把劍並且進行戰鬥。確認卡洛斯的驅力或方向是傾向這種遊戲的型態，莎拉維持一個非侵入性的回應型態。莎拉指出當卡洛斯開始越來越認真的攻擊時，她以基於在遊戲歷程中維持安全的治療性設限來回應。隨後，卡洛斯突然間拋下他的遊戲活動並且回到先前的在沙中埋藏物件。莎拉指出這相同的型態也發生在他們第三次的會談歷程。

當問及她對於和卡洛斯工作時的感受如何時，莎拉評論她在某些時間點會感到厭倦並且懷疑卡洛斯是否準備好進行遊戲治療，因為他的遊戲型態以及遊戲活動似乎很有限。當凱瑟琳詢問劍的戰鬥遊戲對於他的年齡是否合適時，莎拉說這對卡洛斯這個年紀的男孩而言可能是典型的遊戲，但是也評論卡洛斯的攻擊性或許意味著他最好參加一個兒童的憤怒管理團體，特別是因為勃然大怒是被轉介資源辨識為首要關心的議題。凱瑟琳運用這個評論作為一個機會來探索卡洛斯的需求的指標，或是進入象限 II「開放討論與探索」的潛在徵兆。凱瑟琳邀請莎拉回顧「兒童個案調節因子量表」上的特定因子，像是溝通能力與情緒能力。在討論這些因子時，莎拉評論卡洛斯似乎

沒有很多口語的溝通，而且事實上在任何關於他的家庭或家庭情境的對話中
傾向於「噤聲」。儘管莎拉立即評量卡洛斯的情緒能力是低度的，當她討論
在他們會談歷程發生的事情的例子時，她把這個評分改為「中度」，因為有
某些例子，卡洛斯藉由遊戲的戲劇性，變得較為活躍與情緒的表達。基於這
個討論，在對照呈現出有開放討論經驗的需求後，凱瑟琳建議有一些跡象指
出卡洛斯的驅力與方向是位於較少感覺或經驗的意識表達的領域。凱瑟琳也
提出一個觀點，亦即卡洛斯的自我強度可能不是能夠忍受在像是失落議題上
開放討論或是直接活動（directed activity）的層次上。給予這些觀察後，莎
拉指出也許比較好的是和卡洛斯維持在遊戲領域，在低層的意識向度進行工
作。

　　凱瑟琳邀請莎拉依據在遊戲治療中對於卡洛斯需求的理解以及潛在方向
的特定因子的重要性程度，按照優先順序排列她在「兒童個案調節因子量
表」的評分。莎拉選擇了卡洛斯的自我調節能力、遊戲能力，以及溝通能力
作為三個需要關注的因子。莎拉評定卡洛斯的自我調節能力是低的，描述它
在這個量表上介於 1 到 2 之間。當探討她的評分時，很顯然莎拉是基於卡洛
斯憤怒展現的外在陳述來進行評量。事實上，在會談期間，卡洛斯持續回應
治療性的設限降低他的劍擊戰鬥，展現出他快速調節的能力。莎拉也給了一
個卡洛斯在傾倒與亂丟沙子時接受設限的例子。藉由這個討論，莎拉開始理
解卡洛斯的自我調節能力可能是中等的。一旦了解了這一點，莎拉評論她覺
得較有充滿希望的感覺，因為她一直擔心卡洛斯會變得更具攻擊性而且最終
可能會恢復攻擊的行為，以作為一種測試或是結束治療關係的手段。凱瑟琳
注意到這個討論，並且決定在之後討論移情與反移情議題的期間再回到這個
部分。

　　在討論莎拉評定卡洛斯的遊戲能力是低度的同時，莎拉評論卡洛斯對於
探索遊戲環境展現很低的興趣並且保持來回進行兩種活動：玩劍與沙遊。此
外，他在這些活動的參與度呈現出受限的樣子。凱瑟琳要莎拉追蹤卡洛斯的
寄養父母親以獲得更多關於卡洛斯在家裡的遊戲喜好與型態的資訊。凱瑟琳

也邀請莎拉評論每次卡洛斯從玩劍轉換到沙遊時發生了什麼事。莎拉指出每次的轉移都是突然且沒有計畫的。當凱瑟琳進一步探問，便可清楚看出是卡洛斯從高強度的遊戲移動到冷靜與舒緩的活動。這又再次凸顯了卡洛斯自我調節的潛力。在討論這個型態的同時，凱瑟琳邀請莎拉檢視她所提供關於卡洛斯的世界觀的評量。儘管莎拉在她第一次完成「兒童個案調節因子量表」時已經評量過這個因子，她未曾認為這是一個高度優先的項目。凱瑟琳邀請莎拉探索這個評量是充滿目標性的，因為她希望增加莎拉從現象場的觀點來理解卡洛斯。莎拉具備一些成癮對兒童影響的覺察，是拜先前的工作經驗所賜，並且在和卡洛斯的晤談歷程中帶著這個整體的預設。然而在督導中的討論顯示出，莎拉從不使用這樣的理解作為理解卡洛斯獨特經驗的起點，以及在他的遊戲中可能透露出來的主題。如同 Gil（1991）所提及，只有兒童可以溝通或表現出自己經驗的意義。凱瑟琳邀請莎拉首先探索她視卡洛斯是一個賣力生存者還是一個受害者。藉由這個討論，莎拉評論她自動化的認為卡洛斯是一個受害者，但是沒有真的想過他可能呈現或是告訴她並非如此的可能性。有可能是卡洛斯用這個其他人尚未理解的方法來復原嗎？如果是這樣的話，很重要的是針對這一點進行工作，或是強化對於卡洛斯的復原有貢獻的特定因子。回顧他的成長史，卡洛斯曾經歷過被一位姨媽撫育的經驗，並且她在照顧時花大量的心力。這可能已經賦予卡洛斯一段對於關係的正向內在運作模式，一個在遊戲治療中可以著手或是調動的部分。

儘管莎拉與凱瑟琳都不全然理解卡洛斯不斷重複在沙子中埋藏物件的意涵，凱瑟琳邀請莎拉視這個遊戲為一個探索卡洛斯世界觀的機會。在莎拉所提供的錄影中，凱瑟琳注意到莎拉停止追蹤卡洛斯這個遊戲的片段。莎拉評論在一開始時她試著與卡洛斯在一起，但是因為卡洛斯這個不斷重複行動的本質，她逐漸變得挫折與厭煩。凱瑟琳強調卡洛斯掩埋的物件呈現出一個具備某種情緒經驗的需求。凱瑟琳也指出莎拉藉由注意或是反映卡洛斯的行動與意圖來反映他情緒驅力的重要性，或是藉由當特定的人物在經歷某事時以增加的**情緒效價**（emotional valence）進行回應，像是不再能夠看見或聽見

他們周遭有什麼。凱瑟琳提醒莎拉這些在遊戲中涉入的呈現形式，凱瑟琳更深入的建議莎拉也應該簡要的「思考」這些埋藏的經驗可能感覺起來像什麼。這些介入被框架為柔性的假設，因為初步的假設能讓莎拉知道卡洛斯在遊戲中可能容忍的情緒水平正在升高。如果莎拉轉換反映性表達或回應的情緒強度或形式，這些遊戲片段會延伸或深化，而讓卡洛斯有機會表達或重組特定的感覺或經驗嗎？凱瑟琳也和莎拉一同工作，考量卡洛斯的準備度及需求視為移動到象限 IV「共同催化」的這些指標。治療師引導（therapist-led）的轉換，雖然本質是微妙的，可能仍然發生在「潛意識」的面向中，但是也讓卡洛斯處理特定的經驗。事實上，這就像是一個編織的歷程，卡洛斯的引導以及莎拉簡要的置入或發揮遊戲的特定要素，在這個象限來來回回的歷程。

關於「治療師沉浸程度量表」的其他因子，凱瑟琳邀請莎拉評論她可以增加或減少哪個涉入的組成要素，並且描述為何這會是有幫助的。莎拉立即評論她不確定所有這些因子是否應該改變，因為她擔心這將會遠離象限 III「非侵入性的回應」的歷程。凱瑟琳向莎拉保證稍微轉換一個人自我的使用，並不意味著必須要轉移到另一個象限。為了示範說明這部分，凱瑟琳邀請莎拉檢視在第四次會談歷程中劍鬥的片段，當時卡洛斯突然間出現較多的活躍與遊戲性。特別是凱瑟琳邀請莎拉評量情緒以及她的情緒自我使用的程度。莎拉評論她有意讓這些層次保持很低，因為她擔心如果增加她的行動，或是身體上變得更活躍與情緒投入，卡洛斯會在他的遊戲中變得更具攻擊性。事實上，卡洛斯從劍鬥移動到沙遊，發生在當他出現不感興趣以及口語化的討論是非常無趣的時間點。凱瑟琳邀請莎拉再次思考如果她變得更活躍以及充滿遊戲性，特別是符合卡洛斯在遊戲中一開始的能量水平與方向，來增加她的身體與情緒自我的使用，可能會發生什麼事？這是否意味著使卡洛斯無法主導？莎拉瞬間了解到在遊戲中缺少的是她自己情緒投入的部分。比起支持卡洛斯遊戲活動的所有權，莎拉更關注的是在遊戲中有太多的情緒可能抑制他的遊戲驅力與方向而變得更具冒險性與情緒性。這次討論的結果

是，莎拉會監控自己這些涉入的面向。在下次的會談歷程中，莎拉尋找增加涉入的組成成分的可能性，同時小心追蹤卡洛斯的回應。

　　接近督導會談的尾聲時，凱瑟琳詢問莎拉關於潛在的移情與反移情的議題。莎拉回應關於這個議題她沒有真的想過太多，但是承認當卡洛斯最早被轉介來時，她思考過男性的治療師是否對於在生活中缺乏男性角色楷模的卡洛斯會更有幫助。在詢問失去母親對於卡洛斯而言是否是一個重要的事件時，莎拉馬上同意對卡洛斯而言這是一個核心的議題，而且甚至可能是他外顯化行為的觸發器。凱瑟琳想知道對莎拉而言，如果卡洛斯在治療歷程中移動到某個階段，他對莎拉展現出高度的依賴，或是投射出像是憤怒、難過、不信任等衝突的情緒，對身為治療師角色的莎拉轉移他未被滿足的需求，那情況會是如何。莎拉立即回答這也很不錯，因為這表示卡洛斯真的在處理議題。然而，當凱瑟琳提供處理兒童表現出未滿足的依賴需求的方法範例時，莎拉覺得不自在但是不確定為什麼她會有這樣的感覺。凱瑟琳簡要的評論這可能代表一種情緒的盲點，意味著治療師時常在遊戲治療歷程的不同時間點經驗這些。凱瑟琳和莎拉開始一起探索依賴的需求感覺起來像什麼，以及對於莎拉的意義。莎拉最初的反應是這可能意味著高度的責任感，莎拉繼續指出她真的喜歡在諮商中支持他人成長的想法，並且從不會對於為了他人的幸福感擔負起責任的念頭感到不自在。原來莎拉曾經有過以年幼么女的身分照顧有複雜健康議題父母親的背景。辨識出這個議題以反移情的形式帶給莎拉的情緒拉扯，可能會是莎拉在成為一位治療師發展上的重要里程碑。在督導中一個討論確實是不足夠的，但是有著凱瑟琳的支持，莎拉可能會避免一些潛在的陷阱，在不知道是什麼觸發了她的反應的情況下，對卡洛斯的需求做出自動化的回應。未來的督導討論聚焦在特定的移情與反移情的層面；這樣的結果是對於莎拉而言，卡洛斯是這些相關議題的優秀老師。

結　論

　　遊戲治療的多面向模式是從意識到越來越多的遊戲治療師以多元的理論取向來進行工作演化而來，也因為這樣，他們需要一個有組織的結構來引導有效的臨床決策。即使受督導者與督導者共享相似的理論取向，除非有反思與做決策的歷程，否則在督導中也可能會有一些觀點相互碰撞。藉由聚焦在兒童獨特的需求，以及治療師在遊戲治療歷程中自我的使用或是沉浸，不同遊戲治療學派的督導者與受督導者，得以分享某些特定的標誌以了解遊戲治療中的移動。當督導結合一個發展的架構時，督導者最好裝備好以提升受督導者的技巧基礎，幫助他們邁向更高水平的自主決策以及自我覺察成為一位遊戲治療師。久而久之，受督導者將可從高度聚焦在下一個技術或取向的實務工作者，朝向一位自我反思實務工作者前進，能夠嚴謹地檢視一些理論取向、關於他們的自我的使用，以及兒童的獨特需求。隨著我們的專業在描繪遊戲治療師的核心能力方面取得進展，現在必須在闡明遊戲治療師臨床決策的必要性方面出現類似的進展。期盼遊戲治療的多面向模式提供督導者額外的工具，來辨識及主動地督導這些必要的因素。

參考文獻

Association for Play Therapy. (2006). *Registered play therapist: Criteria for registration*. Fresno, CA: Association for Play Therapy.

Axline, V. (1969/1987). *Play therapy*. New York: Ballantine Books.

British Association of Play Therapists. (2006). *Clinical supervision requirements*. UK: British Association of Play Therapists.

Canadian Association for Child and Play Therapy. (2006). *Certification as a child psychotherapist and play therapist*. Toronto, ON: Canadian Association for Child and Play Therapy.

Dalkey, N., & Helmer, O. (1962). An experimental application of the Delphi method to the use of experts. *Management Science, 9*, 458–67.

Gil, E. (1991). *The healing power of play: Working with abused children*. New York: Guilford Press.

Greenspan, S. I. (1997). *The growth of the mind and the endangered origins of intelligence*. Cambridge, MA: Perseus Books.

Harter, S. (1999). *The construction of the self: A developmental perspective*. New York: Guilford Press.

Knell, S. M. (1999). Cognitive-behavioral play therapy. In K. O'Connor & C. Schaefer (Eds.), *Play therapy theory and practice: A comparative presentation* (79–99). New York: Wiley.

Knell, S. M. (2003). Cognitive-behavioral play therapy. In C. E. Schaefer (Ed.), *Foundations of play therapy* (175–91). New Jersey: John Wiley & Sons, Inc.

Kottman, T. (2003). Adlerian play therapy. In C. Schaefer (Ed.), *Foundations of play therapy* (55–75). New York: John Wiley & Sons, Inc.

Landreth, G. (2001). Facilitative dimensions of play in the play therapy process. In G. Landreth (Ed.), *Innovations in play therapy: Issues, process, and special populations* (3–22). Philadelphia: Brunner Routledge.

Landreth, G. (2002). *The art of the relationship* (2nd ed.). Philadelphia: Brunner/Routledge.

Landreth, G., & Joiner, K. (2005). A model based on objectives developed by the Delphi Technique. *International Journal of Play Therapy, 14*(2), 49–68.

Landreth, G., & Sweeney, D. (1999). The freedom to be: Child-centered group play therapy. In D. Sweeney & L. Homeyer (Eds.), *Handbook of group play therapy* (39–64). San Francisco: Jossey-Bass.

Mills, J., & Crowley, R. (1986). *Therapeutic metaphors for children and the child within*. Philadelphia, PA: Brunner/Mazel.

Milton, M. (2001). Supervision: Researching therapeutic practice. In M. Carroll & M. Tholstrup (Eds.), *Integrative approaches to supervision* (183–91). London: Jessica Kingsley Publishers Ltd.

Munns, E. (2000). Traditional family and group theraplay. In E. Munns (Ed.), *Theraplay: Innovations in attachment-enhancing play therapy* (9–26). Northvale, NJ: Aronson.

Oaklander, V. (2003). Gestalt play therapy. In C. E. Schaefer (Ed.), *Foundations of play therapy* (143–55). New York: John Wiley & Sons, Inc.

O'Connor, K. J. (1997). Ecosystemic play therapy. In K. O'Connor & L. Braverman (Eds.), *Play therapy theory and practice: A comparative presentation* (234–84). New York: Wiley.

O'Connor, K. J. (2002). The value and use of interpretation in play therapy. *Professional Psychology: Research and Practice, 33*(6), 523–28.

Peery, C. (2003). Jungian analytical play therapy. In C. E. Schaefer (Ed.), *Foundations of play therapy* (14–54). New York: John Wiley & Sons, Inc.

Phillips, R., & Landreth, G. (1995). Play therapists on play therapy I: A report of methods, demographics and professional/practice issues. *International Journal of Play Therapy, 4*(1), 1–26.

Piaget, J. (1977). *The language and thought of the child*. London: Routledge & Kegan Paul.

Play Therapy International. (2006). *International standards for certification in child psychotherapy and play therapy*. UK: Play Therapy International.

Play Therapy United Kingdom. (2002). *Professional structures model*. UK: Play Therapy United Kingdom.

Pynoos, R., & Eth, S. (1986). Witness to violence: The child interview. *Journal of the American Academy of Child Psychiatry, 25*(3): 306–19.

Rogers, C. (1951). *Client-centered therapy*. Boston: Houghton Mifflin.

Schaefer, C. E. (2003). Prescriptive play therapy. In C. E. Schaefer (Ed.), *Foundations of play therapy* (306–20). New York: John Wiley & Sons, Inc.

Stoltenberg, C., McNeill, B., & Delworth, U. (1998). *IDM supervision: An integrated developmental model for supervising counselors and therapists*. San Francisco: Jossey-Bass Inc.

Terr, L. (1983). Time sense following psychic trauma: A clinical study of ten adults and twenty children. *American Journal of Orthopsychiatry, 53*, 244–61.

Wilson, K., Kendrick, P., & Ryan, V. (1992). *Play therapy: A nondirective approach for children and adolescents*. London: Ballerie Tindall.

Yasenik, L., & Gardner, K. (2004). *Play therapy dimensions model: A decision-making guide for therapists*. Calgary: Rocky Mountain Play Therapy Institute.

跨文化視野：
如何視兒童期為影響督導的獨特文化

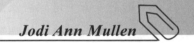

Jodi Ann Mullen

黛比慌張的前來督導會談，甚至在她還沒坐定之前就開始告訴我她和羅貝托第一次的會談歷程是個大災難。她解釋羅貝托是一個四歲大的拉丁裔男孩，他的父母親是第一代美國移民，他的祖父母們全都是從墨西哥移民過來。羅貝托被他的學前教育老師轉介來接受諮商。學校代表的擔心讓他的父母親鬆了一口氣；他們也有所顧慮。羅貝托因為對任何事都要求按部就班而受到影響，當事情不是如他所要的時候他會變得易怒。黛比分享：「他的母親說如果她沒有在他洗澡之前放好他的睡衣褲，他就會停止呼吸直到暈過去為止——你相信嗎？」我微笑回答：「羅貝托是一個驚人的溝通者，令人印象深刻。」黛比看起來因為我的評論有點被激怒，並且補充：「我敢說如果他在晤談歷程也停止呼吸並且昏厥過去的話，你會更印象深刻！」

那些與成人進行心理健康工作的實務工作者覺得他們對於和兒童工作方面是準備不足的（Corey, Corey, & Callahan, 1993; Erikson, 1985; Mullen, 2003）。研究所的課程藉由實務操作來為諮商師進行準備，至少一開始是和同儕進行實務操作。先前的服務經驗讓心理健康專業的新手勉強改編以成人為主的諮商技巧來針對兒童進行使用，因為他們學習到的臨床技巧與實務的練習不是專為兒童而設計。諮商師所受的技巧訓練往往不會將個案的實際年齡作為個案文化一項顯著（或者也許是最顯著）的考量因素。因此心理健康專業的學生被引導相信只要稍加改編以成人為主的諮商技巧，對諮商師而言就足以（或是可以）具備與兒童工作的臨床能力。

與兒童進行工作時，當然和成人一樣有最適合的技巧與介入策略；然而，我在本章主張這不是只需要技術與技巧的改編應用，而是在臨床脈絡中成功與兒童工作的哲學典範的調整。假如可以從多元文化的觀點來看待兒童期乃至於兒童，我們提供兒童心理健康需求的能力便大大地提升。

我選擇在聚焦於督導的本書中作此論述，因為我發現很多我的受督導者和學生在與兒童的臨床工作中感到掙扎，因為他們從成人中心的觀點──一個使兒童邊緣化以及貶低兒童期文化獨特價值的觀點來看待兒童與兒童期。我相信我身為臨床督導者的角色，是要協助我的受督導者與學生重新框架自己的兒童諮商與遊戲治療是跨文化諮商的觀點。用這個方法來概念化他們的臨床關係，將會有助於提供心理健康服務時充分尊重個案最顯著的文化特性。

兒童期文化的定義

兒童期（childhood）的文化可以被概念化為兒童在特殊社群與次文化的分享經驗，以及對於兒童期本身的社會建構（Mullen, 2003）。兒童期是一個具備不同價值觀、規則、習俗、地位，甚至是語言的文化。

價值觀透過幫助溝通來定義文化之間的界限，因為它們在群體成員之間

被分享。價值觀時常源自介於文化團體之間的意見不一致，因為每個團體從自己所擁有的觀點來經驗情境（Pedersen & Ivey, 1993）。舉例來說，想想關於兒童與成人覺知時間的不同方式。我告訴四歲大的兒子：「我等一下幫你再倒一點蘋果汁。」他回答：「等幾下？」兒童評估的是具體的時間定義，然而我所身處的成人文化中，是以較鬆散、較少如實的來評估時間定義。這可能導致某些立場的爭論，或至少會導致文化之間的混淆與誤解。

規則是另一個需要闡明的文化要素，藉由發展的視野看待文化時便能欣賞其豐富的多元性。文化中的規則引導行為與行動。在兒童期文化中，一個關於占有的規則的例子為：占有是法則。假如它在你的手上它就是你的；「誰撿到了就是誰的」。這在成人世界的文化裡怎麼可能行得通？讓我們假設你從某個同事那邊借了這本書，而他要求你歸還它；「我撿到就是我的」這個規則會奏效嗎？我猜是行不通，但這是二年級學生之間一個正當合理的規則（Mullen, 2007）。

習俗也是特定文化一個必要的要素。習俗是由來已久的慣例或是規範社會生活的常規。在兒童期的文化中，某些遊戲可以被認為是習俗，例如：團隊時常藉由「數字蘿蔔蹲」或是「剪刀、石頭、布」的習俗慣例來分組（Mullen, 2007）。

語言也是定義文化的要素之一。在兒童期的文化，藉由語言的溝通比起主要依賴成人期文化的口語溝通更具理解性。兒童藉由遊戲、非口語行為，以及胡鬧（像是聲音效果）來溝通。年齡較大的兒童時常充當較年幼兒童的語言詮釋者，跟父母親及其他成人溝通。

個別文化定義出在文化內成員的不同地位。在兒童期的文化，是個頭大小的議題；那些較高大或是看起來年齡較大的兒童（很像成人期優勢文化的成員），在兒童期的文化裡似乎贏得較高的地位。地位也伴隨對優勢文化的了解。那些知道（或是經驗到）關於青少年或成人文化要素的兒童，在他們自身所擁有的文化中贏得較高地位（Mullen, 2007）。

在這個段落我簡要的描述兒童期如何被視為一個獨特的文化。這些範例

意圖澄清某些介於我們受督導者的個案，也就是兒童期——一個我們和我們的受督導者已經遺忘已久的文化——以及成人期文化之間的差異。對於諮商師而言，若未考量與正視他們個案的文化將會是失職的，而且甚至是不合乎倫理的。以成人中心本位的方式與兒童工作是有風險的。

評估受督導者的跨文化技巧

假如心理健康的實務工作者想要在他們與兒童的工作中有所成效，某些必備的技巧對於這個特定跨文化諮商的努力是必要的。這些技巧需要在督導中被發展，因為心理健康實務工作者：(1) 並未準備好和兒童跨文化地工作；(2) 已經準備好但是對於這個文化的成員只具備非常少的經驗；或是 (3) 已經準備好，也具備一些實務經驗，而持續呈現出成人中心本位。因此，兒童諮商師或是遊戲治療師的督導者需要評估每個受督導者的跨文化技巧。在這個段落我將會描述一些具備跨文化能力的兒童諮商師與遊戲治療師所發展出來的諮商技巧。此外，我也會提供一些方法來評估技巧以及受督導者的文化能力，並提供一些設計用來改善技巧與能力，以提升專業兒童諮商與遊戲治療實務的練習或是活動。

很多在成人諮商中被認為是基本且必要的諮商技巧，也同樣是與兒童工作時有效諮商的基石。兒童諮商師需要能夠傾聽以及示範，並且與兒童個案溝通他們正在傾聽和理解這個個案。在口語為主的諮商中，這部分是透過積極傾聽技巧來達成。

鼓勵、反映性傾聽、摘要（paraphrasing）、澄清，以及摘述（summarizing）的技巧是諮商兒童基礎的一部分。然而，與針對青少年或成人的實務操作相較之下，這些技巧在針對兒童個案的操作看起來是不一樣的。那些在與兒童會談的過程中使用積極傾聽技巧的諮商師，必須回應兒童的口語以及非口語的溝通。其他的臨床回應也必須簡明扼要，而且語言要符合這個個案的發展、認知、文化以及次文化。不少受督導者與學生對此感到掙扎。

　　積極傾聽技巧對於兒童期文化成員的兒童個案特別重要。兒童期文化的成員有很多被貶抑的經驗。優勢文化的成員（成人）一貫地貶抑與否認兒童的經驗（Fiorini & Mullen, 2006）。一個陳述她討厭她妹妹的兒童得到回應但是未獲得傾聽：「你不可以討厭你的妹妹。」兒童的感覺與經驗也被成人貶抑，彷彿一個小小孩意味著小麻煩。因此當一個兒童藉由他的遊戲或口語內容和我們分享他被激怒時，我們很可能以無法捕捉到感覺或經驗強度的方法進行回應，像是：「你有一點沮喪。」也因此，積極傾聽技巧可說是創造和兒童穩健臨床關係的基礎。那些不傾聽兒童的心理健康專業人員無法創造一個跨文化的關係。

　　關於和兒童臨床工作中積極傾聽技巧的評估可以用一些方法來完成。會談過程的紀錄回顧、會談歷程的逐字稿、會談歷程的觀察都能讓督導者了解受督導者的能力。此外，聆聽受督導者的特定問題以及自陳報告將有助於評估受督導者的能力。例如，當受督導者提出在特定會談歷程中，對於兒童不說話、或是話說得不夠多表達了擔憂時，我會有所警覺。這告訴我這個受督導者或許沒有貼近且放足夠的注意力在非口語的溝通上。為了幫助受督導者發展這個傾聽與回應非口語溝通的重要諮商技巧，督導者可以採用各種不同的策略。這裡有一個督導介入的例子用來呈現這個技巧的必要性，同時提供直接的指導說明。在受督導者面前呈現一系列兒童的照片，照片只顯示兒童的臉。要求受督導者只依據兒童的臉部表達進行一個傾聽性的回應（Mullen, 2007）。這對於很多受督導者以及典型需要提供範例與引導的督導者而言是一個很不容易的練習。這個真實的學習活動的好處是受督導者學習聚焦在兒童臉部表達，以及同時在安全與壓力的督導氛圍中進行回應的經驗之重要性。

　　同樣的，受督導者時常需要協助來對兒童個案保持精要的以及文化適切的回應。接下來的介入是想要呈現何以這些技巧在和兒童與成人的臨床實務工作上看起來是不同的。呈現一份感覺詞彙清單給受督導者，受督導者的任務是轉譯這些感覺詞彙成為兒童的語言（Mullen, 2007）。我的意思是，鼓

勵受督導者使用感嘆詞、臉部回應，以及簡單的情感字詞進行回應，以轉譯感覺字詞成為兒童能夠理解與整合的回應。這裡以一個例子示範說明手邊的任務。引導說明像是：「受督導者，這裡有一份感覺詞彙清單。我想要你做的是針對這份清單上的每個詞彙提供以兒童為中心的回應。在對兒童進行積極傾聽時，我們無法使用針對成人工作時的相同回應。我會先示範第一個給你看。這個字詞是『挫折的』。多數孩子知道挫折意味著什麼，但是某些非常年幼的孩子可能不了解，或可能只是你過度使用它。所以身為兒童的諮商師或遊戲治療師，我們需要思考其他的方法和他們溝通我們明白他們是感受到挫折的。我可能會反過來說：『你受夠了！』或是『那惹毛你了！』或是『我只想大叫。』現在你試試清單上其他的字詞。請記住，不要被詞彙限制住並且每個替代性回應不超過五個英文字；不然在那之後你會讓孩子更迷惑。」

受督導者關於兒童期文化以及兒童個案的次文化的刻板印象需要被評估與處理。一個相信「兒童是被看見而不是被聽見」的臨床工作者顯然對於兒童期文化的文化敏感度並不足夠（很有可能是任何關於兒童的特定文化信念對於諮商師本身的文化而言是突兀的，因此，可能需要一些重要的能量聚焦於文化信念對兒童在個案—諮商師關係的影響）。坦白說，這不僅只是提升兒童諮商師能力的技巧而已，而是觀點看法與人格了。督導者可以藉由詢問受督導者：「你喜歡這個孩子的什麼地方？」來評估。並非所有的臨床工作者都是想要和兒童工作，他們有很多意圖是好的，但是卻因為他們所擁有的痛苦、情緒的不適切，以及成人中心本位而還沒有做好準備。關於這些應該要在督導中開誠布公的談談。

Landreth（2002）藉由遊戲治療師人性觀的討論來提供創造兒童成長與發展的機會。去獲得、具備及維持這些人格特性是一個有雄心且艱鉅的任務。Landreth 有說服力地表示具備這些特性不如將這些面向整合進我們與孩子關係所需的持續性、深思熟慮，有時候煞費苦心的推動來得重要。意圖（intentionality）因而在遊戲治療師的人格基礎上是必要的一部分。

Landreth 討論的人格特性不只局限於遊戲治療師,也適用於專業認同不是遊戲治療師的諮商師,以及其他和兒童工作的專業人員。有效能的兒童諮商師是客觀的、彈性的,而且具備看見兒童觀點的能力。這個看見兒童觀點的能力藉由諮商師跨越介於成人期與兒童期之間文化隔閡的能力得到證明。

在心理健康領域如何正視兒童期文化

有技巧的遊戲治療師及兒童諮商師能夠有效地駕馭介於成人期與兒童期之間的文化隔閡。因為這個獨特的技巧,遊戲治療師應該預先考慮到他們與兒童的關係是一個更複雜的角色。遊戲治療師應該有額外的責任充當這兩個文化之間的轉譯者(Mullen, 2003)。這是一個不穩定的角色。

與兒童成為諮商關係是一種榮幸也是責任。被邀請進入任何兒童的世界是一種難得的榮幸,受督導者可以把每個兒童想成是一位教導特定課題的老師。儘管受督導者對於課程大綱並不知情,當中會包含測試,當諮商師或遊戲治療師開放的從兒童老師身上學習時,這個課題會開始變得清晰。為了啟發所學的課程,詢問受督導者:「你的老師現在和你聚焦在什麼課題上?」這會很有用。受督導者通常會凝視著我一到兩分鐘,因為他們正在思考什麼老師、什麼課題,以及各種關於我的能力或是現實感的其他問題。一旦受督導者理解到兒童是老師,而且我們針對關於被教導與學習的課題進行對話,我之後可以擴展這個隱喻。也可以詢問受督導者,如果有一首主題曲代表他們的課程或是一個合適的名稱,那會是什麼。我也曾經邀請受督導者使用藝術媒材或沙盤把課題呈現給我。我想要知道當課程結束時看起來會像什麼,而且我可能讓受督導者使用敘事取向針對課程或是課程的主題書寫一封信件。用這個方法來架構關係,以提升受督導者對於兒童是一個人、個案,以及其他文化成員的尊重程度。

隨著課程被教導與整合,其他歷程也同時出現。受督導者辨識出和兒童工作的責任感,這關乎你和他們的父母親以及其他投入的成人溝通些什麼,

但如何以及為什麼溝通也需要認真的思考。和其他成人（包含父母親）溝通關於兒童在諮商與遊戲治療的部分是一個複雜的任務。根據過去的經驗，這被我的學生與受督導者視為是最大的挑戰。

受督導者在處理很多需要他們呈現或分享關於他們主要個案的情境時，會需要方向和支持。再者，督導很容易成為移情與反移情強烈動力的滋生溫床。受督導者與學生（以及我們之中一些較為老練的實務工作者）傾向把關於他們兒童個案的問題的責任歸咎於父母親。很難不這麼做，那些需要心理健康服務兒童的父母親往往已為孩子作了太多糟糕的選擇。雖然如此，還是有必要從過去的責備轉而為共同合作。我們和兒童個案的時間與關係在方式上是有限制的，但是父母關係並沒有。兒童諮商師與遊戲治療師有必要在督導中直接處理移情與反移情的議題。

督導者可以運用角色扮演的活動來幫助兒童諮商師以及這些專業助人者和父母親連結。受督導者被邀請扮演父母親的角色，並且談論關於當父母親有多麼難。同時受督導者在扮演這個角色時我會詢問一些問題，希望藉此催化他們對於父母親的觀點有更深入的理解。「你可以告訴我你有多麼愛你的孩子嗎？」「關於你和孩子的關係中，特別的部分是什麼？」「你可以指出三個關於你的孩子很棒的地方嗎？」當我傾聽受督導者在父母親角色的回應，我一定會傳達準確的同理性的理解。它是藉由受督導者的這種交流開始認識與接納他們兒童個案的父母親。

身為兒童諮商師與遊戲治療師的督導者，我們對於助人專業的複雜性與複雜的面向有很好的覺察。我們知道和兒童進行工作需要對兒童的觀點充滿尊重且有完整的考量。我們知道介於兒童期與成人期之間發展的差異，這些差異已經被視為是我們和兒童的工作中影響所有層面的部分。剛開始與兒童工作的兒童諮商師與遊戲治療師，很少能夠體會到介於兒童期與成人期之間的文化差異性。我們可以預料大多數聚焦在文化觀點的專業文獻已將兒童與兒童期排除在外（Vargas & Koss-Choino, 1992）。當我們提供督導時，我們是在一個正視兒童期文化的位置上擁抱兒童文化，並且為我們的受督導者提供多元的方法學習如何以可靠的方法來避免成人中心本位。

參考文獻

Corey, G., Corey, M. S., & Callahan, P. (1993). *Issues and ethics in the helping professions.* (4th ed.). Pacific Grove, CA: Brooks/Cole.

Erikson, J. M. (1985). Sources of lifelong learning. *Journal of Education, 167*(3), 85–96.

Fiorini, J., & Mullen, J. A. (2006). *Counseling children and adolescents through grief and loss.* Champaign, IL: Research Press.

Landreth, G. (2002). *Play therapy: The art of the relationship.* New York: Brunner Mazel.

Mullen, J. A. (2003). Speaking of children: A study of how play therapists make meaning of children. (Doctoral dissertation, Syracuse University, 2003). *Dissertation Abstracts International, 64,* 11A.

Mullen, J. A. (2007). *Play therapy basic training: A guide to learning and living the child-centered play therapy philosophy.* Oswego, NY: Integrative Counseling Services.

Pedersen, P. B., & Ivey, A. (1993). *Culture-centered counseling and interviewing skills.* Connecticut: Praeger.

Vargas, L. A., & Koss-Choino, J. D. (1992). *Working with culture: Psychotherapeutic interventions with ethnic minority children and adolescents.* San Francisco: Jossey-Bass.

兒童與遊戲治療師督導的文化勝任能力

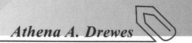

Athena A. Drewes

　　對臨床工作者而言，具備在所有諮商與介入層面的多元文化觀點是很重要的（Fong, 1994）。比起過去，到了 2010 年，人口最多、約占美國半數人口的 12 個州，必然會有為數可觀的少數族群人口（Hodgkinson, 1992）。我們可以預期督導的個案、治療師，以及督導者的群體將會有各種可能性，包含不同種族─民族背景的人，並且要處理多樣化社會環境中的問題與考量（Fong, 1994）。成為一個跨文化與多元文化能力的督導者與受督導者，需要承諾與持之以恆（Gil, 2005）的自我檢視與自我揭露。

　　在督導中至少有三種關係：個案─受督導者、受督導者─督導者，以及個案─督導者。這些群集中的任何一種可能都有文化上的差異，而且這三種也許彼此都有文化上的差異（Ryde, 2000）。以一個具備文化敏感度的方法進行工作從來就不是件容易的事。治療師不可能也無法文化中立，因為我們每個人本來就是從自己所擁有的文化觀點來觀看世界（Ryde, 2000）。個人的假設形塑我們的世界觀，是諸如「種族、民族、性別、階級、性取向、年

齡、宗教、國籍、生理能力」（Robinson & Howard-Hamilton, 2000；引自
Garrett et al., 2001, p. 151），以及文化適應、地理位置、社經地位等許多特
徵的結果。

因此，督導者在督導中確保多元文化議題得到關注的責任角色更顯重
要（Bernard & Goodyear, 1992）。督導者需要協助受督導者辨識文化覺
察；辨識文化的影響，因為它們衝擊個案的行為；諮商師—個案的互動以
及督導關係；以及提供受督導者一個具備文化敏感度、支持性和挑戰性的
環境（Fong, 1994）。此外，為了讓治療師能呈現出多元文化能力，他們
在和文化多樣性的個案工作時需要能夠展現文化覺察、知識及技巧（Sue,
Arredondo, & McDavis, 1992）。針對文化差異進行工作是具挑戰性且要求
很高的。雖然正式的個案工作是獲得這種能力的有用方式，對於治療師而言
臨床個案的督導是更重要的，因為他們可以採用他們的知識且將其放入文化
敏感度的實務工作中（Bernard & Goodyear, 1998; Inman, 2005）。因此，督
導者在幫助受訓者以及實習的治療師在發展他們的多元文化概念、診斷，以
及介入技巧時，扮演深具意義的角色（Lawless, Gale, & Bacigalupe, 2001；
Inman, 2005）。

無論是受訓中或是已在積極進行實務工作的兒童與遊戲治療師，都受到
文化與種族—民族所影響，形塑出他們在工作中自己的核心假設、態度及
價值觀，以及和個案與督導者的互動（Fong, 1994）。臨床工作是富挑戰性
的，特別是當呈現出文化議題時（Gallon, Hausotter, & Bryan, 2005）。督導
者的角色是藉由挑戰這些文化假設、鼓勵受督導者情緒表達，以及能夠有效
處理態度和價值觀的衝突，提升受督導者的成長（Fong, 1994）。

督導的獨特面向

身為一位有效能、具文化能力的治療師不會自動讓你變成一位具有文
化能力的督導者。與文化能力治療相關的獨特技巧有別於文化能力的督導

（Constantine, 2005）。多元文化督導能力的發展是一個持續、多面向且多層次的歷程（Constantine, 2005）。督導的歷程需要規劃討論文化以及它在諮商中的重要性，同時探索受督導者與督導者文化背景的空間。督導者的示範以及經驗性的遊戲基礎練習可以用在個別與團體督導中，以協助提升文化敏感度與覺察。只有在安全的環境內，受督導者才能夠建立一個舒適的水平，可以藉由冒險、探索及實驗學習受到鼓勵。受督導者在這樣的環境中可以揭露感覺、衝突與行動（Gallon, Hausotter, & Bryan, 2005; Inman, 2006）。研究調查時，受督導者看重以支持與催化的關係被直接教導（Gallon, Hausotter, & Bryan, 2005）。

　　高品質的督導允許衝突解決、開放揭露、顧問指導，公開討論文化與性別也會被督導者欣然地處理以及被受督導者面對（Gallon, Hausotter, & Bryan, 2005）。比起等待受督導者提起這些議題，督導者需要辨識問題並開啟討論。藉由督導同盟中必要的信任與溝通這兩個要素，督導者與受督導者雙方需要有意願揭露。這是環繞著文化與多元議題最重要的部分。

研究

　　研究支持督導者多元文化能力與督導關係之間的正向關係（Inman, 2006）。像是督導者的開放度以及關注文化等因子，除了針對特定文化議題的引導以外，文化回應性的督導關係也特別被認為是重要的（Fukuyama, 1994; Hird et al., 2001）。此外，在督導配對中，受督導者強烈的工作同盟知覺和文化議題的處理有關（Inman, 2006）。具備關於文化議題的共同信念系統（高度種族認同的水平），加上督導者比受督導者具備較高的種族意識並且展現對其他文化主動與真誠的興趣，讓督導者感覺到更有能力在督導中提出文化議題（Inman, 2006; Ladany et al., 1997）。這些因素除了強化一個文化能力的環境以外，也反過來創造一個在督導中文化差異可以被探索的安全環境。

受督導者揭露關於和多元文化個案工作時他們所擁有的個人偏見與感覺的程度，將會取決於督導者創造安全感使得受督導者可以個人自我揭露的程度（Inman, 2006; Killian, 2001）。督導關係是奠基於信任和尊重，一個容讓督導者與受督導者雙方在關係中冒險的環境是非常重要的（Killian, 2001）。即使在最信任的督導關係中，大多數的受督導者發現與督導者分享資訊是非常困難且不自在的，督導者可能會對他們另眼相看，特別是關於文化的議題（Constantine, 2005; Ladany et al., 1997）。這對受督導者也有程度的限制，他們可以感覺到督導者從一個不同的文化背景來理解他們（Gardner, 2002）。Gardner（2002）指出受督導者對於自己的揭露會有選擇性，只會選擇他們相信他們的督導者能夠理解的項目。因此，那些探索自己所擁有的個人價值觀、文化經驗、文化偏見，以及刻板印象的督導者為受督導者提供了楷模來討論自己在諮商與督導關係中臨床及督導的掙扎（Constantine, 2005）。介於督導者與受督導者之間，以及受督導者與個案之間的種族及文化差異應該被正視，而且督導者在與受督導者討論種族議題時應感到舒服自在（Gardner, 2002）。

建立清楚的目標

在探索多元文化議題的同時，受督導者發展多元文化的能力也是非常重要的（Helms & Cook, 1999），受督導者聚焦在多元文化議題的準備度，以及他們自己個人溝通的文化型態，可能直接影響督導者與受督導者在督導任務與目標的協議（Inman, 2006; Killian, 2001）。例如，督導者可能覺得讓受督導者探索關於自己對於個案的種族或文化的內化刻板印象很重要，但這個目標可能和受督導者的督導目標不一致，或是在參與自己個人的探索之前，期望督導者先自我揭露（Inman, 2006）。因此，衝突與曲解可能發生在工作同盟中，需要開放地加以處理。督導者與受督導者必須協議督導的目標與任務應該是什麼，特別是關於多元文化議題的了解可能帶來更高的督導滿意度。

個案概念化

　　除了處理內化刻板印象的個人自我覺察，受督導者也需要覺察文化關係中獨特的個案變項以及影響個案問題的社會層面（Constantine & Ladany, 2001）。因此，受督導者不只需要能夠管理自己所擁有的文化覺察，也需要同時在與個案的治療關係中整合個案的多樣性（Inman, 2006）。這個手法與整合這些資訊的能力，伴隨著多元文化諮商技巧與行為，使能力有所增進（Constantine & Ladany, 2001; Inman, 2006）。

　　為了協助受訓者發展自己多元文化的個案概念化，督導者需要具備與多樣性個案工作的廣泛知識和技巧、多元文化敏感度，以及關於在不同文化中遊戲的普遍性與多樣性的知識（Drewes, 2005），還有在督導內催化這個學習的能力。當受督導者不認為督導者已經具備這些技巧時，督導可能變得無效（Killian, 2001; Inman, 2006）。督導者樂於被告知受督導者和自己是不同種族的這一點特別重要，因為督導者示範了開放性、尊重與和善（Gardner, 2002）。

　　研究發現指出，受訓者也許比他們的督導者在學術上更加準備好與文化多樣性的個案進行工作（Constantine, 1997; Duan & Roehlke, 2001）。事實上，70% 的臨床督導者尚未完成多元文化諮商的正式課程，然而相同比例的受督導者已經完成；和他們的督導者相較之下，受督導者也傾向對種族—文化議題較具敏感度。那些沒有種族意識的督導者可能傷害他們的受督導者，並且反過頭來透過在概念化個案所呈現出來的問題以及介入計畫時忽視種族—文化議題而傷害他們的個案（Constantine, 2005）。包含「無心的種族偏見、溝通上的誤解、在督導關係中缺乏人際的覺察、對於受督導者的非口語線索不具敏感度、沒有討論種族／族群議題、性別偏見、過度強調心理差異的文化解釋，以及無法合適地呈現問題與回應引發有價值的訊息或回饋」等這些因子也可能會對督導關係造成不利的影響（Inman, 2006, p. 74）。當跨文化督導發生時，這些因子甚至更是關鍵。研究已顯示，如果督

導者博學多聞、呈現出好的催化技巧；展現憐憫、關心、公平與誠實，並且善於接納、奉獻、真誠、謙遜、同理、尊重和幽默，與這些督導者來自不同文化的受督導者會覺得他們的督導者是很稱職的（Gardner, 2002）。

綜合上述，為了有助於督導關係更進一步，需要一些介於受督導者與督導者雙方間的合作要素：互相協議以達成督導的目標應該是什麼（例如：探索受督導者的文化認同、探索個案在晤談歷程的文化認同）、互相協議目標如何在督導中達成（例如：觀看錄影檔並尋求特定的文化議題與回應），以及最重要的，是受督導者與督導者之間的信任、契合與分享的感覺（Bordin, 1983; Inman, 2006）。Constantine（1997）針對 22 個駐地實習課程督導歷程中多元文化差異的研究發現，很多參與者指出，假如督導者曾經花費較多的時間幫助他們處理在督導中環繞的文化差異議題，自己在督導中的經驗會有所提升。

此外，除了提供引導與詳盡討論文化特定議題，督導者願意表現出自己的脆弱以及分享自己所擁有的掙扎，伴隨著提供多元文化活動的機會，也有助於催化文化回應性的督導關係（Fukuyama, 1994; Inman, 2006; Killian, 2001）。

包含角色扮演、技巧練習、示範、錄音或錄影的回顧，再加上直接的、合作的、面質的、支持的、結構的或是開放式的督導（這取決於學習的需求、型態、受督導者的人格），幫助受督導者更全面地探索多元文化議題（Gardner, 2002）。

跨文化督導

跨文化督導涉及那些督導者與受督導者來自不同族群、文化，或是種族背景的情境（Daniels, D'Andrea, & Kim, 1999）。有效的跨文化督導需要督導者邀請受督導者進入獨特的專業關係，當中雙方協議一起工作討論自己在督導中的角色與責任，建立在督導中給予與接受回饋的指導方針，決定一起

解決任何潛在文化的誤解或是爭論的方式，並且鼓勵相互討論無心的種族主義與民族優越感的形式，可能在諮商與督導歷程中被顯露的方式（Daniels, D'Andrea, & Kim, 1999）。

　　兒童或遊戲治療師願意參與個案關於治療歷程中種族相關的對話，對於創造一個安全與信任的治療環境而言是必要的。而且由治療師引發關於種族議題的討論，能夠催化工作同盟以及減少潛在的治療性僵局、過早終止治療，或是督導中的抗拒（Helms & Cook, 1999）。但是很多臨床工作者在治療中因為擔心會冒犯他人而對開啟種族的討論有所遲疑；跨文化督導可能也會引發相似的反應與猶豫。在訓練情境中，直接討論種族或種族主義表層底下的探索仍然是個禁忌（Utsey, Gernat, & Hammar, 2005）。為了尋找一個舒適的水平使得在治療歷程中可以和個案誠實開放的討論種族與民族性，治療師（受訓者）需要在一開始先面質自己關於對其他種族或民族所擁有的歧視、假設與偏見（Pinderhughes, 1989; Utsey, Gernat, & Hammar, 2005）。種族意識以及樂意討論種族議題是影響跨種族諮商與督導的顯著因素（Helms & Cook, 1999）。因此，諮商師種族的自我覺察是發展多元文化能力的重要前提（Richardson & Molinaro, 1996）。

　　很重要的是，受督導者與督導者試著從個案所帶來的口語與非口語兩種素材，了解個案的世界。潛意識的素材，像是歧視的態度與感覺，需要被探索並且帶至意識層面以了解它可能如何影響工作的歷程（Ryde, 2000）。督導者與受督導者也需要探索受督導者和個案的關係被鏡映在督導經驗和關係中的方式。此外，督導者需要探索在一段督導討論歷程期間自己內在的個人反應，以及那些感覺可能如何有別於其他受督導者（Ryde, 2000）。

　　對督導者而言，在督導歷程早期花時間開啟督導者與受督導者之間多元文化諮商議題與跨文化諮商議題的討論是很重要的（Daniels, D'Andrea, & Kim, 1999）。督導者需要開啟關於督導者與受督導者的文化、民族及種族背景的討論，這樣的探索讓與個人文化、民族和種族背景相連結的價值觀與傳統得以分享，這些會影響在諮商中的目標與在督導中的期待。此外，督導

者與受督導者關於種族認同發展水平的討論，將有助於評估它們可能如何影響諮商與督導被看待的方式（Daniels, D'Andrea, & Kim, 1999）。

文化敏感度的發展階段

督導者對於受督導者發展水平的覺察也是很重要的（MacDonald, 1997）。Lopez 與 Hernandez（1987）描述督導者應該依循培養具文化敏感度的治療師的四個階段。這些階段從教導式的移動到經驗性的，以及從認知的與客觀的到個人的與主觀的（Porter, 1994）。

階段一

階段一是結構的與教導式的，目標是邁向減少防衛性、建立能力與自信，以及讓督導者與受督導者有時間在更多個人或具有威脅性的素材被引發之前，得以用一種非面質的方式來發展關係（Porter, 1994）。可能具有威脅性的素材則以一個客觀、任務導向的方法呈現出來。文化不應該被過度強調，也不應該被學非所用。

階段二

在階段二，影響個案生活的種族主義、階級主義，以及其他的壓迫，除了探索社會文化與文化適應因素以幫助理解之外，也要看見這些因素對個案的心理健康議題與問題是極為重要的（Porter, 1994）。督導者需要強調在較大社會範圍內的文化因素互動，幫助受督導者避免以一個「貶抑的、病態的脈絡，把它們視為以前對困難的適應性解決方法或是挑戰社會需求」來看待與標籤化症狀（Porter, 1994, p. 47）。「大多數的白人受督導者，以及某些少數族群開始更謹慎地探索這些領域。有些人依然抗拒這種觀點，而另一些人則沉浸其中」（Porter, 1994, p. 48）。個人的記事（personal accounts）以及引導式的想像活動在協助探索個案的經驗上是非常有力的。

階段三

　　階段三是督導中最個人化與困難的階段，因為它需要探索受督導者個人所擁有的內化偏見及刻板印象的假設，以及對少數族群的種族主義（可能是更深層根深蒂固的種族主義並且會影響治療歷程）。這需要督導者與受督導者之間大量的信任（Porter, 1994）。這個階段是最重要的，特別是在跨文化督導中，因為這對於我們每個人面質自己所擁有的種族主義，以及對於受督導者與督導者而言在治療中的期待、目標與行為可能都不盡相同（Porter, 1994）。這個階段需要大量的自我揭露，當中可能會令人感到震懾。在這個階段治療師／督導者的適配，以及督導者已經藉由自我檢視探索他（她）個人擁有的潛在種族主義與偏見是很重要的（Porter, 1994）。

階段四

　　階段四需要督導者鼓勵受督導者擴展介入策略進入到一個社會行動的觀點，使個案賦能。探索使用社區與團體參與的現有個別治療模式的替代方案或補充方法（Porter, 1994）。

使用以遊戲本位之技巧

　　使用經驗性、遊戲本位的活動，受督導者可以用一種趣味、放鬆及安全的方式開始探索自己個人的文化與團體認同。「除非治療師了解他們的認同與經驗如何受到他們在各種文化群體中的成員所影響，否則他們無法了解這樣的成員關係如何影響他們個案的生活」（O'Connor, 2005, p. 568）。遊戲本位的技術可以用一種不具威脅性、遊戲的方式去探索個人文化與團體認同，以及探索對其他文化的偏見與可能的歧視。此外，個案文化與團體認同的探索也可以藉由督導者與受督導者用一種示範的方式，幫助受督導者在治療歷程中嘗試相似的技術。

沙遊物件的使用

開啟督導者與受督導者之間關於個人文化、民族及種族背景的對話方式之一是運用物件。督導者與受督導者各自挑選 10 個最能夠代表他們的文化、民族及種族認同的物件，每個人分享對他們而言每個物件代表什麼。此外，每個人探索並與對方對話：(1) 基於他們個人的文化認同，他們可能帶著什麼樣的世界觀（例如：價值觀、假設與偏見）進入督導關係；(2) 對於和文化差異個案工作的諮商優勢與限制是什麼；(3) 基於個人文化、民族、種族背景在與文化差異的個案工作時，可能會面對哪些掙扎與挑戰（Constantine, 1997）。

這個相同的策略可以讓受督導者更加理解他們的個案與介入議題。受督導者將會挑選 10 個物件代表影響個案和受督導者或是他們世界的文化、民族與種族層面。受督導者可以針對每位家庭成員重複這個歷程。此外，受督導者可以在和個案（們）的治療會談期間使用這個相同的技術，以帶出跨文化與多元文化的議題。

個人的象徵

O' Connor（2005）提供另一種遊戲本位的技術來催化受督導者及督導者的自我檢視。將一大張紙分成兩欄，第一欄包含代表受督導者認同的各種不同群體的象徵；第二欄包含代表群體的他人視受督導者或督導者所隸屬群體的象徵。這個象徵或詞語應該反映種族、民族性、性別與性別角色、性取向、年齡、相關的生理能力，以及信仰（O'Connor, 2005）。在欄位最上面的部分是受督導者與督導者覺得群體當中最正向的象徵，而紙張的最下方則是感覺關於最負向的象徵。

以下的活動是於 2006 年美國遊戲治療學會的研討會中，作者共同催化的督導體驗式工作坊期間團體成員所補充的。

團體活動

這個活動可以用在團體督導期間的早期階段，幫助參與者敏察在歷程中，個案對於太快對治療師揭露議題，可能會有什麼感覺。

使用一小張紙，每個團體成員在自己的紙上寫下一個祕密或是禁忌的議題。如果個人不想寫句子的話，也可以是一個字或一個象徵。之後參與者把紙摺起來放入一個袋子裡。團體成員討論太快在督導歷程中需要暴露某些不舒服的事情會是什麼感覺。個案在面對治療之初，缺乏對於治療師的認識卻需要暴露祕密時的平行歷程與相似部分會被呈現出來。

之後打開每張紙並且朗讀出來。這個團體再次探索聆聽這些主題時帶來什麼樣的感覺。參與者探索在這類的話題被討論之前，如果他們已經認識對方，是否會比較容易。在持續討論祕密或可能是個案或個案文化中禁忌的議題之前，需要先建立信任感的這個觀點被提出來。

玩偶

準備一大籃的玩偶幫助受督導者演出他們可能感到阻滯的劇本。受督導者挑選一個玩偶代表某個關於治療師—個案處境的觀點，或是他們在介入歷程中可能感覺到的阻滯。督導者探索受督導者何以他們會選擇特定的玩偶，以及什麼歸因可能符合個案或是個案的父母親或家庭。

鼓勵受督導者挑選最能反映在介入歷程中某個時間點的玩偶。哪些歸因是這個玩偶有而受督導者具備或是不具備的？個案會對受督導者的玩偶說些什麼，以及他們會給治療師哪些歸因？督導者與受督導者也可以挑選玩偶來相互代表對方，或是代表在某個時間點與對方的關係。

受督導者與督導者可以使用玩偶來創造角色扮演，以進行實務練習或是在詢問個案關於種族與族群認同的難題，或是受督導者對某個特定個案或督導者會有什麼感覺時能夠變得熟練。

過渡性客體

多元文化與跨文化工作是困難的。新手治療師在個案與治療師之間探索和公然討論種族與民族差異時可能會覺得戰兢、尷尬或是不自在。為了幫助舒緩治療師在會談中試圖著手處理這些議題時可能產生的焦慮，一個過渡性客體（transitional object）可以提供支持。督導者選取某個物品或紀念品，像是色彩繽紛的石頭或寶石，並給予受督導者作為一種支持與鼓勵的象徵，可以充當為這類的過渡性客體。受督導者可以把它放在口袋裡，並且在面對個案或個案的父母親／主要照顧者的擔心或恐懼時摸摸它。

深呼吸

使用深呼吸或引導式想像通常可以舒緩受督導者。但是這些方法也可以在督導期間用來幫助受訓者，以及在他們必須面質某個個案關於這個孩子的照護，或是詢問關於民族性與團體認同的困難問題時進行放鬆。

在督導期間重複地練習深呼吸，特別當素材是以不會引發焦慮的方式被討論時，有助於導向精熟。一旦獲得精熟感，深呼吸與引導式想像可以被治療師有效地運用在與個案引發焦慮的會談歷程中。受督導者可以反過來幫助教導個案或是其父母親或監護人在充滿壓力的時刻深呼吸。此外，督導者應該示範深呼吸是一種對治療師自我照顧的有效方法。

結　論

身為一個逐漸變得具備跨文化與多元文化能力的督導者與受督導者，需要承諾並持之以恆的自我檢視與自我揭露。督導需要一個安全與支持性的環境，督導者與受督導者雙方在當中能夠探索個人的文化以及理解他們的遊戲觀，以便能夠更有效地針對其他文化的兒童與家庭進行工作。

　　身為一個有效能、具文化能力的治療師無法自動成為一個具備文化能力的督導者。多元文化督導能力的發展是一個持續、多元面向及多層次的歷程。因為督導者的開放度以及關注文化因素這類的因子，除了特定文化議題的引導外，具備文化回應性的督導關係尤其重要。

　　對督導者而言，很重要的是早期的督導歷程，需要花費時間開啟督導者與受督導者之間關於多元文化諮商議題與跨文化議題的討論。藉由督導者的示範以及經驗性的遊戲本位活動，是可以用在個別或團體督導來協助引起文化敏感度與覺察的方法。

參考文獻

Bernard, J. M., & Goodyear, R. K. (1992). *Fundamentals of clinical supervision.* Boston, MA: Allyn & Bacon.

Bernard, J. M., & Goodyear, R. K. (1998). *Fundamentals of clinical supervision* (2nd ed.). Boston: Allyn & Bacon.

Bordin, E. S. (1983). A working alliance based model of supervision. *Counseling Psychologist, 11,* 35–41.

Constantine, M. G. (1997). Facilitating multicultural competency in counseling supervision: Operationalizing a practical framework. In D. B. Pope-Davis & H. L. Coleman (Eds.), *Multicultural counseling competencies: Assessment, education and training, and supervision* (Vol. 7, 310–24). Thousand Oaks, CA: Sage.

Constantine, M. G. (2005). Culturally competent supervision: Myths, fantasies, and realities. Retrieved September 15, 2005, from www.appic.org/Conference2005/ Slides/Madonna.ppt, 1–12.

Constantine, M. G., & Ladany, N. (2001). New visions for defining and assessing multicultural counseling competence. In J. G. Ponterotto, J. M. Casas, L. A. Suzuki, & C. M. Alexander (Eds.), *Handbook of multicultural counseling* (2nd ed., 482–98). Thousand Oaks, CA: Sage.

Daniels, J., D'Andrea, M., & Kim, B. S. K. (1999). Assessing the barriers and challenges of cross-cultural supervision: A case study. *Counselor Education and Supervision 38,* 191–204.

Drewes, A. A. (2005). Play in selected cultures. Diversity and universality. In E. Gil & A. A. Drewes (Eds.) *Cultural issues in play therapy* (26–71). New York: Guilford Press.

Duan, C., & Roehlke, H. (2001). A descriptive "snapshot" of cross-racial supervision in university counseling center internships. *Journal of Multicultural Counseling and Development, 29,* 131–46.

Fong, M. L. (1994). Multicultural issues in supervision. *Eric Digest,* Retrieved October 22, 1995, from www.ericdigests.org/1995-1/supervision.htm.

Fukuyama, M. A. (1994). Critical incidents in multicultural counseling supervision: A phenomenological approach to supervision research. *Counselor Education and Supervision, 34,* 142–51.

Gallon, S., Hausotter, W., & Bryan, M. A. (2005). What happens in good supervision? *Addiction Messenger, 8*(9), 1–5.

Gardner, R. M. (2002). Cross cultural perspectives in supervision. *Western Journal of Black Studies, 26*(2), 98–106.

Garrett, M. T., Border, L. D., Crutchfield, L. B., Torres-Rivera, E., et al. (2001). *Journal of Multicultural Counseling and Development, 29,* 147–58.

Gil, E. (2005). From sensitivity to competence in working across cultures. In E. Gil & A. A. Drewes (Eds.), *Cultural issues in play therapy* (3–25). New York: Guilford Press.

Helms, J. E., & Cook, D. A. (Eds.). (1999). *Using race and culture in counseling and psychotherapy*. Boston: Allyn & Bacon.

Hird, J. S., Cavaleri, C. E., Dulko, J. P., Felice, A. A. D., et al. (2001). Visions and realities: Supervisee perspectives of multicultural supervision. *Journal of Multicultural Counseling and Development, 29*, 114–30.

Hodgkinson, H. L. (1992). *A demographic look at tomorrow*. Washington, DC: Institute for Educational Leadership.

Inman, A. G. (2006). Supervisor multicultural competence and its relation to supervisory process and outcome. *Journal of Marital and Family Therapy, 32*(1), 73–85.

Killiam, K. D. (2001). Differences making a difference: Cross-cultural interactions in supervisory relationships. In T. S. Zimmerman (Ed.), *Integrating gender and culture in family therapy training* (pp. 61–103). New York: Haworth Press.

Ladany, N., Inman, A. G., Constantine, M. G., & Hofheinz, E. W. (1997). Supervisee multicultural case conceptualization ability and self-reported multicultural competence as functions of supervisee racial identity and supervisor focus. *Journal of Counseling Psychology, 44*, 284–93.

Lawless, J. J., Gale, J. E., & Bacigalupe, G. (2001). The discourse of race and culture in family therapy supervision: A conversation analysis. *Contemporary Family Therapy, 23*, 181–97.

Lopez, S., & Hernandez, P. (1987). When culture is considered in the evaluation and treatment of Hispanic patients. *Psychotherapy, 24*, 120–26.

MacDonald, G. (1997). Issues in multi-cultural counseling supervision. *Caring in an age of technology*. Proceedings of the International Conference on Counseling in the 21st century. (6th Beijing, China, May 29–30, 1997), 199–204.

O'Connor, K. (2005). Addressing diversity issues in play therapy. *Professional Psychology, Research and Practice, 36*(5), 566–73.

Pinderhughes, E. (1989). *Understanding race, ethnicity, and power. The key to efficacy in clinical practice*. New York: Free Press.

Porter, N. (1994). Empowering supervisees to empower others: A culturally responsive supervision model. *Hispanic Journal of Behavioral Sciences, 16*(1), 43–56.

Richardson, T. Q., & Molinaro, K. (1996). White counselor self-awareness: A prerequisite for developing multicultural competence. *Journal of Counseling and Development, 74*, 238–42.

Robinson, T. L., & Howard-Hamilton, M. F. (2000). *The convergence of race, ethnicity, and gender: Multiple identities in counseling*. Upper Saddle River, NJ: Merrill.

Ryde, J. (2000). Supervising across difference. *International Journal of Psychotherapy, 5*(1), 37–48.

Sue, D. W., Arredondo, P., & McDavis, R. J. (1992). Multicultural counseling competencies and standards: Individual and organizational development. *Journal of Multicultural Counseling and Development, 20*, 64–68.

Utsey, S. O., Gernat, C. A., & Hammar, L. (2005). Examining white counselor trainees' reactions to racial issues in counseling and supervision dyads. *The Counseling Psychologist, 33*(4), 449–78.

Part 2

特殊族群之督導

Supervising Special Populations

督導與特殊需求兒童
工作的諮商師

Jody J. Fiorini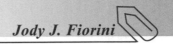

梅西是一個十一歲大的五年級生，因為在教室衝動行為外顯化以及存在「行為問題」被轉介到學校諮商師的辦公室。老師指出她上課很少專心聽講，而且會轉頭說話打擾坐在她附近的同學。梅西已經被診斷患有注意力不足過動症（ADHD）以及閱讀上的學習障礙。當實習諮商師被派案與梅西進行工作時第一次遇到她，她表現出的是個有溫暖笑容、單純散發出精力旺盛與好奇心的女孩。她在辦公室裡四處走動詢問關於書架上的書籍與玩具，詢問那些桌上的照片是什麼人，詢問為什麼諮商師會決定成為一位諮商師。她是如此的投入以至於在實習諮商師有機會取得一點進展時，晤談時間就結束了。在下一次的晤談歷程中，實習諮商師告訴梅西她需要保持專心好讓他們針對她被轉介前來的議題進行工作。梅西的笑容瞬間消失並且說道：「喔，我以為因為你不是老師，你可能會喜歡我。我不知道原來諮商師也是老師。我會從現在開始表現得好一點。」

上述的場景呈現出那些與特殊需求兒童工作的諮商師和受訓諮商師一個常見的困境。諮商師總是太過聚焦在符合轉介資源的需求，卻忽略兒童的需求。在梅西這個個案，諮商師有機會強調個案的優勢、智力、好奇心，以及和善，以協助她在學校變得更成功；相反地，聚焦在梅西的不足之處，溝通之門就被關上。

人口統計資料

在美國被鑑定為特殊需求學生的人數急遽增加。諮商師在他們的個案量中可能會遇到學習障礙的學生，因為這些學生占全體學齡障礙學生的46.2%，以及全體學生的 5.9%（U.S. Department of Education, 1999）。依據美國教育部（U.S. Department of Education, 1999）的統計，學校在 1997至 1998 學年中服務大約 270 萬學習障礙的學生。依據美國自閉症協會（Autism Society of America, 2005）的資料，從 1990 年代以來自閉症的發生率已經增加大約 172%。 此外，3% 至 7% 的學校兒童被診斷患有 ADHD（Children and Adults with Attention Deficit/Hyperactivity Disorder, 2005）。

因為特殊需求族群的兒童（特別是那些有自閉症類群障礙症）在美國逐漸增加，對於諮商師而言，沒有什麼比具備和障礙兒童工作的知識與技巧來得更重要。好的鑑定實施與審查計畫，能夠及早提供有特殊需求兒童的鑑定。因為這個附帶結果，諮商師能夠對較年幼階段的兒童提供服務。之後，兒童治療師的督導有必要逐漸熟悉形成特殊需求兒童及其家庭的一般議題以及瓶頸，使得諮商師能夠最符合這些個體的需求。

障礙兒童的危險因子

障礙兒童在他們生活中所面對的特定挑戰可能導致情緒的不適應（Bowen & Glenn, 1998）。很多障礙最令人憂心的副作用是許多兒童經驗

到社會疏離與排斥。有特殊需求的兒童時常指出感覺到自己與眾不同和沒有歸屬感。他們可能是社交技巧不足而妨礙了交朋友，可能被同儕拒絕而產生孤獨感與疏離感，這些兒童可能是被嘲笑與霸凌的受害者。他們可能有衝動行為的傾向，而且也許不具備認知技巧去思考他們行為的結果；他們可能經驗到學業成就上的延遲與困難而增加低自尊的感覺。此外，有特殊需求兒童的父母親時常抱持一種「為小孩而做」的心態，這可能會壓抑兒童的自我效能感而強化依賴性。諷刺的是，諮商師可能出於慷慨寬容與利他主義，時常落入同樣的陷阱，反而強化有特殊需求兒童個案的依賴性。

特殊需求兒童諮商師的潛在瓶頸

在我的研究中（Fiorini, 2001），我發現很多諮商師懷疑他們和具有障礙者有效工作的能力。進一步更複雜來看，一般而言，諮商師也考量到他們和兒童工作的能力（Duggan & Carlson, 2007）。一旦加進了這兩者面對身心障礙兒童時，諮商師會覺得他們缺乏足夠的準備度，並且質疑自己是否夠資格與這些兒童工作。亦有證據支持這個見解，即諮商師並未接受與具有障礙個體工作的合適訓練（Korinek & Prillaman, 1992; Lesbock & Deblassie, 1975; Lombana, 1980; Lusk & Hartshorne,1985; Tucker, Shepherd, & Hurst, 1986）。在一份針對紐約州學校諮商師的研究中（Fiorini, 2001），很少有諮商師自陳具備任何關於特殊教育或障礙的課程或是在職訓練。更甚者，諮商師察覺準備合適的水平與針對這些學生進行活動的數量之間存在一種關係。諮商師準備度較充足，他們所執行的活動也較多；相反地，那些沒有察覺到自己已有充分準備度的諮商師則較不可能進行活動。

此外，諮商師及相關教育課程認證委員會（CACREP）2001 年的標準是要求諮商師教育學程提供受訓諮商師機會去：(1) 理解倡導的歷程需要處理機構與社會中會對個案的評估、公平，與成功造成妨礙的瓶頸（Section 2K1g）；(2) 調查受訓諮商師對於個案心理與生理相關特性的態度、信念及

理解（Section 2K2b）；(3) 理解學習、發展與人類行為的理論，包含理解障礙如何影響正常與異常的發展（Section 2K3b & c）；(4) 理解生涯諮商的歷程、技術及資源，包含那些特定族群的可應用性 （Section 2K4h）；(5) 理解障礙如何影響個體的評估與衡鑑（Section 2K7f）；(6) 提供機會給學生參與臨床的經驗，針對那些在自己的社群呈現出種族與人口統計多樣性的個案進行諮商（Section 3K）（Council for Accreditation of Counseling and Related Educational Programs, 2000）。因為似乎沒有提供受訓諮商師這類的教育，督導者應該要能填補受督導者這個現有可能的知識隔閡。

督導者需要協助諮商師獲得與這個兒童族群工作的知識和技巧。他們需要幫助諮商師面質那些可能會干擾他們與他們的個案創造工作同盟能力的偏見和錯誤的訊息，他們也需要逐漸灌輸受督導者與特殊需求兒童工作的能力感。本章接下來的篇幅將提供一些督導者在幫助他們的受督導者更有效地與特殊需求兒童以及他們的家庭工作時，非常重要的訊息。

督導者需要知道哪些

那些與特殊需求兒童工作的諮商師的督導者，需要檢視自己本身所擁有和這個族群工作有關的優勢與限制。有三個領域特別需要加以檢視：覺察、知識，以及技巧。督導者在他們能夠藉由相同的歷程協助受督導者之前，應該先進行關於自己對障礙看法的自我評估。

自我評估──你對障礙的信念是什麼？

在我們的社會中存在著很多關於人們對於障礙的普遍迷思。我將會逐一檢視這些迷思並且分別提供範例。我邀請督導者們檢視自己本身關於這些呈現出來的想法的信念。

▌迷思 1：障礙＝悲劇

人們總相信障礙是一輩子創傷的悲劇事件，並且阻礙個體的生活。諷刺的是，我們社會關注的焦點時常是要將自尊真的受損的障礙個體，變成健全的、安適的、有吸引力的。和身心障礙兒童工作的諮商師必須檢視他們認為什麼是「正常」的感覺。一個天生失聰的兒童知道生活沒有其他的方式，對他們而言，他們的經驗不是悲劇而是現狀。如果一位障礙兒童遇見一個視障礙等同悲劇的諮商師，他們將會時常感覺到被人憐憫與誤解，這絕對會影響諮商關係。督導者應該幫助受督導者檢視他們在自己的生活中學習如何看待障礙。他們是否曾經有過關於個人生理、學習或心理上失能的經驗？他們被教導認為關於有障礙的生活會是什麼樣子？督導者應該建議諮商師閱讀一些能幫助檢視他們對障礙有不同觀點的讀物。我特別建議受督導者基於這個目標，閱讀 Marinelli 與 Dell Orto（1999）所編著的《障礙的心理與社會影響》（*The Psychological and Social Impact of Disability, Fourth Edition*）。

▌迷思 2：有障礙的個體需要專門化的服務與社群

這個迷思容易干擾大多數和有特殊需求兒童工作的諮商師的自我效能感。儘管和具有障礙的兒童工作可能需要諮商師獲得關於特定障礙的知識，不過針對障礙個體工作使用的技巧和針對任何兒童使用的技巧是相同的。積極傾聽、遊戲治療，以及藝術治療均相當適用於「典型」需求與特殊需求兩類的兒童。

就專門化的社群與服務而言，我的信念是：對於諮商師而言，很重要的是幫助有障礙的兒童融入主流社會。有障礙的兒童時常感覺到差異與疏離感，因此專門針對障礙的社群儘管可以讓兒童和同為障礙者討論他們自己的獨特經驗，卻無助於他們融入無障礙同儕。按照我的看法，較好的方法是將他們轉介到處理像是社會技巧或孤獨感相關議題的社群與機構，而非去創造一個針對特殊需求兒童的特定社群，這只會讓他們更疏離自己的同儕。

▌迷思 3：有障礙的個體是無性的

這點在關於督導和兒童工作的諮商師的書籍中似乎是一個較罕見的迷思，但是我認為這對於我們社會通常將兒童視為無性的（asexual）這個既定的事實而言，是相當貼切的；對於有障礙的兒童來說更是如此。有一個隱含的假設是：有障礙的兒童與青少年不會有性的感覺，或是對於發展親密關係不感興趣。此外，有障礙的個體往往不被視為是有性吸引力或是「能約會的」。想像一下這個觀點對於一個兒童經歷青春期的衝擊。試想一下所有與發展相連結的正常性的感覺、身體變化、夢遺，以及迷戀的對象，當你身邊的人似乎覺得你不能有這樣的感覺或甚至更糟的是，那些感覺從來不會得到回應會是什麼樣子。成人可能無知地和有障礙的兒童溝通他們既不被期待、也不該渴望有正常的性感覺。基於這個理由，有障礙的兒童有時甚至連他們無障礙同儕所接受的基本性教育都沒有。像這樣教育的不足讓他們特別容易在性探索與虐待時受到傷害（Cole, 1991）。

▌迷思 4：生活中的所有層面都被他們的障礙所影響

這個迷思指的是在障礙社群中所謂的「蔓延現象」（spread phenomenon）（Livneh, 1991）。這個現象發生在將人們的障礙擴及到其他不相關的特徵，像是情緒不適應或心理缺陷。這個現象的一個例子是某個人對著坐輪椅的人大聲咆哮，或是以一種要人領情的口吻說話，並叫這名有障礙的人「寶貝」或「親愛的」。想像一下，如果一個人像是著名的物理學家史蒂芬‧霍金（Stephen Hawking）受到這樣的對待，也許這個世界將不會體驗到他許多巧妙發明的裨益。諮商師需要非常小心不要陷入蔓延現象，並且假定那些和他們工作的障礙兒童比起他們實際的狀況更容易受傷。

▌迷思 5：障礙者獲得大量的支持

有一個普遍的信念是：有障礙的個體從不同的機構組織接受大量經濟與社會的支持。儘管有機構組織和基金會支持障礙者，我的經驗是有障礙的個

體及他們的家庭普遍認為支持服務並不容易取得。在我與障礙兒童的家庭進行工作時，我大部分的工作是幫助他們探索在他們社區所提供的不同服務與支持團體。那些與障礙兒童進行工作的受訓諮商師和諮商師逐漸覺察到，在他們的社區範圍內可取得的資源是很重要的。他們應該熟悉由公立職業復健機構所提供的服務，他們也應該逐漸認識與兒童障礙相關的在地與線上支持團體。例如：www.ldonline.com 是一個提供給障礙兒童的父母親與教師以及兒童本身很好的資源。網站有針對每個社群的線上談話，分享教養的告誡、給兒童的活動，以及在學習障礙領域中最新近的研究。針對患有 ADHD、自閉症、妥瑞氏症，以及其他障礙的兒童，也有類似的網路資源。

▎迷思 6：有障礙的個體不會處於酒精或藥物濫用的高風險

就像關於有障礙的兒童是無性的迷思一樣，也有一個普遍的假設是有障礙的兒童不會處於物質濫用問題的高風險中。這與事實相去甚遠。事實上，有障礙的個體基於一些理由反而增加了藥物與物質濫用的風險（Helwig & Holicky, 1994）。首先，他們可能使用酒精作為社交的潤滑劑，或是處理自己的孤獨與疏離感的因應機制；他們也可能使用物質以努力減輕生理的痛苦。非常重要的是，受訓諮商師意識到有特殊需求的兒童具有發展酒精與物質濫用問題的風險，因此他們可以看見潛在的警訊並且提供預防活動。

▎迷思 7：假如某個有障礙的個體憂鬱或焦慮，必然與他們的障礙有所關聯

我時常提醒我的受督導者，有障礙的兒童可能因為一些和他們的障礙沒有關係的原因而焦慮或憂鬱。例如：想像某個有亞斯伯格症[1]的學生要去參加一次跨縣市的學校旅遊，突然間恐慌開始發作，而且是關於校外旅遊的事。諮商師假定學生的障礙是這個焦慮的起源，而且他試著向這個孩子保證他將會在這個旅遊中獲得他所需要的支持。在某些調查之後，諮商師了解到

---

[1] 譯註：DSM-5 已取消亞斯伯格症之獨立診斷，改被納入自閉症光譜中。

這個孩子的父母親在最近吵得很兇，而這個孩子擔心假如他離開的話，他的父母親會在他回家之前離婚。當有障礙的兒童呈現出憂鬱或焦慮時，這個經驗法則是不會自動化的假定障礙是症狀的起源而去探究根本的原因。

▌ **迷思 8：學習障礙只涉及學業性質的問題**

很多人有一個錯誤的想法是：學習障礙只影響某個兒童學業上表現的能力。然而事實上，有學習障礙的兒童可能體驗到學業上與行為上兩方面的問題，因而可能導致轉介給某位諮商師（Bowen & Glenn, 1998; Thompson & Littrell, 1998）。此外，有學習障礙的兒童已經呈現出在憂鬱、自殺、物質濫用、青少年犯罪，以及受害方面有較高風險（Brier, 1994; Fowler & Tisdale, 1992; McBride & Siegel, 1997; Sabornie, 1994）。學習障礙的兒童之所以會有這樣的風險，有兩個主要原因：第一是他們貧乏的學業表現導致他們自我感覺不佳、有較低的自尊與自我效能，因而引起憂鬱的層面。第二個原因是，社交技巧的不足時常是學習障礙本身整體的一部分。兒童在閱讀文字上的困難，可能同樣也影響他們在閱讀臉部與其他非口語線索的能力。很多有障礙的兒童因為社交技巧不足時常導致他們被同儕拒絕，這會增加孤獨感與社交的排擠。諮商師需要覺察到社交技巧不足可能對兒童社會適應的影響。

▌ **迷思 9：諮商師與他們的督導者可免於上述的迷思**

我們所有人都有相信社會對於障礙個體永遠存在迷思的風險，而諮商師與諮商師的督導者也不例外。督導者應該幫助他們的受督導者檢視呈現出來的迷思，使他們可以發展出障礙的真實性與沒有偏見的想法。也因此，本章接下來的篇幅將有助於督導者學習如何幫助他們的受督導者自我覺察。

幫助受督導者自我評估

覺察

督導者應該在一開始支持與特殊需求兒童工作的受督導者進入他們關於不同障礙類型的覺察層面。並且應該幫助受督導者檢視自己關於生理、學習、對情緒障礙的偏見與信念系統，如同先前章節的概要說明。我以一系列的活動讓我的受督導者檢視他們的偏見，並且幫助他們更加理解障礙兒童的經驗。

- 清單：讓你的受督導者列出他們可以想像到的障礙，之後請他們從最容易生活到最困難生活進行評定，並檢視他們評分背後的理由。例如：如果某人評定半身不遂對生活來說是最艱難的，你可以邀請他們檢視何以他們會這麼覺得，他們可能發現他們對於半身不遂的人們能夠做什麼工作與活動抱持錯誤的想法。

- 你寧願是……？：告訴受督導者他們必須選擇一種障礙：視障、聽障，或是不良於行。詢問他們會選擇哪一種以及為什麼。再者，這個活動幫助他們探索他們關於障礙的潛在信念，並且著手處理先前討論的某些迷思。

刺激活動

- 讓受督導者用非慣用手寫出一段話，並且邀請他們大聲的讀出來。詢問他們以這樣一個勞累的形式書寫會有什麼感覺。

- 讓受督導者想像他們必須進到一間每個人都用希臘語教學的學校，而且所有的書籍都是用希臘文書寫。這感覺起來像什麼？現在讓他們想像一年裡有 180 天要這麼做，13 年以來都是如此。

- 邀請受督導者去發現他們城鎮周圍的道路，或是送他們到不能夠使用

任何輔助工具的地方去尋寶。讓最後一個部分的尋寶是在一個難以進入的地方被找到，之後討論經驗到障礙的感覺如何。

知識

一旦受督導者對於障礙兒童的經驗已有更多的覺察，督導者可以幫助他們獲得關於特殊障礙類型的特定知識。諮商師應該具備更多關於會影響兒童較常見的障礙的工作知識，像是發展障礙、自閉症、學習障礙及 ADHD。這可以從可信的網路資源以及透過指定閱讀而獲得資訊。

技巧

如同先前所述，沒有特定的技巧設定是為了和有障礙的兒童進行工作。不論什麼樣的障礙狀態，兒童就是兒童。話雖如此，仍然有特定的諮商模式證明針對有特殊需求兒童是更為有效的，包含遊戲治療、藝術治療，以及其他創造性多元藝術治療（像是舞蹈與音樂）。坊間已有一些關於針對有障礙的兒童使用遊戲治療和藝術治療的書籍。我想推薦由 Rappaport-Morris 與 Schultz（1998）所撰寫的《障礙兒童的創造性遊戲活動：教師與父母資源手冊》（*Creative Play Activities for Children with Disabilities: A Resource Book for Teachers and Parents*），以及 Anderson（1992）撰寫的《所有兒童的藝術：針對障礙兒童的藝術治療取向》（*Art for All the Children: Approaches to Art Therapy for Children with Disabilities*）。

與有障礙兒童的父母親進行諮詢

諮商師不太可能只和一位有障礙的兒童工作，他們也時常會在諮商歷程中與兒童的父母親交手。這也提供諮商師很好的機會能藉由協助父母親處理自己養育特殊需求兒童相關的議題來幫助兒童。督導者可以幫助他們的受督導者理解這些父母親面對的壓力，並且以發展的方式幫助父母親因應這些壓

力。特別是，督導者可以協助受督導者獲得幫助父母親檢視自己偏見的技巧；評估父母親關於養育特殊需求兒童的情緒、認知與行為；並且幫助父母親獲取符合自己有障礙孩子需求的知識與信心。諷刺的是，督導者會協助諮商師催化這個相同的自我評估歷程，在督導中修通諮商師本身及其個案的父母親，而這是成功諮詢關係的關鍵。

受督導者了解許多父母親在扶養有特殊需求兒童時經驗到哀傷循環的階段是很重要的。這個循環範圍從父母親接收到初始的診斷時，到他們開始接納自己孩子的障礙（Healey, 1996）。

接收初始的診斷

受督導者需要理解初始診斷如何對父母親產生接連的影響。這個階段是如何傳遞資訊給父母親要如何因應他們孩子的障礙。通常父母親會從醫學專家那兒接收到診斷，他們可能有（也或許沒有）被訓練以一個充滿希望的方式提供訊息。接下來的場景例子將會更加澄清這個議題的重要性。

▍場景 1：缺很大醫生

丹妮絲是兩個孩子的媽媽，剛剛在本地的醫院又生下了一名小女嬰。在丹妮絲尚未有機會見到小女嬰之前，寶寶旋即被轉到一間區域的教學醫院。在生產的醫院住了幾天之後，丹妮絲與她的先生衝了 150 哩去看他們的小孩。在她住院的期間，丹妮絲一直擔心她的小孩到底生了什麼病，醫院裡沒有半個人給她任何直接的答覆。在抵達區域醫院以後，丹妮絲與她的先生要求看看孩子，但是他們卻被引進等候區，在那兒花了兩個半小時的時間等候專家的到來。「缺很大醫生」來到等候室，並且開始以丹妮絲和她丈夫無法理解的專業術語談論關於孩子的健康狀態。他最後以這段話來結束他的陳述：「我不是個相信虛假盼望的信徒。最糟糕的狀況是，這個嬰孩將不會微笑、不會對你們有回應，或者甚至不知道你們就在那兒。運氣好的話，她並不會活很久。」

▌場景 2：好好醫生

丹妮絲分娩後抱著她的小嬰孩。立刻可以發現到，這個孩子有某些嚴重的不對勁。她從頭部到腳趾都被毛髮覆蓋，她的雙手雙腳都有蹼，其中一個耳朵沒有完整的構造。護理師解釋這個孩子需要送到區域醫院接受專業團隊的診斷與治療。她向丹妮絲與她的先生保證他們的女兒將會獲得最好的照顧，且如果丹妮絲身體狀況許可的話，她很快就能夠見到她的孩子。護理師告訴丹妮絲不要驚慌，並且協助她安排照顧她的兩個小孩。當丹妮絲和先生到達區域醫院時，便立即被帶到新生嬰兒重症加護病房去見他們的小孩。醫生陪同他們，並且以一般人都能夠聽得懂的名詞向他們解釋診斷結果。他說：「這個小孩的狀況非常罕見。對你們而言，我知道現在她看起來有些奇怪，但她真是個有毛髮覆蓋的可愛小寶貝。現在，讓我來說明好讓你們對某些狀況感到安心。我們可以用藥物或其他主要療法治療粗毛症或多毛症。她的雙手雙腳可以藉由整型手術進行修復，你甚至不會知道她過去曾經有任何缺陷。我們可以修復她耳朵的外觀，但是她這一側耳朵將無法聽見任何聲音。儘管如此這並沒有什麼；很多人只用一隻好耳朵也仍然非常健康的活著。然而，較不好的消息是她有某些心臟問題需要手術來修復。為了讓你們的孩子達到完全健康的狀態，可能需要一系列的手術。然而，以她的狀況來說，她很有可能也會經驗到嚴重的認知與發展上的遲緩。換句話說，她可能不是你們想像中的那個完美小孩，但是她仍然會是一個因為擁有一個愛她的家庭而有著很棒的生活的漂亮寶貝。」然後「好好醫生」給了丹妮絲一個住在澳洲、孩子也有相同疾患的女士的電話。這位女士為有這種特殊狀況兒童的家庭經營一個網站，而且他們每年都會聚在一起交換意見並且提供支持。丹妮絲抱起她的孩子並且對她發出逗弄聲，她轉向她的先生說：「她是不是很漂亮呢？」

上述的場景示範說明診斷如何傳遞給父母親的重要性。遺憾的是，場景1是某個和我進行諮商的母親的真實故事。她因為感到希望渺茫而來見我。

她的先生已經離開她，而且她覺得有罪惡感也不夠格當一個母親。我和她進行諮商以獲得關於她孩子狀態的知識、建立與她孩子的連結、幫助她和有此疾患兒童的父母親進行接觸，以及修通她的罪惡感與羞愧感。最後，她和她的先生重聚，而且當她結束諮商時，她給我一張剛拿到拍攝完成的全家福照。照片中，顯然她的兒子與女兒正爭相搶著要抱這個坐在媽媽大腿前正中央漂亮的毛茸茸嬰兒。

哀傷循環的階段

人們經歷哀傷歷程的階段也可以適用於障礙兒童父母親的心路歷程（Healey, 1996）。為了以一個充滿意義的方式呈現說明這個循環的階段，我將分享當我女兒八歲大時被診斷患有妥瑞氏症時的經驗。

▌十分震驚！

當我參加與妥瑞氏症兒童工作的一日研討會時，我是學習障礙協會（Learning Disabilities Association）的教育諮詢師。我清楚的記得當我聽見演講者描述妥瑞氏的症狀時我越來越驚愕。我很快就開始意識到我的女兒快速眨眼、清喉嚨、抽動的行為可能是妥瑞氏的症狀。當演講者描述這個症狀強迫性的特徵以及這個症狀伴隨而來逐漸升溫的憤怒時，我變得更加焦慮。就像那天早上我的女兒因為她的褲子不夠緊（同樣的褲子她先前已經穿了兩天都沒事），以及她的襪子「感覺不對」而與我對抗。她的挫折時常升溫成為尖叫、哭泣，以及似乎超出那些狀況容許的行為。隨著時間的消逝，我逐漸變得越來越解離，而如今我知道這是在哀傷歷程的第一個階段──震驚。

▌否認：不可能是我的孩子！

我快速進入到哀傷歷程的第二個階段──否認。我回家並且說服我自己對於在研討會中所呈現出來的這些訊息過度反應了。我不想去想關於我孩子可能有某些問題的可能性。然而，隨著時間的推移，當我觀察到我的女兒重複地抽動時，我無法忽視在我眼前的證據。最後，我告訴先生我的猜測，而

他開始經歷他個人的否認歷程，並告訴我是我過度反應了，孩子沒有任何問題。在這個時間點我決定尋求醫療的協助。我帶女兒去看她的小兒科醫師，他轉介我們去見一個對於抽動疾患學有專精的神經學家。我的女兒之後正式被診斷患有妥瑞氏症，而所有的否認也溜走了。

▍罪惡：這是我的錯！

在結束震驚與否認之後，我現在開始對關於我之前不理解我女兒的狀況這個事實感到罪惡。無法看見自己女兒疾患的明顯徵兆是一個什麼樣的障礙專家？告訴有抽動症狀的孩子要她「不要一直眨眼睛」是一個什麼樣的母親？我在這個階段充滿自我訓斥與自責。

▍羞愧：不要告訴任何人！

在我感覺到罪惡的同時，我也感覺到十分羞愧。我不想讓任何人知道我的女兒是不完美的。我不想讓我的老闆懷疑我和有障礙的人們工作的能力，因為我是如此的無能，我甚至無法看見自己孩子身上的一個障礙。我感覺在工作上自己完全像個騙子，而且我最後辭去我的工作，因為我覺得當我無法幫助我自己時，我不可能幫助其他的父母親。

▍恐懼：她會如何被嘲笑？

我接著進入恐懼的階段。我腦海中只有關於我女兒最糟糕場景的畫面，她可能在學校無法控制的抽動而受到無止盡的嘲諷。在這個階段，父母親時常隔絕他們的孩子以努力的「保護」他們。在這個階段他們個人所擁有的恐懼可能輕易地轉達到孩子身上，並且可能阻礙兒童情緒成長的發展。

▍失落／悲傷：她永遠不會變正常

在這個時間點我也感覺到龐大的失落感。我想像她帶著無法控制的抽動走在她婚禮的紅毯上。我之後臆測這應該不會發生，因為她很可能不會有任何的約會。我因為不再擁有一個我曾經以為我擁有的完美「正常」小孩這個真實的失落而感到哀傷。更糟糕的是，我因為建立在對於這個小孩的希望與

夢想上的各種潛在想像的失落而感到哀傷。

▌生氣：為什麼沒有人看見？

我接下來轉換到生氣的感覺。為什麼她的老師沒看出這個？為什麼醫生不早一點進行診斷？為什麼老天爺要如此對待一個孩子？我尤其對我自己感到生氣，而且我時常發洩在我先生身上。

▌接受：她仍然是我的寶貝！

最後，某一天我站著看著我的女兒遊戲時，我了解到她始終是那個同樣的小女孩。她聰明、美麗、合群、有天賦，最重要的是──快樂！我學習到再次從最真實的觀點來看待我的孩子。她甚至不知道她有個疾患──她就是正常的。有一天她回家告訴我，她班上的一個男孩告訴她不要一直眨她的眼睛，因為這「嚇壞他了」。當我問她如何回答時，她說：「我告訴他，那是抽動。我無法控制它，而且你只能夠持續的和它共處。」在這一刻，我知道我的孩子會安然無恙。

家長的支持

我花了很多篇幅探討關於有特殊需求兒童的家長，因為他們的反應對於兒童會如何因應他們的障礙有很大的影響。父母親在開始幫助他們的孩子之前，需要去掌握他們對兒童診斷的反應。對於諮商師與他們的督導者而言，很重要的是去了解哀傷的循環歷程，使他們能夠看到關於兒童的障礙可能接受到的訊息。如果某個父母親還在恐懼階段，很可能這個孩子感覺到被壓得喘不過氣來或是過度保護。很重要的是要留意，哀傷循環不是直線的歷程，而是循環的。每個新的發展階段可能帶父母親回到先前調適他們孩子障礙的階段。例如：某個父親或母親可能對於他（她）孩子的障礙處理得不錯，直到孩子開始上幼兒園。如果父母親害怕這個孩子會在學校被排擠的話，這個孩子可能會發展出懼學以回應父母親的害怕。同樣地，其他發展上的慣例，像是約會或是在朋友家過夜，可能會重新燃起父母親的恐懼或不適當的感

覺。諮商師應該就父母親的情緒、認知與行為進行評估。父母親在調適歷程中可能感覺到很多不同的情緒，以及每個伴隨想法與行為結果而來的情緒。

- 情緒：害怕
- 想法：我的孩子可能會受傷
- 行為：過度保護

藉由幫助父母親與他們孩子的障礙達成協議，最終才能幫助這個孩子因應。

幫助父母親達到接受的層面

▍獲得知識

父母親會想要盡其所能的學習更多關於他們孩子的障礙。在初始階段父母親可能會被他們所見所聞的內容給淹沒（Naseef, 2002），諮商師可以藉由鼓勵他們慢慢來以幫助家長。督導者可以藉由知道在他們居住的區域中可以獲得什麼資源，幫助受督導者與父母親過濾能夠取得的媒介，之後審慎評估這些訊息的這個歷程來幫助他們的受督導者。諮商師也應該對障礙相關的法律有全面性的理解，像是《身心障礙者教育法案》（IDEA）、復健法案504 條款，以及《美國障礙者法案》（ADA）。督導者也應該幫助他們的受督導者去理解在法律之下兒童的權益，他們可以幫助父母親為他們的兒童倡議，並且教導孩子自我倡議。

▍獲得觀點

諮商師應該幫助父母親記住：你的孩子並不是你的障礙（Packer, 1998）。這個歷程可以藉由幫助他們發現他們對小孩全部的愛而被催化。讓他們敘述性或是如實地為你介紹他們的孩子。諮商師也應該幫助父母親了解不是所有的行為都與障礙直接相關。

▌淬鍊心靈／尋找意義

對於特殊需求兒童的諮商師而言，很重要的是去理解這個孩子的障礙可能已經深深地撼動某個父母親心靈信念的基礎。孩子的父母可能會問：「為什麼是我？」他們可能會怨天尤人，覺得他們因為自己的罪孽而被懲罰。諮商師應該幫助父母親探索他們的感覺，並且發現在他們孩子經驗上所獲得的意義。

▌發現支持

你可以為障礙兒童所做的最好的事，就是去幫助他們的父母親找到支持。這可以透過鼓勵父母親參與支持團體、重拾或發展友誼、使用喘息服務、提升他們和配偶間的關係，以及參與網路支持團體來達成。

▌幫助他人

很多障礙兒童的父母親會成為其他那些剛被診斷出障礙的兒童的父母親強而有力的後盾與資源，這幫助他們發現在他們孩子障礙上的意義並能回饋他們的社群。在與障礙兒童的父母親諮商時，你可以做的最好事情就是具備同理及傾聽。諮商師應該讓父母親在沒有價值判斷的恐懼下自由地和你分享他們的祕密（如：「當我的兒子在公眾場合做出怪異的行動讓我覺得很丟臉」）。對於社群而言，提醒他們照顧自己就是照顧他們的孩子，這一點也是很重要的！

結　論

我希望這一章已經提供給那些和有特殊需求兒童工作的諮商師的督導者，在協助他們的受督導者幫助個案及其家庭時所需的工具。為了成為那些障礙的兒童個案有力的後盾，當務之急是受訓中的諮商師、諮商師，以及他們的督導者能獲得他們所需的覺察、知識，以及技巧。

參考文獻

Anderson, F. E. (1992). *Art for all the children: Approaches to art therapy for children with disabilities* (2nd ed.). Springfield, IL: C. C. Thomas.

Autism Society of America. (2005). Autism facts. Retrieved April 1, 2007, from www.autism.org.

Bowen, M. L., & Glenn, E. E. (1998). Counseling interventions for students who have mild disabilities. *Professional School Counseling, 2*, 16–25.

Bradley, C., & Fiorini, J. (1999). Evaluation of counseling practicum: National study of programs accredited by CACREP. *Counselor Education and Supervision, 39*, 110–19.

Brier, N. (1994). Targeted treatment for adjudicated youth with learning disabilities: Effects on recidivism. *Journal of Learning Disabilities, 27*, 215–22.

Children and Adults with Attention Deficit/Hyperactivity Disorder. (2005). The disorder named AD/HD–CHADD Fact Sheet #1. Retrieved April 1, 2007, from www.chadd.org.

Cole, S. (1991). Facing the challenges of sexual abuse in persons with disabilities. In R. P. Marinelli & A. E. Dell Orto, *The psychological and social impact of disability* (3rd ed.). New York: Springer Publishing.

Council for Accreditation of Counseling and Related Educational Programs. (2000). *The 2001 standards.* Alexandria, VA: Council for Accreditation of Counseling and Related Educational Programs.

Duggan, S. H., & Carlson, L. A. (2007). *Critical incidents in counseling children.* Alexandria, VA: American Counseling Association.

Fiorini, J. (2001). An investigation into the school counselor's role with students with learning disabilities. (Doctoral dissertation, Syracuse University, 2001) *Dissertation Abstracts International, 62.* 06A.

Fowler, R., & Tisdale, P. (1992). Special education students as a high-risk group for substance abuse: Teachers' perceptions. *The School Counselor, 40*, 103–8.

Healey, W. (1996). Helping parents deal with the fact that their child has a disability. Retrieved April 1, 2007, from www.ldonline.org/ld_indepth/teaching_techniques/helping_parents.htm.

Helwig, A. A., & Holicky, R. (1994). Substance abuse in persons with disabilities: Treatment considerations. *Journal of Counseling and Development, 72*, 227–33.

Korinek, L., & Prillaman, D. (1992). Counselors and exceptional students: Preparation versus practice. *Counselor Education and Supervision, 32*, 3–11.

Lesbock, M. S., & Deblassie, R. R. (1975). The school counselor's role in special education. *Counselor Education and Supervision, 15*, 128–34.

Livneh, H. (1991). On the origins of negative attitudes toward people with disabilities. In R. P. Marinelli & A. E. Dell Orto. (1999). *The psychological and social impact of disability* (3rd ed.). New York: Springer Publishing.

Lombana, J. H. (1980). Guidance of handicapped students: Counselor in-service needs. *Counselor Education and Supervision, 20*, 269–75.

Lusk, P., & Hartshorne, T. (1985). *Counselor adequacy in special education*. (Report # CG 020 362) ERIC Document Reproduction Service # ED 289 096.

Marinelli, R. P., & Dell Orto, A. E. (1999). *The psychological and social impact of disability* (4th ed.). New York: Springer Publishing.

McBride, H. E., & Siegel, L. S. (1997). Learning disabilities and adolescent suicide. *Journal of Learning Disabilities, 30*, 652–59.

Naseef, R. (2002). Counseling parents of young children with disabilities. Retrieved March 28, 2004 from www.pbrookes.com/email/archive/august02/august 02EC2.htm.

Packer, L. E. (1998). Social and educational resources for patients with Tourette Syndrome. *Neurologic Clinics of North America 1997, 15*, 457–71.

Rappaport-Morris, L., & Schultz, L. (1998). *Creative play activities for children with disabilities: A resource book for teachers and parents*. Champaign, IL: Human Kinetics Publishers.

Sabornie, E. J. (1994). Social-affective characteristics in early adolescents identified as learning disabled and nondisabled. *Learning Disability Quarterly, 17*, 268–79.

Thompson, R., & Littrell, J. M. (1998). Brief counseling for students with learning disabilities. *Professional School Counseling, 2*, 60–67.

Tucker, R., Shepherd, J., & Hurst, J. (1986). Training school counselors to work with students with handicapping conditions. *Counselor Education and Supervision, 26*, 55–60.

U.S. Department of Education, National Center for Education Statistics. (1999). Children 0 to 21 served in federally supported programs for the disabled by type of disability: 1976–77 to 1997–98. *Digest for Educational Statistics 1999*. Washington, DC: U.S. Government Printing Office.

督導歷程：
在心理衛生診所針對門診中的創傷兒童進行工作

Susan Hansen、*Judith M. Dagirmanjian*

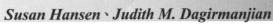

　　本章聚焦在遊戲治療督導歷程，因為這和筆者在門診的臨床情境中與創傷兒童及其家庭的工作有關。我們提供介入情境、服務族群、兒童督導歷程，以及在督導中使用遊戲治療技術緣由的概觀。我們定義了影響介入有效性的動力，並且使用範例說明發生在督導關係範圍內的歷程，包含釋放情緒、減少心理防衛，以及自我的重新調整。我們還會描述遊戲治療的介入來進行這三個歷程的探索。

　　在遊戲治療領域中的臨床督導歷程，意味著提供一個學習的環境以處理個體專業的掙扎，使得反思與洞察可以支持臨床的成長。身為臨床學家的我們所面對的這些挑戰，是源自我們的個人經驗以及與我們所服務的特定族群那些經驗的交流衍生而來。為處理這些挑戰，以及認可與鼓舞成功的臨床工作，督導會是一個有力的工具。此外，督導的焦點是去緩衝時常伴隨與創傷兒童臨床工作而來的替代性創傷。

門診的臨床情境

　　心理健康門診診所已在美國各地的社區設立，以便為有心理健康服務需求的兒童與家庭提供服務。符合這些社區的需求一直是個嚴峻的任務，因為當代流行病學的研究（Brandenburg, Friedman, & Silver, 1990; Costello, Messner, Bird, Cohen, & Reinherz, 1998; Lavigne et al., 1996; Reinherz, Giaconia, Lefkowitz, Pakiz, & Frost, 1993）估計，美國的兒童與青少年有18% 至 22% 在被扶養的時候，心理社會功能經歷到嚴重的困難，而其中的 5% 至 8% 具有足以被鑑定為心理疾病的問題……。這些百分比說明了目前在美國有超過四百萬的年輕人有心理健康服務與介入的需求（引自 Dore, 2005, p. 149）。

　　儘管有大量服務的需求，「近來，美國衛生及公共服務部（U.S. Department of Health and Human Services, 1999）的數據指出，那些需要心理健康服務的兒童中，每五人大約只有一人真的接受到服務」（Dore, 2005, p. 19）。不用說，門診的診所（outpatient clinic）已試圖重新建立情境以符合他們社區的特定需求。門診診所的結構可能有所不同，但是門診試圖在社區的脈絡裡以最具經濟且有效的方式提供治療服務給兒童的任務是相似的。過去的二十年期間，就處理特定心理健康議題治療模式的建立而言，兒童治療的這個領域已經以指數的方式成長（Dore, 2005）。有鑑於兒童治療領域的轉移，我們的診所已經著手發展在孩子的家庭脈絡與他們的社區內服務兒童的計畫。我們提供介入的另一個焦點是：在社區情境中維持和兒童的服務系統合作。Bronfenbrenner（1979）採用了人類發展的社會生態模式，並且提供如何在較大的社會脈絡中更完整理解兒童的功能，包含他們的家庭環境、同儕團體、學校和鄰居。「每個社會生態的層面在某些健康兒童的發展上扮演關鍵的角色，正因如此，當兒童暴露在創傷性的壓力中時，可以提供一個重要的復原功能」（Saxe, Ellis, & Kaplow, 2007, p. 71）。當我們的診

所尋求提供有效的介入給創傷的兒童時，理解兒童如何與他們的較大環境產生關聯，並且辨識那些環境中的優勢與劣勢是非常重要的。

族群：被創傷影響的兒童

在我們的臨床情境中，筆者服務為數特別多是有創傷歷史的兒童。當我們研究最近幾年的兒童服務轉介系統時，我們發現轉介到我們服務裡的這些兒童中，有很高的比例（在 50% 至 90% 之間，取決於他們適用的方案）在與虐待、疏忽或是與創傷相關的失調、混亂的家庭系統中掙扎。儘管事實是，「受虐待與疏忽的兒童中，大約三個中只有一個在臨床情境符合創傷後壓力症候群（PTSD）的診斷準則」（van der Kolk, 2002, p. 131），在我們的臨床中，很多孩子努力對抗著 PTSD 光譜的系列症狀或是情緒與行為失調的症狀。我們理解到：

> 創傷性的壓力……是關於在這個時刻生存下來……。生存迴路（survival circuit）是藉由大腦加工處理潛在威脅生命的刺激，以及轉譯這個知覺進入維生反應的方法。在創傷性的壓力中，這個加工處理的類型有基本的問題，而且反應逐漸變得高度適應不良。（Saxe et al., 2007, p. 25）

此外，兒童的依附關係歷史要不是藉由固定的人際連結建立復原力，不然就是對於兒童之後在適應周遭環境的困難時變成一個危險因子。「最早的人際關係的品質形塑大腦的生存迴路，使兒童在面對某個壓力時或多或少能夠調節情緒」（Saxe et al., 2007, p. 44）。為了理解虐待與疏忽對於兒童行為的衝擊，我們必須觀察他們的依附型態、情緒，以及整體功能的能力。我們的診所持續探索介入的選擇，以增加我們的兒童服務系統的有效性。同時，我們發現有必要更關注那些被個案創傷經驗所影響的臨床人員，並提供

有效的支持。遊戲治療已更加完整的整合進我們的臨床情境作為一種介入的工具，而且它應用在督導的歷程中是一個更深入探索的自然進展。

兒童督導的動力

「督導被視為是雙方共同努力合作而且可以從對方身上學習。相互同理（特別是圍繞在充斥著焦慮的經驗領域時），被視為是督導與治療兩者較重要的催化性元素之一」（Wells, Trad, & Alves, 2003, pp. 21-22）。

督導者—受督導者的關係對於成功地和那些曾經經驗創傷的個案進行臨床治療是至關重要的。兒童治療臨床學家的督導需要範圍廣泛的技巧，而且對於兒童治療師無可避免會遇到的獨特議題也要具備全面的觀點。Kadushin 與 Harkness（2002）指出：「針對兒童心理治療的督導，從嬰兒期到 18 歲，顯然與成人治療的督導有所區別。兒童治療需要不同的知識、喚起受督導者強烈的情緒，而且需要接觸很多社會系統。」（引自 Neill, 2006, p. 7）兒童個案不會獨自進入治療關係中，而是父母親、寄養父母、主要照顧者，以及其他和兒童工作的正式社區系統也投入其中。這樣的投入需要臨床學家大量的精力，以及富有經驗的溝通技巧以維持這個兒童「系統」所有成員的密切合作。

移情與反移情

一個有效的督導關係支持著涉及移情、反移情、替代性創傷、平行歷程，以及文化議題等動力的辨識。這個動力是臨床實務工作的核心，因為它們每個都與在治療歷程中創造出來的關係有關，而且是藉由成長與改變發生的機制。在這裡會介紹遊戲治療介入支持這些動力的探索。

在與兒童工作時，反移情歷程的辨識是特別複雜的。那些參與治療的兒童有其本身存在的脆弱性，時常引起部分臨床學家責任加重的感覺。一個

有效的督導者將會進行這個責任感的辨識並且管理接續的反移情的歷程。Janet Mattinson（1975）指出臨床工作者「心理上的肌膚需要具備足夠的敏感度以捕捉他的個案某些心理上的困難，但是這需要夠了解自己的內心，並且能夠區分哪些是屬於他自己的部分，以及哪些是他從個案身上內攝的感覺」（引自 Kahn, 1979, p. 522）。兒童治療的臨床工作者必須具備「心理上的肌膚」去幫助緩衝創傷工作的衝擊，並且讓他們知道兒童的經驗以及臨床工作者治療經驗之間的差異。依據 Gil 與 Rubin（2005）的說法，「用來處理反移情的傳統的、成人導向的、口語的治療方式，對於處理那些涉及兒童與青少年的介入可能不是最理想的，特別是對使用遊戲治療的人來說，因為遊戲治療不是僅僅依賴傳統治療的口語元素，也就是討論、探問，以及詮釋」（p. 88）。有鑑於此，遊戲治療介入的使用在增加我們對臨床工作者所擁有的反移情的理解，並支持和正在進行中的兒童個案工作時的感覺與信念可能是有效的。

替代性創傷

替代性創傷（vicarious trauma）是另一個在兒童治療領域範圍內充滿力量的動力。「就像創傷改變了它的受害者，那些與受害者工作的治療師發現他們自己也永久地被這個經驗改變」（McCann & Pearlman, 1990, p. 144）。依據 McCann 與 Pearlman（1990）的說法，「那些與受害者工作的人們可能經驗到深刻的心理影響，這影響對於助人者而言可能是具破壞性與痛苦的，而且可能在與經歷創傷的人工作之後持續好幾個月或好幾年」（p. 133）。此外，McCann 與 Pearlman（1990）也指出在與創傷的倖存者工作時，可能會有一個「在治療師個人的認知基模，或是信念、期待，以及關於自我與他人假設的長期改變」（p. 132）。遊戲治療技術引入督導歷程可以支持較多的洞察，也就是臨床工作者經驗到以針對這個容易受傷族群治療工作為基礎而出現某種程度的認知轉變。

平行歷程

治療範圍內的平行歷程聚焦於在督導中，有一個同時發生的動力反映和形塑治療歷程本身的方向的概念。「平行歷程這個概念是指相似的情緒困難同時間出現在社會工作者與個案、社會工作者與督導者之間的關係，而且視這兩個關係之間的連結為理所當然，其中產生自某人身上的情緒會在其他人身上表現出來」（Kahn, 1979, p. 521）。假如真是如此，那麼之後的督導關係會是支持治療歷程行動最重要的工具。一旦督導提供了安全性、結構性以及明確性，介入的歷程將會依循相似的路線。在臨床實務工作中，發展介入計畫最重要的面向是，對於引起症狀導致轉介服務的動力形成清楚的概念化。當臨床工作者能夠運用督導過濾掉他所擁有的內在掙扎與動力，以及辨識平行歷程，他更可能形成一個清楚、準確的概念化。遊戲治療的介入對於在督導與治療關係範圍內平行歷程如何展開，有助於更多的覺察。

文化多樣性

在臨床的環境中，我們承諾要為成員和個案創造一個認可並重視我們所服務族群的文化多樣性的環境。在組織與其成員、臨床工作者和他們的個案之間，還有督導者與受督導者之間，有著種族、族群、性別、宗教信仰，與性取向的文化差異，需要加以正視並且用來支持有效的臨床介入。雖然從跨文化的觀點研究臨床督導不是很廣泛，深化我們對督導關係是如何受到督導者與受督導者之間文化差異的影響之理解，得到了越來越多的關注。

Wells 等人（2003）的督導關係模式，考量到督導者與臨床工作者知覺到自身文化觀點的重要性、欣賞個體與文化的差異，並且開放地了解個案所賦予事件與行為的意義。督導的結構與歷程應該要能夠影響治療效果，像是文化所影響的價值、覺察，以及督導者、受督導和個案的歷史經驗，這些

都能夠被加以討論與探索。督導者能夠支持臨床工作者去確認自己與個案文化背景的差異，並且增進臨床工作者的能力將文化因素整合到治療歷程的所有層面。這些差異可能包括以文化為基礎的教養、性別角色、行為的期待、賦予創傷的意義，以及對治療價值的信念。督導者的「敏感度和觀點對於創傷倖存者來說尤其重要，他們往往容易將自身的差異誤解為缺陷，並時常指望別人為他們詮釋他們的經歷」（Wells et al., 2003, p. 22）。探究文化因素對於評估、個案概念化、介入目標的發展、遊戲治療介入的決定，以及治療師的反移情歷程的影響可以豐厚督導歷程的經驗。

遊戲治療的理論基礎

遊戲是兒童和大人都能自然參與的一種媒介；遊戲讓兒童和臨床工作者建立起密切的關係，也能催化有效的治療。美國遊戲治療學會（Association for Play Therapy, 2001）將遊戲治療定義為：「系統性的運用理論模式建立起人際的歷程，受過訓練的遊戲治療師運用遊戲的力量來幫助個案預防或解決心理上的困難，並且達到理想的成長與發展。」（p. 20）遊戲在本質上是象徵與隱喻。「透過不同的方式來連結意象，隱喻的想法能夠創造出新的意義，並且為創造性的行動建議出新的方向」（Pearce, 1992, p. 155）。一旦臨床工作者在遊戲治療領域開始描述有效遊戲治療的特定概念，研究者在進行更多的實證研究上會有很大的進展，並且用廣泛的資料分析來決定臨床的運用與遊戲的功效（Reddy, Files-Hall, & Schaefer, 2005）。以下摘述出晚近的資料，開始證實遊戲治療師多年來所直覺知道的部分。

2001 年，Ray、Bratton、Rhine 與 Jones（引自 Ray, 2006, p. 137）指出遊戲治療小範圍的研究，對於研究者而言缺乏普遍性而成為特殊的挑戰。為了處理這個限制，Ray（2006）指出心理治療曾經依賴後設分析的方法學，為了製造整體的效果量而從個別的研究結合結果，以決定特定介入模式的有效性與效能。2006 年，Ray 摘述兩篇檢視兒童遊戲治療之有效性的後設

分析研究（LeBlanc & Ritchie, 1999; Ray, Bratton, Rhine, & Jones, 2001）。
LeBlanc 與 Ritchie（1999）的後設分析包含 1947 年到 1997 年期間，針對
166 個個體進行成效測量的 42 個實驗研究。在這些研究中，遊戲治療造成
整體 .66 個標準差的正效果量，指出遊戲治療對於 12 歲大以及年幼兒童中
度的介入效果。在之後 2001 年發表的報告中，LeBlanc 與 Ritchie（引自
Ray, 2006）指出，當父母親參與他們孩子的治療並且持續提供治療的話，
遊戲治療的效益會增加。

　　Ray（2006）指出，遊戲治療成效一項更大的後設分析是由 Ray 等人
（2001）所進行的，而更詳細的分析則由 Bratton 等人（2005）進行。這
個後設分析是以 1942 年到 2000 年間，93 個實驗研究所蒐集到的資料為基
礎，結果指出兒童接受遊戲治療的介入，比起那些沒有接受遊戲治療的兒童
而言表現多出 .80 的標準差。如同稍早的結論，這個分析也與父母親的參與
治療以及有最佳效果的最適治療期間有所關聯。更進一步的結果也發現：
「遊戲治療已經證明改善了兒童的自我概念、減少焦慮行為、舒緩內向性與
外向性的問題行為，以及增加社會適應」（Ray, 2006, pp. 152-153）。

　　Reddy 等人（2006）首次一起在單一文本中，為遊戲介入在實徵上對於
兒童的有效性帶來全面性的回顧。這個文本增加了遊戲治療領域一個重要的
面向：身為一門專業，需要更多實徵基礎的介入取向以連結豐富而有效的介
入。

　　遊戲治療對於那些曾經經驗創傷的兒童而言可能是一個有力的介入，藉
由一種能獲得適當解決的方式幫助他們取得、處理，以及整合創傷性的素
材。我們理解到創傷性的事件時常會以一種毫無條理、解離的方式被儲存，
這可能影響到能否準確、完整的回憶與重述這個故事的能力。這個事件的情
緒成分時常無法整合進這個事件較為認知的成分，因此使兒童或青少年無法
在口語上溝通這個經驗。但這同樣的困難不會出現在某個兒童參與遊戲治療
時。遊戲治療提供兒童或青少年途徑去參與一個自然的、充滿活動的，同時
在相同的時間進入在其他方面可能依舊防衛抗拒或隱藏的潛意識素材。

　　創傷兒童症狀的概況是變動的，而且包含認知與知覺上的變動、情緒與行為上的適應，以及心理上與器質性的改變，這些全部都很適合使用遊戲治療。遊戲可以呈現出一個創造力的歷程，而且是對於兒童未來發展上非常重要的具體與形式運思的基礎。在臨床情境中，我們致力於運用新近的創傷理論與遊戲治療研究以賦予臨床實務工作活力。

在督導歷程中整合遊戲治療技術

　　如同我們從我們服務的族群所學習到的，我們也必須重新評估我們用以支持臨床成員的工具。在治療歷程範圍內，了解遊戲有益的層面也是臨床督導的體驗。我們堅決主張一系列的內在歷程需要被帶入督導的脈絡中。這些歷程的覺察，包含釋放情緒、減少心理防衛、自我調和，是為臨床工作中更高水平的能力做準備。增加的洞察使得概念化更清晰，而引導介入歷程所有的面向。我們已經定義出三個主要的歷程，如表 7.1 所呈現。

表 7.1　督導的歷程

歷程／意義	可提供
釋放情緒 釋放被個案經驗的創傷性素材引發而來的強烈情緒	・洞察臨床工作者個人所擁有的歷程 ・管理反移情 ・覺察替代性創傷的衝擊
減少心理防衛 藉由更彈性的使用防衛來減輕抗拒	・快速的進入無意識 ・參與右腦、創造性的歷程 ・較容易進入內在的歷程 ・增加對於回饋的容忍度
自我調和 藉由強調自我的覺察來澄清內在的經驗	・增加自我的調和 ・安心穩步（groundedness） ・集中在當下

釋放情緒

　　臨床工作者不免會在臨床歷程中體驗到他們個人所擁有的情緒。督導者處理受督導者持續耗費精力且強烈情緒的影響是極重要的，如此他們可以更能夠理解、確認，與同理個案的創傷經驗（McCann & Pearlman, 1990）。在督導中，臨床工作者需要足夠的機會去辨識反移情與替代性創傷的議題，以獲得自己如何被臨床歷程所影響的洞察。強烈的情緒反應是臨床工作者在治療會談中，無法處理個案所呈現的素材的一個跡象。沒有一位創傷臨床工作者可以免除這種經驗。這不是一個無能或脆弱的徵兆，而是一個需要督導的指標。那些在創傷領域工作的臨床工作者，需要在四處都是專業耗竭的現象中，獲得他們的督導者大量的支持，Wells 等人（2003）描述專業耗竭是臨床工作者對於他們的個案「過度延伸、過度承諾或過度認同」（p. 33）的結果。幫助臨床工作者正視以及尊重他們個人與專業的限制，時常讓他們討論關於合適的界限、自我照顧，以及自我保護等等，是減輕專業耗竭必要的部分。

　　接下來的案例呈現出臨床工作者的感覺，以及臨床工作者伴隨個案經驗的個人意義如何影響介入。臨床工作者內在的經驗影響介入的決定，包含個案的構想以及那些選擇參與治療歷程的臨床工作者兩者的發展。

● 案例一

　　安潔莉娜是一個六歲大的個案，被轉介給一位新手臨床工作者瑪莉亞，之後揭露她過去兩年曾經被住在她家裡的繼父長期性虐待。兒童福利單位已經注意到而且正在採取法律行動。瑪莉亞形容安潔莉娜是一個「美麗、脆弱」的孩子，會有一點眼神接觸或參與一些口語討論，同時她也傳遞出渴望支持與連結的感覺。安潔莉娜會依照指示進行引導式的活動，但表現出很少的主動性並且期待臨床專家持續的認可與引導。她開始斷斷續續的哭泣並且變得極為傷心，要求離開這個會談。在督導中，瑪莉亞似乎全神貫注於保護

與拯救安潔莉娜，同時把心力放在指向責備安潔莉娜的母親。她試圖藉由總結這個母親是惡毒的，而且無法用任何方式滿足安潔莉娜的需求，來合理化她拒絕參與任何安潔莉娜母親的治療介入計畫。

督導的概觀

在督導期間，很顯然瑪莉亞對於安潔莉娜的母親無法保護自己的女兒在三歲之後遭受的虐待而感到憤怒。瑪莉亞認為安潔莉娜是「美麗」且特別的，而且她感覺投入了大量心力在保護這個受苦的小孩。當安潔莉娜哭泣並且試圖離開會談時，瑪莉亞無能與無望的感覺油然而生。她想要幫助這個孩子，但是覺得欠缺適切與充足的訓練去幫助這個孩子。瑪莉亞聚焦在她試圖藉由引導式的遊戲活動讓安潔莉娜依附。當安潔莉娜在會談期間變得症狀較多時，瑪莉亞會對她的督導者有較多口語關於想要安潔莉娜與她的母親隔離。瑪莉亞開始病態化這名母親，並且無意識的傳達這個判斷。當瑪莉亞使勁地幫助這個孩子時，她個人所擁有的憤怒感與無能感投射到安潔莉娜的母親上，而介入的構想被這些感覺汙染。在督導中遊戲治療的介入，幫助瑪莉亞對於她的反移情歷程獲得洞察與較多的理解。

督導的介入

督導者可以運用下列的遊戲治療工具：

- 感覺圖像：

  ❏ 畫一幅你如何看安潔莉娜母親的「圖像」。

  ❏ 畫一幅在這個時間點，你自己身為一位臨床工作者的「圖像」。

這兩個圖像能引發瑪莉亞的反移情，以及她自己身為一位有效臨床工作者的知覺的視覺表徵。依據 Rubin（1984）的說法，「除了幫助個案以外，治療師也可以使用她個人的藝術創作作為一種自我理解的輔助」（p. 58）。Gil 與 Rubin（2005）曾經指出「反移情遊戲」（countertransference play）（p. 93）與「反移情藝術」（countertransference art）（p. 94）兩個名詞，

並且使用這些策略來增加自我覺察與提升督導。圖像可以在沒有創造事物文字描述的壓力下投射出潛意識的素材，這個創造性的歷程喚起對於臨床工作者內在經驗更多的理解。

減少心理防衛

不像介入歷程中的遊戲，督導中的遊戲聚焦在臨床工作者特定的個人挑戰。如此，督導中的遊戲被用來啟發臨床工作者的掙扎，並且幫助臨床工作者產生可能影響臨床工作者提供對個案矯正經驗（corrective experience）的能力的潛意識素材。Mishne（1986）曾指出：「防衛是一個用來描述自我的掙扎、使用潛意識以保護自我免於感知到的危險的術語。壓抑希望或衝動的意識覺察或認知的威脅，會引發焦慮感與罪惡感，必須避免。」（p. 348）當媒材呈現在治療中，臨床工作者易於運用防衛以試著去抵擋各種不同的衝動與情緒。與治療中的遊戲相似，督導中的遊戲藉由以一種不具威脅的方式連結臨床工作者與他的內在歷程，而具有讓臨床工作者較少抗拒的潛能。因為遊戲與藝術較少引發衝突，潛意識的素材可以更容易被帶到表層來，否則用別的方法對臨床工作者而言，要進行口語的承諾、產生洞察或是容許，可能有更多的挑戰。

接下來的案例呈現臨床工作者無法容忍兒童表達出的憤怒，而活化她的防衛並干擾她個案概念化的能力。這個臨床工作者無法將兒童的行為放在一個脈絡中，並探究其病因，使她的介入無效。

案例二

凱西是一位臨床工作者，對於八歲大的男孩路克不太有同理心，路克有外向性的暴力行為，包含撞頭、咬、踢等行為。在會談過程中，路克最近直接丟遊戲治療室的椅子將他的攻擊衝動轉向凱西。從他五歲大之後被發現父母親對他生理虐待而褫奪他父母親的監護權後，他曾經間歇性地出現這些外

向性、攻擊性的行為。由於無法控制的行為，路克在幾個寄養家庭的安置中斷，他現在在第四個寄養家庭。凱西經常在她的督導中把他當作一種疾病解釋，並且不太相信路克有改變的能力。

督導的概觀

當凱西討論這個個案時，對於她的督導者而言，很明顯的是她缺乏導致路克問題行為外顯化動力的概念化理解。凱西尚不能夠捕捉到路克行為的全部原因，反而因為他令人無法容忍的憤怒表達而責備他。當督導者逐漸理解這個動力時，凱西的回應更加激烈與強硬，並且也把責怪投射到督導者身上。透過遊戲治療的介入，督導者讓凱西參與這個內在衝突的非口語表徵。這個經驗讓她減少防衛、辨識她個人的觸發點，並且以自覺的方法連結她難以探索的潛在個人議題。

督導的介入

督導者可以運用下列遊戲治療的工具：

- 防衛圖像：
  - 畫一幅一個人站立著保衛堡壘的圖像。呈現這個堡壘以及堡壘中所有的人物與事物。請注意也要包含可能需要在堡壘邊界範圍內所有的人與事物。

這個遊戲治療的工具和 Gil 與 Rubin（2005）反移情藝術的指導式取向相似，督導者會請求臨床工作者畫出某個感到困擾的晤談或是殘留下來的感覺。隱喻與象徵性的使用提供衡量潛意識衝突的距離，因此較容易接近防衛性的素材。

- 界限的表徵：
  - 在一個沙盤中創造兩個不同的表徵。從可獲得的媒材分成兩半呈現物理界限。在沙盤的其中一部分，創造一個你自己個人的意象，而在另一部分呈現出你周遭的世界。

這個工具有助於評估臨床工作者界限的可滲透性，從而在督導者與受督導者之間產生建設性的對話。很重要的是運用督導作為一種持續監控臨床工作對臨床工作者影響的管道。

自我調和／「自我」的重新調整

當臨床工作者與兒童工作和治療兒童時，她真實呈現以及「當下」（in the moment）的能力是最重要的。為了維持一個清楚、有焦點的存在，臨床工作者需要監控她個人所擁有的調和感並重新調整「自我」（self），以創造與兒童個案的必要連結。調和（attunement）或許用溝通的「舞蹈」（dance）來比喻最恰當不過，即臨床工作者與個案試圖讀出對方的線索，並根據對那些線索的理解而加以回應。當然，一個人對自己的調和越多，他可以對其他人的調和也越多。Siegel（1999）描述關於兒童的調和概念如下：「正在發展的心智使用某個依附人物的狀態，為了幫助組織他自我狀態的功能……對於介於兒童與父母親之間，或是個案與治療師之間的信息與調和具備敏感度，牽涉到心智狀態問題的調整。」（p. 70）當臨床工作者逐漸對他們自己或是對兒童個案的線索有較多的調和時，他們會成為更有效的改變媒介。

藉由使用創造性的歷程，變得更能與自我連結的歷程也提升了對個案的調和。Winnicott（1971）指出：「正是在遊戲中而且只有在遊戲中，個別的兒童或成人才能夠具有創造力，並且發揮完整人格，而且只有在具有創造力時個體才得以發現自我。」（p. 54）對 Winnicott 而言，尋找自我可能只有在創造力是存在的前提下才會成功。

接下來的案例呈現臨床工作者需要理性判斷，並且調和她自己與她的個案。當她尋求幫助支持提升其他人的功能時，治療需要臨床工作者理解她個人所擁有的內在經驗。

● 案例三

　　學校社工師發現卡麥蓉在女生更衣室裡出現割腕的行動之後，將她轉介到門診接受治療。在以學校為基礎的初期危機評估之後，決定她不需要住院治療。在第一次和她的臨床醫師丹尼的門診會談中，卡麥蓉一言不發而且身體很躁動，她盯著房間的角落而且不會回應直接的問句。丹尼繼續要她說明關於在學校事件的細節、這個突如其來的自我傷害行為和什麼有關，以及關於她割腕的歷史資訊。當他試圖更深入的探究，卡麥蓉變得更少回應。在督導中，丹尼認為門診無法滿足卡麥蓉這個個案的需求，因為她無法針對她的自我傷害行為與他進行口語的對話。

督導的概觀

　　在督導中，新手督導者辨識出發生在她與丹尼之間的一個平行歷程，因為她意識到圍繞在她將這樣一個「有風險」（risky）的個案分派給丹尼，她個人所擁有的擔心。督導者圍繞在督導某個高風險的個案所擁有的內在歷程與焦慮，已經妨礙了她調和丹尼的需求。督導者理解到安全感尚未被建立，因此，丹尼尚未能夠學習與提升關於調和他的個案的技巧。這個失調的平行歷程引導丹尼聚焦在蒐集事實以及試著「讓卡麥蓉說話」而非幫助她參與。很清楚的是，就像卡麥蓉沒有連結她的個人經驗以及難以安心穩步（grounded）一樣，丹尼與他的督導者也無法調和他們自己或是他人。運用遊戲治療介入督導可以幫助丹尼，當他被兒童個案的強烈情緒或創傷歷史給觸動時，建立起調和他自己以及變得安心穩步的技巧。在督導關係中，督導者能夠幫助丹尼溝通增加安全感的需求。

督導的介入

　　督導者可以運用下列遊戲治療的工具：

　　‧環境的調和：

❑ 安靜地坐著並留意周遭環境。藉由命名聲音、感官知覺或想法，
來辨識在這個空間裡注意到的五感經驗。

· 沙盤的環境：

❑ 在沙盤內創造一個環境來描述調和可能發生的安全空間，包含所
有支持這個意象所需的事物。

· 視覺化的調和：

❑ 創造一個描述調和的環境的內在表徵，包含所有象徵必要元素的
所有事物或圖像。一旦完成，畫出這個圖像以創造一個外在的表
徵。

這些工具將幫助臨床工作者對於調和的水平有更多的洞察，並催化督導
者與受督導者之間的對話，以在督導中提升安全感。

團體治療督導研討

本章所討論的督導歷程是針對個別督導關係，幾乎所有督導領域的討論
都聚焦在有效的使用個別督導關係。然而，筆者相信團體治療督導的研討對
於遊戲治療師而言是有價值的、附加的資源。儘管有其價值所在，它無法替
代個別督導。在團體督導的模式中，幾個臨床工作者參加公開的討論會，提
供關於遊戲治療教育，所有的參與者也可以透過一個安全的歷程體驗他們自
己的遊戲治療。這個討論可能成為一種提供一些人聚在一起督導，並且匯集
所有參與者之間經驗資源的有力工具。團體督導模式提供臨床工作者一個機
會能分享個案概念化、提供與接受回饋、拓展圍繞在可能的介入的想法、管
理替代性創傷，並親身體驗遊戲治療作為一種介入模式的力量。

結　論

　　本章聚焦在運用遊戲治療介入，督導在門診的臨床情境中進行工作的兒童治療臨床工作者。我們已經指出影響介入成效的內在歷程的動力，並且提供案例說明遊戲治療如何支持專業成長與個人洞察。我們相信需要更多關注在督導歷程可以如何藉由使用遊戲被提升的研究。如同我們學習更多關於遊戲在兒童創傷介入的效能，下一個必然的探索領域是遊戲可以如何促進督導。本章已經概述應用遊戲治療介入的方法，並且加深對於影響臨床工作者所有介入層面內在經驗的覺察。

參考文獻

Association for Play Therapy. (2001, June). Play therapy. *Association for Play Therapy newsletter, 20,* 20.

Brandenburg, N. A., Friendman, R. M., & Silver, S. E. (1990). The epidemiology of childhood psychiatric disorders: Prevalence findings from recent studies. *Journal of the American Academy of Child and Adolescent Psychiatry, 29,* 76–83.

Bratton, S. C., Ray, D., Rhine, T., & Jones, L. (2005). The efficacy of play therapy with children: A meta-analytic review of treatment outcomes. *Professional Psychology, 36*(4), 376–90.

Bronfenbrenner, U. (1979). *The ecology of human development.* Cambridge, MA: Harvard University Press.

Costello, E. J., Messer, S. C., Bird, H. R., Cohen, P., & Reinherz, H. Z. (1998). The prevalence of serious emotional disturbance: A re-analysis of community studies. *Journal of Child and Family Studies, 7*(4), 411–32.

Dore, M. M. (2005). Child and adolescent mental health. In G. P. Mallon & P. M. Hess (Eds.), *Child welfare for the twenty-first century* (148–72). New York: Columbia University Press.

Gil, E., & Rubin, L. (2005). Countertransference play: Informing and enhancing therapist self-awareness through play. *International Journal of Play Therapy, 14*(2), 87–102.

Kadushin, A., & Harkness, D. (2002). *Supervision in social work.* New York: Columbia University Press.

Kahn, E. M. (1979). The parallel process in social work treatment and supervision. *Social Casework: The Journal of Contemporary Social Work, 60*(9), 520–28.

Lavigne, J. V., Gibbons, R. D., Christoffel, K. K., Arend, R., Rosenbaum, D., & Binns, H. (1996). Prevalence rates and correlates of psychiatric disorders among preschool children. *Journal of the American Academy of Child and Adolescent Psychiatry, 35,* 204–14.

LeBlanc, M., & Ritchie, M. (1999). Predictors of play therapy outcomes. *International Journal of Play Therapy, 8*(2), 19–34.

Mattison, J. (1975). *Reflection process in casework supervision.* Research Publications Service.

McCann, L. & Pearlman, L. A. (1990). Vicarious traumatization: A framework for understanding the psychological effects of working with victims. *Journal of Traumatic Stress, 3*(1), 131–49.

Mishne, J. M. (1986). *Clinical work with adolescents.* New York: Free Press.

Neill, T. K. (2006). *Helping others help children: Clinical supervision of child psychotherapy.* Washington, DC: American Psychological Association.

Pearce, J. C. (1992). *Evolution's end: Claiming the potential of our intelligence.* San Francisco: HarperCollins Publishers.

Ray, D. C. (2006). Evidence-based play therapy. In C. E. Schaefer & H. G. Madison (Eds.), *Contemporary play therapy: Theory, research and practice* (136–57). New York: Guilford Press.

Ray, D., Bratton, S., Rhine, T., & Jones, L. (2001). The effectiveness of play therapy: Responding to the critics. *International Journal of Play Therapy, 10*(1), 85–108.

Reddy, L. A., Files-Hall, T. M., & Schaefer, C. (2005). Announcing empirically based play interventions for children. In L. A. Reddy, T. M. Files-Hall, & C. E. Schaeffer (Eds.), *Empirically based play interventions for children*. Washington, DC: American Psychological Association.

Reinherz, H. Z., Giaconia, R. M., Lefkowitz, E. S., Pakiz, B., & Frost, A. K. (1993). Prevalence of psychiatric disorders in community population of older adolescents. *Journal of American Academy of Child and Adolescent Psychiatry, 32*, 369–77.

Rubin, J. A. (1984). *The art of art therapy*. New York: Brunner/Mazel, Inc.

Saxe, G. N., Ellis, B. H., & Kaplow, J. B. (2007). *Collaborative treatment of traumatized children and teens: The trauma systems therapy approach*. New York: The Guilford Press.

Siegel, D. J. (1999). *The developing mind: Toward a neurobiology of interpersonal experience*. New York: The Guilford Press.

van der Kolk, B. A. (2002). Assessment and treatment of complex PTSD. In R. Yehuda (Ed.), *Treating trauma survivors with PTSD* (127–56). Washington, DC: American Psychiatric Publishing, Inc.

Webb, N. B. (1989). Supervision of child therapy: Analyzing therapeutic impasses and monitoring countertransference. *The Clinical Supervisor, 7*(4), 61–76.

Wells, M., Trad, A., & Alves, M. (2003) Training beginning supervisors working with new trauma therapists: A relational model of supervision. *Journal of College Student Psychotherapy, 17*(3), 19–39.

Winnicott, D. W. (1971). *Playing and reality*. London: Routledge Publications.

督導與攻擊型兒童工作的遊戲治療師

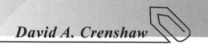

David A. Crenshaw

　　在遊戲治療室裡和攻擊型的兒童工作可能是最令人傷腦筋，而且往往是遊戲治療師所面臨會產生焦慮的挑戰之一。多變的、衝動控制貧乏，以及缺乏情感調節技巧的兒童很容易被觸發，而陷入快速擴大和急遽失控的事件。一個遊戲治療師可能面臨的任何挑戰，除了可能會有不預期的性化行為（sexualized behavior）[1]之外，都須倚賴遊戲治療師能保持中立、冷靜，以及能夠堅定的快速設限的能力。假如遊戲治療師因為兒童的威脅行為而感到焦慮、恐懼或是生氣，那情況可能會像是提油救火般的一觸即發。

---

[1] 譯註：經常出現的性行為，用性行為作為關係連結、滿足情感滋養需求。此行為已取代生活中大部分的活動，引發周遭他人的關注。

在了解兒童的攻擊中體會複雜度

　　有效能的遊戲治療師在針對年幼的攻擊型兒童進行介入時，需要扎根於大量發展學與發展上的精神病理學文獻（說明了兒童攻擊的多樣化與交互作用的決定因素）之深入理解。遊戲治療師需要體會致病因子的複雜度，而不是快速地一把抓住時常導致不適當治療計畫的單一決定因素立下批判。就如同心臟疾病，兒童的攻擊不會只有單一的原因，而是介於遺傳、生物的（包含分子與神經生物學因素）、心理、家庭、社會，以及文化影響間複雜的交互作用的結果。

　　性別差異也很重要。身體攻擊盛行率顯著的性別差異在 17 個月大的時候被觀察到，有 5% 的男孩但是只有 1% 的女孩常常有明顯的身體攻擊行為（Baillargeon, Zoccolillo, Keenan et al., 2007）。兒童經驗到撫養人物的依附品質是一個影響因子。就六歲大的兒童來說，紊亂型依附的男童和矛盾型依附的兒童比起安全型依附的兒童，有較高程度的外向性問題（Moss, Smolla, Guerra et al., 2006）。有趣的是，這些相同的研究者發現，紊亂型依附的兒童比起安全型依附的兒童，也有較高程度的內向性問題。嚴重的婚姻衝突與嚴厲的母親教養已被證實和兒童在家中及學校的攻擊—破壞行為有直接的相關（Erath & Bierman, 2006）。

　　在一項研究中顯示出父親的重要性，研究發現父親的支持是緩解亞洲兒童在幼兒園攻擊行為的關鍵因素（Ang, 2006）。這個發現增加了逐漸擴展的研究基礎，證明跨越各種不同跨文化的情境中，父親支持的益處。

　　此外，在兒童攻擊行為的複雜影響因素發現到：行為不受約束、麻木不仁無情感的特性以及嚴厲的教養，和較大的孩子與青少年特定的攻擊行為型態會有關聯（Kimonis, Frick, Boris et al., 2006）。另一項針對學齡前男孩的研究發現：和對照組的男孩相較之下，有過動行為問題的男孩呈現較高比例的攻擊性、不順從、反社會行為，以及較低比例的親社會行為與同儕接納度

（Keown & Woodward, 2006）。累積的風險因子在影響兒童的攻擊性至關重要。紐約州水牛城「成癮行為研究機構」的研究中顯示，在累積風險因子高分家庭中的兒童——反映出高度親職憂鬱、反社會行為、在遊戲期間負向的情感、難養育型的兒童氣質、婚姻的衝突、父親有限的教育，以及花費在照顧兒童的時間——比起低風險家庭中的兒童在 18 個月大時有較高程度的攻擊（Edwards, Eiden, Colder, & Leonard, 2006）。這些連結被兒童的性別所調節。無論團體狀態為何，所有年齡層的男孩都比女孩具有較高程度的攻擊行為。

同理心也許是最重要的親社會技巧，而且它在關於調節兒童攻擊的發展上扮演特別重要的角色。研究幼兒園與一年級的兒童，結果指出與低同理心的同儕相較之下，較多同理心的兒童呈現出較多的親社會行為以及較少的攻擊與社交退縮（Findlay, Girardi, & Coplan, 2006）。還有更多複雜度的層面，在某個研究最少有兩年嚴重攻擊行為史的兒童中，發現了血清素轉運體（5 羥色胺，5-HTT）基因與兒童期的攻擊行為之間的相關（Beitchman, Baldassarra, Mik et al., 2006）。研究者指出，這是第一份報告關於血清素轉運體基因與兒童期的攻擊行為之間重要關聯的研究。

在另一項重要的研究中指出，暴露於古柯鹼、男性，以及高風險的環境，亦都是五歲時攻擊行為顯著的預測因子（Bendersky, Bennett, & Lewis, 2006）。這些研究者觀察到暴露在高風險環境的男孩群體最可能隨著時間呈現出持續的攻擊。

需要切記的是，上述並不是一個全面性的文獻回顧。相反地，這些只是涵蓋一些晚近針對兒童攻擊的研究，但是這個精要的回顧指出了遊戲治療師會在遊戲室中看見的攻擊行為歸因因子的多樣性。如同 Jerome Kagan（1998）在華盛頓舉辦的 1998「心理治療網絡工作者研討會」的演講中所強調的「我們如何成為今日的我們」主題，即使是最攻擊型的兒童也不是所有時間都具有攻擊性，牢記這一點是很重要的。我們無法在沒有脈絡和說明的情況下真實的談論關於兒童的攻擊行為。某些兒童在學校會有攻擊性但是

在家裡卻不會，反之亦然；某些兒童會攻擊他們的手足對其他人卻不會。脈絡是非常重要的，而且需要加以抽絲剝繭。

　　在心理學研究室或使用隨機分派的控制實驗探究社會文化的影響是有困難的，然而這些在某些兒童攻擊行為的發展具有關鍵的影響。在極為貧困中成長以及因為階級、種族、性別、異性戀的偏見，或是暴露在暴力、犯罪或虐待，特別是長期的偏見遭受到的貶抑，可能加深心靈深處的傷痛（Crenshaw & Hardy, 2005; Crenshaw & Garbarino, 2007; Crenshaw & Mordock, 2005a; Crenshaw & Mordock, 2005b; Crenshaw & Mordock, 2007; Garbarino, 1995, 1999; Hardy & Laszloffy, 2005）。社會文化創傷可以說是所有影響兒童創傷的形式中被研究得最少的。這些對於他們尊嚴的攻擊所引發兒童心靈的傷痛，導致無可避免的深度悲痛與盛怒。杜克大學的 Kenneth Dodge（2006）研究了攻擊型兒童所發展的社交地圖，是他們接觸到的世界與他們早期經驗的結果。如果孩子被以一種愛與關懷的方式對待，他們發展出成人是可靠及值得信賴的這樣的社交地圖發展才有意義。如果那不是他們所經驗到的，他們的社交地圖將會照著「人們是不可信任的」、「在別人傷害你之前先傷害他們」發展。遊戲治療中遇到許多呈現出攻擊行為的兒童，已經在早期發展出這樣的社交地圖作為一種生存之道。

謙卑的個案研究

　　在我們針對心靈受傷的攻擊型兒童進行工作時，我們每天被教導有關於謙卑的功課。有些時候我們以為我們真的了解孩子，卻發現到有如此多是我們需要去領會的。卡勒士是一個很好的例子。我督導一位正在和卡勒士工作的博士級心理實習生。某天在教室裡，卡勒士的老師轉身並認為他注意到卡勒士對其他同學丟橡皮擦。老師斥責卡勒士，卡勒士立即反駁這不是他幹的。無疑地，這樣的否認與堅持，即兒童曾經被錯誤的控訴是時常發生的，但是在這個情境中不同的是卡勒士的反應強度。他的情緒瞬間爆發，因此將

他調離班上並且帶他到危機室是必要的，同時在這個時間卡勒士全程聲嘶力竭的咆哮：「你不相信我！」、「你不相信我！」。在這個事件發生時，大多數針對卡勒士進行介入的用心良苦的教學與危機處理的員工們都假設，這只是兒童無厘頭勃然大怒的另一個案例。然而，這樣的假設阻滯了對卡勒士這樣的兒童更深入了解的途徑。

過了好一段時間追蹤這個事件時，這位敏銳且鍥而不捨的實習生最終能夠藉由同理性的傾聽，讓卡勒士說出他的故事。這個謙卑的一課讓實習生和我永生難忘，它以意想不到的方式教導我們關於創傷的觸動機制及創傷重演。卡勒士在當時只有十歲，能夠簡短的告訴他的治療師當他在海地出生之後，他的母親把他交給某位友人暫時扶養，但是他的母親卻從未再回來。卡勒士被他母親的女性朋友扶養，但是他一直將她視為母親。在他八歲大的某一天，他的生母和一位律師出現在他的小學，並且所有法律文件都確認她是這個孩子的母親而且堅持主張要把卡勒士帶走。卡勒士反駁因為他不認識這個女人，而且在他被拖進這個「媽媽」的車子時，他又踢又叫的奮力抵抗，同時全程大叫：「你不相信我！」、「她不是我的媽媽！」。

幾天後他和他的生母在一架前往美國的飛機上，之後他就未再見過那個曾經扶養他的女子——那個他認為是他媽媽的女性。我們不該假設我們知道是什麼驅策兒童的攻擊行為。有多少像卡勒士這些孩子的故事可能是他們從未能告訴我們的？我們不要總是花時間傾聽、探問，以及探索他們所作所為的真正理由。卡勒士的社交地圖已經發展出就他的獨特生活經驗而言是有意義的。成人相信他絕對是極為重要的，因為他在情急之下請求卻不被相信的經驗，被活生生地烙印在他的內心與記憶中。在到達美國不久之後，他從他的生母家逃離，並且被安置在寄養系統中，而當他數次從他的寄養家庭逃離後，他最後被安置到我們的居家治療中心。我永遠無法忘記卡勒士以及他所教導的充滿價值的一課。假如我們願意去深度的看見與聽見的話，總是有更多值得去看見。

督導關係的評估

　　儘管治療關係與督導關係並不相同，督導者與受督導者之間關係的品質，和它在治療關係中經驗到的成效同樣重要。關係品質的衡鑑需要一個合作性的歷程。督導者以及遊戲治療師這個受督導者應該是對等自在地探索關於面質、溝通的開放度、督導的目標、督導歷程與內容、彼此的角色，以及正式評估的方法等相關的議題。這些議題需要在督導一開始就明確闡明，而且需要隨著督導的進展加以回顧與更新。

　　督導者必然會帶著他們自己所擁有的個人風格進入督導關係中，而每個受督導者同樣會帶著他們別具一格的才能、特質、優勢與劣勢進入這段合作的關係之中。在我的工作中，我總是很重視藉由清楚的界限、期待、支持、同理，讓受督導者在「不知道」（not knowing）之中仍然感到安全，來建立督導關係的安全感。假如受訓者感覺到他們必須隱藏他們不知道的部分，這將會大大的限制他們的學習機會。我相信建立這樣一個督導的氛圍就像在治療中建立一個「安全的環境」（safe place）一樣重要（Havens, 1989）。這種強調創造一個溫暖、安全的督導氛圍，絕不會排除具挑戰風格的督導。事實上，這種具挑戰性的督導將更有助於學習，因為已經建立了溝通上的信任與開放度的基礎。

反移情的議題

關於設限的衝突

　　在我和攻擊行為兒童的工作中，治療師最重要的能力之一也許是在有需要時，以一種冷靜、堅定、果斷，但非懲罰的方式進行設限。當採用這種方式時，大多數的兒童傾向將攻擊外顯化作為回應甚至歡迎成人來掌管，因為

這會減少他們的焦慮。假如他們感覺到這個成人不夠堅決也無法在遊戲室裡設限或維持結構與安全感的話，他們的焦慮會逐漸上升而且他們失去控制的行為往往會急遽增加。某些遊戲治療師能夠自然、冷靜且自信地在遊戲室裡設定和維持必要的限制，而有些治療師則難以做到，這通常與他們在自己的原生家庭中未被解決的衝突和議題相關的原則有關。這類衝突的原因顯然是在他們的個人治療中需要開始處理的內容，但是設定必要限制以維持安全感，以及治療師感到安全的技巧，是針對那些與攻擊性付諸行動或表現出性的行為的兒童進行工作的遊戲治療師進行督導時重要的一個焦點。有些治療師在實施設限前讓兒童情緒過度高漲；有的治療師則是過度補償而太快設限，因為擔心情況失控而扼殺兒童在他們的遊戲戲劇中針對憤怒進行工作的機會。兒童覺知治療師對於這個議題的焦慮，這反過來增加兒童的焦慮並且造成惡性循環。

投射性溝通

　　和攻擊型的兒童工作充滿著可能踩進反移情的地雷中，即使治療師下定了決心幫助這個孩子。攻擊型的兒童是很挑釁的，有些時候具有威脅性，有時候是危險、暴力的，而且喜歡挑戰極限並不斷測試治療師和底限。我從我這幾年以及最近在紐約醫學院和資深心理分析訓練師 Walter Bonime 醫學博士進行的心理分析督導中，所學習到最重要的洞察之一是，無論治療師有多麼的挫折、沮喪、生氣、無助或是無力感，它無法創建符合兒童內心深處相同的感覺。

　　1980 年代早期，倫敦的塔維斯托克診所（Tavistock Clinic）針對極為貧困以及攻擊型兒童進行高級臨床工作，以臨床的專題研討為基礎將成果撰寫成一本書（Boston & Szur, 1983）。書裡聚焦於如何在治療中幫助這類的挑戰型兒童。這些臨床學家描述投射性溝通（projective communication）這個重要的現象。他們定義「反移情」這個名詞，意指治療師接受患者轉移的感覺，可能因而被用在了解患者內心狀態的反應。在心理分析的著作中，反移

情時常只是指治療師對於患者的不適切反應，例如，那些與治療師所擁有的個人關注的事物以及和患者一點關係都沒有的連結（pp. 133-134）。

這些在英國客體關係學派的傳統心理分析臨床學家，包括 Bion、Winnicott 與 Klein 利用投射性溝通的概念以獲得進入兒童內在世界的入口，亦即可能只藉由投射無法承受的感覺在治療師身上被顯現出來。藉由檢視這樣投射的情緒影響以及「涵容」（containing）它們，而非以個人的方式回應（反映，而不是反應）兒童挑起的部分（而且時常是攻擊性的行為），治療師能夠獲得具有價值的洞察，進入更深層驅使兒童攻擊行為外顯化的根源。

即使是有經驗的教師、兒童照顧的工作者及治療師，有時候甚至會以個人化或報復性的方式回應這些兒童的攻擊，因為這些兒童非常擅長於「傷害別人的感情」（drawing blood）。無論是以遊戲治療師、教師、社工師或是兒童照顧工作者的身分和這些兒童進行工作，沒有太多寶貴的時間可以常常用來檢視個人的感覺以及反應，因此最好在一個支持性的督導關係脈絡中進行。這是所有治療性活動中最具價值的（當 Freud 看完患者時，曾經每天進行這樣的自我檢視）。遺憾的是，對大多數的治療師而言，沒有這樣的時間讓它受到應該要有的關注，其實從事臨床服務的壓力可以用這類平靜的反思、充分的督導，或是經常與同儕諮詢來舒緩。那些能夠獲得和某個在遊戲治療中具備經驗與技巧的人規律穩固的督導的遊戲治療師是相當幸運的。

治療師無法看見的傷痛

嚴重創傷的兒童時常顯現針對治療師的攻擊與憤怒，和這些兒童進行工作的治療師很可能也擁有自己看不見的情緒傷痛。治療師也不能免於突然的轉變、未解決的哀傷，有時甚至是困擾其他人們的創傷議題。治療師可能也和個案一樣會受傷，然而，治療師有責任在試圖療癒他人之前先進行他們個人的療癒。和攻擊型兒童工作的治療師這樣情緒的條件要求是重要的，而且

攻擊性越嚴重，耗費的心力可能會越大。因此，治療師要致力於他們個人的治療，否則如果兒童看不見的傷痛觸動治療師無形的傷痛，將會讓治療師容易受傷。療癒攻擊型兒童傷痛的祕密隱藏在：不會將個人的自我價值或自我定義取決於負向或正向的回饋，承諾全心全意投入在這些兒童上的能力。他們可能在某個時候對你大叫說他們「恨死你了」，而在下一刻央求你是否可以帶他們回家或是收養他們。也不應該打破那些視自己為極度負面與對專業的熱愛永不減退的穩定的、受過基本訓練的、經驗豐富的治療師的平衡，因為這些情緒剝奪的緣起是很多這些孩子曾經經歷過的。

不失去客觀的情緒可親性

　　我曾經督導一個非常活潑且具有同理心、在我們居家介入計畫中工作的年輕臨床工作者。她告訴我某一天當她第一次開始在介入中心與兒童工作時，她閱讀他們的成長故事。在面對令人怵目驚心事件（發生在他們年幼時）的描述，她的情緒被深深地觸動。她發現專注在這些故事上極度的痛苦。這位臨床工作者告訴我在這個計畫工作一年以後她感到沮喪，因為當她閱讀這些故事並且面對個案生活經歷的創傷事件時，她不再像一開始那樣有強烈的情緒反應。她覺得她的情緒反應已經「麻木」（hardened），這不是一個有意識的選擇，而是調適遇到這些孩子的生活中不同程度的恐懼與創傷。她對我表達她的擔憂，因為這將會讓她在孩子準備好述說他們的故事時，她會有較少的情緒可親性（emotional availability）[2]。

　　這個年輕的臨床工作者生動地描述了和曾經受到嚴重虐待與創傷經歷的兒童工作的人們所面對的挑戰。為了讓我們成為在這些兒童的生命中促成療癒的推手，我們的情緒可親性絕對是必要的。但是每個臨床工作者與直接照護的工作者有他（她）的限制。他們可以很容易地到達他們認為不會再聽到

---

[2] 譯註：成人了解兒童的情緒線索，可以親近和滿足兒童的情緒需求。

任何恐怖故事的地方。這就是我們生活中的平衡的必要之處。

　　追求終身學習是非常重要的。這已成為貫穿我整個職涯的活動，我從一位十分敬重的臨床工作者那裡尋求定期的督導，而且在這個領域 38 年後的今天仍然這麼做。我也相信對於某些從事這個工作的人而言，他們個人的治療是非常有幫助的，就像先前所描述的。我認為那些從他（她）的個人治療中獲益的治療師，比較能夠針對這個撩動他（她）的反應進行工作，而且減少會造成治療關係問題的可能性。每個助人者都需要找到最適切的結合，能夠保持他們情緒的活力並充滿能量，同時仍然能夠發現這個工作的價值。這個工作平衡是必要的，否則可能會情緒耗竭。我們需要珍視我們的家庭與個人的人際關係；運動、營養、休息全都很重要。做有趣的事情、充滿遊戲性、滋養幽默感、培養廣泛的興趣，以及發現創造力的出口，都是協助達成這類重要平衡的方法。

遊戲治療師督導中的遊戲性工具

由衷感覺的策略

　　Gil 與 Rubin（2005）描述處理反移情議題的一些卓越的遊戲、繪畫，以及象徵策略，激發我發展相似的工具。**由衷感覺的策略**（heartfelt feelings strategy, HFS）便是根據那些已發展出類似策略之臨床工作者的工作而來（Goodyear-Brown, 2002; Kaduson, personal communication, 2006; Lowenstein, 2006; Riviere, 2005）。很多其他的治療師，包含遊戲、沙遊及藝術治療師，多年來已經在治療歷程中以各種方式使用心型。其中有些取向在先前的內容中已有詳細的介紹（Crenshaw, 2006a），因而不在本章討論範圍。HFS 和其他在遊戲、藝術、沙遊，以及家族治療中所使用的心型策略最大的區別是，它既是 HFS（Crenshaw, 2006a）也是由衷感覺彩色卡片策略（heartfelt feelings coloring card strategy, HFCCS）（Crenshaw, 2006a），

我強調兩個核心的領域：表達性與關係性。表達性的成分提供結構化的治療性實務工作以辨別、標示及表達感覺——在情緒調節以及發展社會能力上是一個關鍵的技巧。Schore（1994, 2003a, 2003b）已經證實情緒失調幾乎是所有精神病理學形式的核心，因此針對這個重要卻不足的治療性介入已跨越心理診斷光譜而被廣泛運用。

關係性的成分組成了由衷感覺結構化的探索，是與依附人物和其他兒童人際世界裡重要他人的關鍵連結。顯然，我們最由衷感覺的情緒並非以一個與世隔絕的方式發展出來，它們是在關係的脈絡中發展出來。我們最強烈感覺的情緒傾向被我們生活中關鍵的相關依附人物所引發。當一個依附連結被破壞時，像是分居或離婚，或是對兒童個案而言，被爸媽遺棄或父母過世，可以發現到一些人們能夠流露出來最強烈的情緒。在 HFS 中，關係性伴隨兩種方式而來。一般來說，我會邀請兒童針對非常特定的關係性的相關議題彩繪一顆心，像是：「昨晚你爸爸很生氣並離開家時你的感覺如何，在這顆心上彩繪出來。」第二個方式 HFS 所強調的是一系列的追蹤問句（follow-up question）。某些問題與表達性（Expressive, E）的成分相關，像是：「哪種感覺最強烈？」或是「什麼感覺對你而言最難以表達？」然而，另一組的追蹤問句是特別聚焦在關係性（Relational, R）的議題，像是：「在你的家庭中，誰將會同意你在情緒上的選擇，也就是誰最少在這個家庭中表達出情緒？」或是「對你而言，表達什麼情緒是最不舒服的，而在你的家庭中，誰在表達這個相同情緒時也感到不舒服？」社交的脈絡是很關鍵的。在 HFCCS 中，卡片被分成「表達性」與「關係性」兩個簡潔的組別，又再次強調這兩個關鍵的成分。

HFS 在督導中可以用來探索反移情的感覺與議題。我在督導中通常將它運用在困難的個案，大部分是針對攻擊型的兒童以及抗拒的家庭。我邀請我正在督導的治療師，針對關於和特定兒童或家庭進行治療時感覺到的相關感覺的強度，針對每個感覺挑選顏色後在愛心上彩繪。這個工具可以在初始階段、中期階段與邁向治療結案時用來當作一個持續自我監控的歷程，或是

當治療師覺得「卡住」、治療師或是督導者注意到對於個案有不平衡的情緒反應時，都可以利用此工具。當他們依據這樣感覺的強度分派他們的感覺時，接受督導的治療師常感到驚訝，而且有時候會對他們在愛心上描繪出來但先前未曾覺察到的情緒感到訝異。這可以導致有用的反映、與督導者充滿意義的交流，以及在某些情況下在他們個人的治療中逐漸成為「實用的素材」（grist for the mill）。例如：如果在他們由衷感覺的描述中憤怒占有主導地位，並且探索當他們與這個兒童工作時什麼喚起這樣的憤怒，他們發現觸動機制是這個兒童拒絕暴露任何脆弱或依賴的需求，這可能導致這個治療師在個人治療時去探索被兒童需要的這個需求。很多年輕與經驗不足的治療師在剛開始成為治療師時，為改善他們的勝任力與技巧的需求所苦，而且當兒童不合作或毫無進展時會變得氣憤。這可能變成一個自我增強的分裂歷程，因為治療師覺得要證明自己的能力的壓力被兒童體驗到，並且會干擾個案療癒的自然進度。

由衷感覺彩色卡片策略

HFCCS 是 HFS 的一種變形。HFCCS 是在兒童治療中使用問候卡，卡片背面有心型，而在卡片正面有指導說明將卡片分成「表達性」與「關係性」兩個大類。如何使用這些卡片不同治療策略的指導說明在治療手冊中有詳盡的說明（Crenshaw, 2006a）。然而，針對探索反移情的目標而言，我發現一個非常有用的策略限於使用關係性的卡片，並且邀請受督導者當他們思考他們最感到困擾的治療個案時，在卡片上的愛心畫出一個出現在內心裡的圖像；屢見不鮮的，這個圖像很常是某個總是測試底限，或是喚起治療師的焦慮與苦惱的攻擊型兒童。這個圖像可以是任何出現在治療師內心的事物，但是某些情況它會是兒童的圖像或是兒童與治療師相互對抗之類的。有個例子是，治療師所畫的圖像是她將一顆沉重的巨石推到山上，表達她在幫助一個七歲大的男孩進行實務工作時讓她的努力受挫，所感受到的精疲力盡以及極度的沮喪。在這個例子中，很明顯的是，將巨石推上山的圖像不只和這個

特殊孩子讓她感受到很多的挫折有所關聯，還與她曾經對抗過的憂鬱有關，而且這個圖像是她需要再度出發尋求她個人的治療以處理她情緒的失序。HFCCS 關係性的卡片接下來的步驟是在卡片的正面（製作在問候卡的格式上）針對兒童或家庭寫上一個備忘錄。有時候我會修改指導語，並且邀請他們寫一張字條給督導者，總結他們在愛心裡畫出的圖像所象徵的感受。

就像 HFS，HFCCS 是一個可以豐厚督導者與受督導者之間針對關於在與兒童治療時引起的反移情議題對話的工具，但是在治療攻擊型的兒童時是特別有用的，因為針對這些年幼者的治療時，常充滿了焦慮並且可能造成治療師情緒上的緊張。我在督導中曾經使用過 HFS 與 HFCCS 的一些治療師持續用它作為自我監控的工具，針對在與各種不同臨床個案的治療中所擁有的個人反應進行工作。

象徵連結治療策略

我最近的工作受 Gil（2003）使用個別遊戲治療家庭圖（Individual Play Genogram）啟發，是使用治療性的象徵。象徵連結治療策略（symbol association therapy strategies, SATS）的背景與發展在 Crenshaw（200b）的著作中有所描述。基於在督導中針對和攻擊型兒童工作的遊戲治療師特別的應用以處理反移情議題的目標，我已經發展出 SATS 的改編版。如同使用 HFS 與 HFCCS 一般，SATS 也具備表達性與關係性的成分。表達性成分是由在實驗心理學範圍的實徵研究中被呈現出來引起反應的詞彙組成，特別是在認知、知覺及記憶的研究中具備負向的或是正向的情緒效價。換句話說，比起中性的詞彙，它們是有情緒意涵的或是能喚起情緒的。在 SATS 的表達性策略中，個案被引導從一堆物件（象徵物）中分別挑選最符合 75 個引起反應的詞彙的類別。這個工具結合喚起圖像或象徵的力量，以及實徵研究中這些特殊詞彙決定性的情緒意涵。其中 37 個是負向的而 38 個是正向的情緒效價。在這些策略的關係性成分中，個案用包含三個兒童生活中主要的關係元素：家庭、學校與同儕的關係類別進行象徵分類的任務。這些策略，如同

我最近的工作，是為了設計最適目標來創造進入兒童內在世界的入口。就像Hughes（2006），我不相信我們可以忽視兒童的內在生活以及兒童的關係世界。創造聚焦在兒童內在與關係世界中這些核心層面的對話，是所有上述三組策略的焦點。這些策略中沒有一個是要成為一種獨立的治療取向，而是能夠被整合進治療與理論取向的廣泛範圍。

　　我所發展出來這個特別的應用，是用來處理在督導中的反移情議題與其他議題，必須使用如圖 8.1 以詞彙分類進行象徵分類的任務。

　　將這四個詞彙的類別用厚紙板列印出來，並且連同 SATS KIT 放在受督導者的面前。接下來邀請受督導者從象徵的物件堆中挑選他們希望放置在每個類別代表他們和某個特定兒童、家庭與督導者的工作，並挑選一個或更多的象徵物呈現身為治療師的自我。

```
┌─────────────────────────┐
│                         │
│           兒童          │
│                         │
└─────────────────────────┘

┌─────────────────────────┐
│                         │
│           家庭          │
│                         │
└─────────────────────────┘

┌─────────────────────────┐
│                         │
│          治療師         │
│                         │
└─────────────────────────┘

┌─────────────────────────┐
│                         │
│          督導者         │
│                         │
└─────────────────────────┘
```

圖 8.1　　象徵分類任務的詞彙類別

　　沙遊治療師長期以來使用象徵，並且崇尚以榮格取向（Jung, 1960）的理論為基礎的治療性應用以及 Lowenfeld（1939, 1979）與 Kalff（1971, 1980）的開拓性工作。我非常讚許當代沙遊治療師偉大的貢獻，像是 Allen（1988）、Carey（1998）、DeDomenico（1999） 與 Green（2004, 2006）等不可勝數。但是直到我接觸了 Gil 的個別遊戲治療家庭圖（2003）以及 Gil 與 Rubin（2005）在遊戲治療中使用各種遊戲策略檢視反移情的議題，我才全然地體會到象徵的治療性力量。我曾經接受文化精神分析的傳統訓練（Bonime, 1962, 1989），但我並沒有以典型的榮格取向訓練治療師的方式接近象徵的意涵。我從沒有帶著關於象徵的世界性與集體性的假設（Crenshaw, 2006a），而是與個案共同合作的方式來接近它。當受督導者完成上述的象徵分類任務，它被排放在督導者與受督導者雙方的面前，並且在一起合作的過程中，他們可以追尋它對特定受督導者的意涵。受督導者可以使用這個相同的工具來自我監控與自我檢視他們與任何正在進行中的個案的治療性反應。

結　論

　　兒童在遊戲室中出現攻擊往往會帶給遊戲治療師很大的壓力。危險、威脅、安全，以及可能對治療關係造成傷害等議題都會讓治療師充滿焦慮，特別是對這個族群沒有經驗的治療師。在遊戲室中針對攻擊性兒童進行設限的這門藝術，是在督導中所要學習最為重要的技巧之一，一般不會在研究所的課程中教授。許多兒童容易出現攻擊行為，他們一再地被評斷，並且被視為「壞孩子」，很多孩子自己也這樣認為。通常他們會測試治療師，看他們是否能讓治療師像生活中許多的大人一樣放棄他們。他們不知道如何處理溫暖、體貼，以及關懷的感覺，這些對兒童來說就像憤怒一樣混亂。治療師的心態是最重要的療癒成分。為了讓治療師能有富同情心的治療態度去接近那些不討人喜歡的孩子，遊戲治療師能體會與了解攻擊型兒童所有的複雜原因

是必要的，否則他們會不知不覺的進一步去貶低或汙名化這些孩子是「壞的」。

本章概要的討論一些與攻擊型兒童工作的重要反移情議題。運用遊戲和象徵活動，以及畫圖和象徵的策略來探索反移情議題，還有受督導者與督導者之間的關係，這在督導歷程中會很有幫助。或許在準備與攻擊型兒童進行工作時，我們所能夠做出最重要的努力就是我們對自己進行工作。

參考文獻

Allen, J. (1988). *Inscapes of the child's world: Jungian counseling in schools and clinics.* Dallas: Spring Publications.

Ang, R. P. (2006). Fathers do matter: Evidence from an Asian school-based aggressive sample. *American Journal of Family Therapy, 34,* 79–93.

Baillargeon, R. H., Zoccolillo, M., Keenan, K., Côté, S., et al. (2007). Gender differences in physical aggression: A prospective population-based survey of children before and after 2 years of age. *Developmental Psychology, 43,* 13–26.

Beitchman, J. H., Baldassarra, L., Mik, H., De Luca, V., et al. (2006). Serotonin transporter polymorphisms and persistent, pervasive childhood aggression. *American Journal of Psychiatry, 163,* 1103–5.

Bendersky, M., Bennett, D., & Lewis, M. (2006). Aggression at age 5 as a function of prenatal exposure to cocaine, gender, and environmental risk. *Journal of Pediatric Psychology, 31,* 71–84.

Bonime, W. (1962). *The clinical use of dreams.* New York: Basic Books.

Bonime, W. (1989). *Collaborative psychoanalysis: Anxiety, depression, dreams, and personality change.* Rutherford, NJ: Fairleigh Dickinson Press.

Boston, M., & Szur, R. (Eds.). (1983). *Psychotherapy with severely deprived children.* London: Routledge & Kegan Paul.

Carey, L. (1998). *Sand play therapy with children and families.* Northvale, NJ: Jason Aronson.

Crenshaw, D. A. (2006a). *The heartfelt feelings strategies.* Rhinebeck, NY: Rhinebeck Child and Family Center Publications.

Crenshaw, D. A. (2006b). *Healing paths to a child's soul.* Lanham, MD: Jason Aronson.

Crenshaw, D. A. (2007a). Heartfelt feelings. *Play Therapy: Magazine of the British Association of Play Therapists, 48,* 12–17.

Crenshaw, D. A. (2007b). *Heartfelt feelings coloring card series (HFCCS) clinical manual.* Rhinebeck, NY: Rhinebeck Child and Family Center Publications.

Crenshaw, D. A. & Garbarino, J. (2007). The hidden dimensions: Profound sorrow and buried human potential in violent youth. *Journal of Humanistic Psychology, 47,* 160–74.

Crenshaw, D.A. & Hardy, K. V. (2005). Understanding and treating the aggression of traumatized children in out-of-home care. In N. Boyd-Webb, (Ed.), *Working with traumatized youth in child welfare* (171–95). New York: Guilford.

Crenshaw, D. A. & Mordock, J. M. (2005a). *A handbook of play therapy with aggressive children.* Lanham, MD: Rowman & Littlefield.

Crenshaw, D. A. & Mordock, J. M. (2005b). *Understanding and treating the aggression of children: Fawns in gorilla suits.* Lanham, MD: Rowman & Littlefield.

Crenshaw, D. A. & Mordock, J. M. (2007). Lessons learned from "fawns in gorilla suits." *Residential Treatment for Children and Youth, 22*(4), 33–47.

DeDomenico, G. (1999). Group sand tray-worldplay: New dimensions in sandplay therapy. In D. Sweeney & L. Homeyer (Eds.), *The handbook of group play therapy: How to do it, how it works, whom it's best for* (215–33). San Francisco: Jossey-Bass Publishers.

Dodge, K. A. (2006). Translational science in action: Hostile attributional style and the development of aggressive behavior problems. *Development and Psychopathology, 18,* 791–814.

Edwards, E. P., Eiden, R. D., Colder, C., & Leonard, K. E. (2006). The development of aggression in 18 to 48 month old children of alcoholic parents. *Journal of Abnormal Child Psychology, 34,* 409–23.

Erath, S. A., & Bierman, K. L. (2006). Aggressive marital conflict, maternal harsh punishment, and child aggressive-disruptive behavior: Evidence for direct and mediated relations. *Journal of Family Psychology, 20,* 217–26.

Findlay, L. C., Girardi, A., & Coplan, R. J. (2006). Links between empathy, social behavior, and social understanding in early childhood. *Early Childhood Research Quarterly, 21,* 347–59.

Garbarino, J. (1995). *Raising children in socially toxic environments.* San Francisco: Jossey-Bass.

——. (1999). *Lost boys: Why our sons turn violent and how we can save them.* New York: Anchor Books.

Gil, E. (2003). Play genograms. In C. F. Sori and L. L. Hecker (Eds.), *The therapist's notebook for children and adolescents: Homework, handouts, and activities for use in psychotherapy* (49–56). New York: Haworth Press.

Gil, E., & Rubin, L. (2005). Countertransference play: Informing and enhancing therapist self-awareness through play. *Journal of Play Therapy, 14,* 87–102.

Goodyear-Brown, P. (2002). *Digging for buried treasure.* Antioch, TN: P. Goodyear-Brown.

Green, E. J. (2004). Activating the self-healing archetype: Spontaneous drawings with children affected by sexual abuse. *Association for Play Therapy Newsletter, 23,* 19–20.

Green, E. J. (2006). Jungian play therapy: Activating the self-healing archetype in children affected by sexual abuse. *Louisiana Journal of Counseling, 8,* 1–11.

Hardy, K. V., & Laszloffy, T. (2005). *Teens who hurt: Clinical interventions to break the cycle of adolescent violence.* New York: Guilford Press.

Havens, L. (1989). *A safe place.* Cambridge, MA: Harvard University Press.

Hughes, D. A. (2006). *Building the bonds of attachment: Awakening love in deeply troubled children* (2nd ed.). Lanham, MD: Jason Aronson.

Jung, C. G. (1960). *Man and his symbols*. New York: Dell.

Kagan, J. (1998, March). How we become who we are. A presentation at the 1998 Psychotherapy Networker Symposium. Washington, DC.

Kalff, D. M. (1971). *Sandplay: A mirror of the psyche*. San Francisco: Browser Press.

Kalff, D. M. (1980). *Sandplay: A psychotherapeutic approach to the psyche*. Boston: Siglo Press.

Keown, L. J., & Woodward, L. J. (2006). Preschool boys with pervasive hyperactivity: Early peer functioning and mother-child relationship influences. *Social Development, 15*, 23–45.

Kimonis, E. R., Frick, P. J., Boris, N. W., Smyke, A. T., et al. (2006). Callous-unemotional features, behavioral inhibition, and parenting: Independent predictors of aggression in a high-risk preschool sample. *Journal of Child and Family Studies, 15*, 745–56.

Lowenfeld, M. (1939). The world pictures of children: A method of recording and studying them. *British Journal of Medical Psychology, 18*, 65–101.

Lowenfeld, M. (1979). *The World Technique*. London: George Allen and Unwin.

Lowenstein, L. (2006). *Creative interventions for bereaved children*. Toronto: Champion Press.

Moss, E., Smolla, N., Guerra, I., Mazzarello, T., et al. (2006). Attachment and self-reported internalizing and externalizing behavior problems in a school period. *Canadian Journal of Behavioural Science, 38*, 142–57.

Riviere, S. (2005). Play therapy to engage adolescents. In L. Gallo-Lopez & C. E. Schaefer (Eds.) *Play therapy with adolescents* (121–42). Lanham, MD: Rowman & Littlefield.

Schore, A. N. (1994). *Affect regulation and the origin of the self: The neurobiology of emotional development*. Hillsdale, NJ: Erlbaum.

Schore, A. N. (2003a). *Affect dysregulation and disorders of the self*. New York: Norton.

Schore, A. N. (2003b). *Affect regulation and the repair of the self*. New York: Norton.

相關資源

- HFCCS 的由衷感覺彩色卡片可以在 Astor 網站購買：www.astorservices.org。
- 「象徵連結治療策略」的基本象徵物工具箱可以在 Self Esteem Shop 購買：www.selfesteemshop.com。

親子遊戲治療的督導

Louise Guerney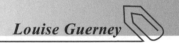

　　親子遊戲治療（filial therapy, FT）的要素是運用兒童個案的家長或生活中其他的重要他人（如養父母或老師）來作為兒童的遊戲治療師。親子遊戲治療師不僅有責任在兒童中心遊戲治療（child-centered play therapy, CCPT；將遊戲治療的模式運用在親子遊戲治療）中教導家長，也會持續督導家長的遊戲療程。親子遊戲治療師也要承擔起責任來引導親子遊戲治療團體，不論其性質是一個家庭，或是幾個家庭組合起來。（私人執業的治療師通常會與帶著一個或兩個孩子的父親、母親或父母一起會面，而非與團體工作。）因此，親子遊戲治療師的工作是多面向的，有所要求，同樣也會有所獎賞。

　　親子遊戲治療師也需要較高層次的督導，親子遊戲治療師需要接受在親子遊戲治療更有經驗的實務工作者督導其執行的方法。親子遊戲治療的督導者必須要提供回饋，並且歷程化三個面向：引導療程、教導家長，以及督導家長。親子遊戲治療的督導者必須非常留意與受督導者的關係，及各自的角

色。在下個段落，我會更詳細地討論這些多重層次的督導歷程，從督導親子遊戲治療的家長開始。為了更清楚督導家長的脈絡，我會描述一些家長被訓練成為孩子的治療師的方法。

兒童中心遊戲治療之教導

教導給家長的遊戲治療方法是傳統的 CCPT，亦即典型 Axline（1969）的遊戲治療。在初次晤談的時候推薦親子遊戲治療，也會呈現 CCPT 的原理，以及為何 CCPT 對孩子是有幫助的。一旦親子遊戲療程開始，親子遊戲治療師會回顧這個資訊，並且解釋 CCPT 遊戲的原則。

在接下來的幾次療程中，依據孩子的人數，家長會觀察由親子遊戲治療師所帶領的遊戲療程，並且有足夠的機會讓家長詢問為何治療師要這樣回應；他們也會詢問孩子的回應。治療師會適當的標示出療程中所運用到的回應，並且將這些回應與孩子的行為連結在一起。回應會穿插進主要的原則之中，如此家長能夠明白兩者如何有所連結。

教導家長新的方法來與孩子連結，儘管他們明白遊戲療程任務是有所受限和治療性的，不是一個進行一天 24 小時教養的新方法，確實會讓他們內心矛盾衝突。這必須要在情緒的層次，還有認知的層次上進行處理。親子遊戲治療師必須針對家長對於這些議題的感受表達出同理，同理性的回應始終都是優先於教育或認知的回應。整體來說，模式是先處理情緒背後所浮現的議題，接著進入資訊或者能運用到認知層次的其他部分（Andronico, Fidler, Guerney, & Guerney, 1967; Guerney & Stover, 1971）。

案例

一位母親觀察她的孩子與治療師進行第一次的遊戲。孩子的話很少，但有要求幾個指示。

媽　　媽：他在這裡看起來有點不自在。他問你說他應該要做些什麼，為什麼你不讓他開始做點事情，反而只是等待他去做。

治療師：你無法確定這真的是對他最有幫助的方法。我說：「你真的不確定現在在這裡你想要做些什麼。你是不是覺得如果我告訴你怎麼做會比較容易一點。（暫停）在這個特別的遊戲時間，你是可以決定你想要怎麼做。」

治療師（現在轉換到教導）：這是反映他的情感，接著提供一些架構；再一次地告訴他，這是他能夠決定要做些什麼的時候。記住，我們首先會先反映情感。接著，我們會加入我們要告訴孩子的資訊或規則。

媽　　媽：但是假設他實在不確定要做些什麼。也許他需要一個開頭就能夠讓他繼續下去。

治療師：你很擔心孩子會真的卡住，而且你和孩子會停留在不自在的狀態中。這對每個人來說都會是很不愉快的。

媽　　媽：當然，他期待我給他一些建議。這是我在家裡會做的。

治療師：沒有按照慣例做出同樣的事情對你和孩子來說會很奇怪，你無法確定感受會是如何。可能會覺得很怪。

媽　　媽：是的。

治療師（意識到教養結束了，開始更多的教導）：這是一個特別的時間，有別於家中的環境，你的孩子已經意識到這一點。他只是不知道這些對他的意義是什麼。這個環境的安排是要給孩子各種可能的機會去自我探索、他的感覺和想法會引導他前進的方向。由他所前進的方向，他能夠解決他的感覺，而且正向的改變會發生。這是這個治療的基礎。如果我們來帶領方向，就像我們現實生活中常做的，兒童會失去機會。可能一開始對他來說會有點不安，最重要的是你也會不安。但是就孩子來說，所獲得的回報是能夠獲得自我的能力感，而且不

用抗拒去做你所吩咐他做的事情，就像他現在在家所做的。在適當的時候，他每個禮拜會有固定的時間來負起責任。對大部分的家庭來說似乎都有效。最終他會自己開始。我預期下一次，對他來說會更容易些。觀察室與每件事情都會是新的局面。

除了觀察孩子的遊戲療程之外，家長也會透過與治療師和相互的角色扮演來學習遊戲治療的技巧，並且會在他們試圖與孩子進行治療性的遊戲之前，進行遊戲療程的模擬扮演。

家長的遊戲療程

在親子遊戲治療歷程的這個點上，親子治療師的督導技巧會是主要的活動。構成家長遊戲療程的要素有兩個階段：階段一，在治療場所標示出家長的練習或療程的演示；階段二，在家中進行療程。

階段一

一開始的療程（通常是兩次），家長會直接與他們的孩子面對面進行遊戲。除了與成人模擬遊戲的療程之外，遊戲治療技巧的練習不是在現場進行演示。

這個階段給家長帶來很大的表現焦慮，特別是如果他們沒有被單獨觀察過。對於孩子與家長在遊戲療程中的回應，治療師必須要是個超級敏銳的觀察者、是個能夠提供經驗性回饋的專家，也是針對家長作出與這個模式有正向關聯的所有美好與微小事物，給予增強的大師。治療師必須記住，一開始的嘗試可能會很小，並且要相對應地調整回饋。不要吝於給予增強，但不要超出真誠的界線。沒有家長會太老練或過於缺乏自尊而無法接受針對很差的表現提供正向的增強。值得慶幸的是，確認出治療師感受到家長很努力去精

熟這個方法，而家長與孩子也很高興有這樣的經驗，對治療師來說會更加容易與家長一起享受這個經驗，甚至修正性的回饋也會有條不紊。在親子遊戲治療中，我們使用三個步驟的方法來給予回饋。第一，陳述出正向的回饋。第二，如果有需要的話，會給予修正性的回饋（家長一開始的時候幾乎都會需要）。而第三步驟是真誠地給予極為正向的回饋。這會有個影響是帶給受督導者成功的整體感覺，儘管可能需要修正性的回饋。修正性回饋是關於下一次使用什麼行為會更好，而且從不針對個人，例如，受督導者應該如何思考或感受。這個增強方法，再加上高度重視家長的感受，帶給他們的感覺會是每一個步驟都朝正確的方向前進。

這些年來，我們已經改善家長在開始階段的焦慮。這些療程會比之後的療程更短。如果家長說：「我真的不認為我可以玩遊戲 15 分鐘」（一般演示療程的時間長度），我們會縮短到 10 分鐘。我們也會讓最猶豫的團體成員在團體中最後一個遊戲。我們的立場是沒有家長承擔這個任務，我們就無法幫助孩子。當然，我們與家長透過同理性的交流來確認他們真正需要多少的調整，或者只是簡單地經驗到正常的表現焦慮。

就筆者所知，親子遊戲治療師和家長之間沒有反移情的議題。用教育的形式、重視對家長的同理，以及支持整個歷程，允許家長管理自己的步調似乎可以預防這個議題。團體成員能自在地相處。團體真的很像是聚焦在兒童的小班級，除非家長在處理概念與感受時想要對他們自己多點關注。家長也會學習在同理方面向親子遊戲治療師看齊，而且變得更能相互支持。在團體與領導者之間所建構出的態度，得以讓能量完全地拓展在對孩子的治療工作上，而且對家長有正向的助益（Andronico et al., 1967）。

階段二

家長遊戲療程的第二個階段接續在演示療程後面，並且在引導遊戲療程的技術上不需要太多詳細的回饋。在一般親子遊戲治療的方案中，階段二是要在家裡進行療程。私人執業的治療師有時候不會讓家長在家裡進行遊戲療

程，而比較偏好讓家長在治療師的辦公室進行遊戲治療的主要流程，後續再給予回饋和歷程化。

家裡的遊戲療程

當在家裡進行療程的時候，與治療師親子會面的形式會改變。在家裡療程的時間結構要縮短，或由家長提供家裡遊戲療程的影片或 DVD。這些影片都會給所有出席的成員觀看，並且歷程化。因為現在的遊戲療程是在治療場所之外進行，注意力很自然地會轉向外面的世界，除了家裡遊戲療程之外，有更多家裡的事情能夠討論。在整個親子遊戲治療的歷程，所有的回應都會運用同理與教育的型態進行。演示的療程會持續在治療場所進行，如此親子遊戲治療師能夠監控家長持續地運用 CCPT 的技巧及觀察孩子的行為。因為兒童會進行不同的主題，所以他們在治療場所的演示療程與家裡療程之間所進行的遊戲會經常拿來對照。如果家長雙方或是來自同一家庭的兩位大人與一個或更多的孩子進行遊戲，配對的比較會加以進行和討論。深層的情感會在這些點上浮現，親子遊戲治療師會短暫地成為一個或更多大人的治療師。

● 案例

媽　媽：當她和爸爸玩遊戲的時候，她總想要好好的玩建構式遊戲，而且獲得很大的樂趣。當她和我玩遊戲的時候，她會玩出憤怒的人——玩偶或娃娃或其他東西，而且從來沒有想要好好的玩。她是在對我生氣嗎？她是在為了她的問題在責怪我嗎？在家的時候，她對我們還有弟弟很不友善。我能夠看到她在遊戲療程中的改變，為什麼和我在一起就無法呢？

治療師：看到女兒和爸爸在一起有讓人喜歡的表現，你喜歡她這個樣子，而她和你在一起的時候沒有同樣好的表現，對你來說有些苦惱。你不禁想知道為什麼？

媽　媽：是的，當她很小的時候，她是「爸爸的女孩」，但現在不再是
　　　　了。我想這可以追溯到她弟弟的出生。她從來就沒有準備好
　　　　與弟弟分享我們。但是我們努力地嘗試去照顧她，好讓她覺
　　　　得她很特別。她是我們的小女孩，這就是所有的一切。有時
　　　　候我真的會感到罪惡，因為我們對她弟弟的付出不夠多。他
　　　　是多麼的乖巧。因為她製造了這麼多事情，很容易就會注意
　　　　她。

治療師：儘管有遊戲療程的進行，你看到家庭生活中的型態仍然持續。
　　　　當她和爸爸玩遊戲的時候，你看到一些正向的進步，但不是在
　　　　你的遊戲療程中。當她和你遊戲的時候，她似乎仍在作戰。
　　　　你想要看到更多，還有看到在家中的一些改變。

媽　媽：是的，我知道我不是這麼壞的媽媽，但是她仍然非常「抓
　　　　狂」。

其他的團體成員，Y太太：這也許是好事，她正在遊戲療程中解決她的
　　　　憤怒。我敢說在幾次療程之後，她在真實的生活中對你的怒
　　　　氣會開始減少，就像我家茉莉一樣。

治療師：X太太，比起你的先生，蘇西可能需要更多的時間來解決她對
　　　　你的感覺。她沒有找到比遊戲療程更好的方法。你認為Y太
　　　　太與茉莉的情況也會發生在你們身上嗎？

媽　媽：嗯，我不會放棄希望。在行為治療計畫上，我們並非毫無進
　　　　展，我想她在家裡真的有比較好了。我只是覺得她選擇了我
　　　　要跟上她的惡意，感覺真的很糟。

治療師：整體來說，也許景象不是如此淒涼。你覺得你能夠堅持下去。
　　　　如果她在跟你遊戲的時候，沒有表達出這麼多憤怒，你會覺
　　　　得好多了。

媽　媽：是，我想是如此。

治療師：兒童在遊戲治療中會用不同的時間長度來解決他們生氣的感

覺。就像我們在團體中所看到的，這是非常多變的。很有趣的
是，有時他們與成人在一起解決問題的方式，相較於其他成
人是不同的。我敢說如果只有一位家長跟她遊戲，無論是哪
一個家長，她都會對他持續地表達生氣。她對自己也有一些
生氣，也需要去解決。她討人喜歡的部分也是如此。為何她
對爸爸展現出正向的部分，我們不得而知。但這不是重點，
儘管很耐人尋味。這裡我們要處理的是我們看到什麼、這些
如何影響孩子與家長，而我們不用太擔心原因何在。之前已
經提過很多次，當你想知道你的孩子如何在現實生活中或在
遊戲中發展出一些行為，我們採取的是「此時此刻取向」。
我們處理所觀察到的互動，這是最具有生產力的。我們看看
會如何發展。如果蘇西在未來更多的療程未能處理過去的憤
怒，那麼我們就需要重新評估。

　　在上述的案例中，親子遊戲治療師沒有用太多的時間處理家長個人的擔
憂，不是因為它們不重要，而是因為這不是 FT 議程中優先處理的事項。如
果像上次治療師所傳遞的關注，並無法滿足家長表達出來的情緒需求，治療
師可以邀請家長在不同時段有私人的談話。或者，如果親子遊戲治療師不是
個人、成人諮商員與遊戲治療師，他將看見某個和治療師的連結被創造出
來。親子遊戲治療的焦點在於家長的感受以催化學習的歷程，並且提供遊戲
療程給孩子，以及促進親子關係，而不是個人的治療。記住這一點對治療師
來說很重要，而身為督導者的親子遊戲治療師經常需要提供重新定向。投入
冗長的討論關於上述媽媽與丈夫和女兒爭寵的感受，也可能是與丈夫相較之
下自己的能力、戀父情結等等更為廣大的議題與感受，對諮商專業來說是很
容易的。這可能會變成獲益匪淺的個人治療，但這就偏離了親子遊戲治療的
軌道。研究已經證實因為用此處所描述的方式進行親子遊戲治療，父母親得
以在沒有個人治療的形式中獲得個人的調整（Guerney & Stover, 1971）。

親子遊戲治療最後階段親子遊戲治療師的督導角色

家裡療程通常會持續進行六到十週，焦點會逐漸從大部分遊戲療程的本身，持續轉換到家庭生活與外在環境。討論和教導，始終伴隨著同理性的了解，都是要引導家長將 CCPT 技巧適當地轉化到遊戲室外的環境。同理的回應、設限，以及結構化的技巧，都可以直接轉化，在這裡需要其他形式的教導來幫助家長進行轉化。親子遊戲治療師必須繼續運用動態與教導的技巧，但這個時候，家長對於概念通常會相當開放，並且在加以應用時尋求協助，以及提供些許的挑戰。在團體中，其他成員會和親子遊戲治療師一起參與，如此在這項任務上會有一般團體的支持。

在這個時候，管理團體對親子遊戲治療師來說會是最具挑戰性的任務，因為幾乎每個人都想要說話，而且有故事可以連結。保持機會讓所有有意願的成員分配到公平的時間會是個挑戰，親子遊戲治療的督導者通常能夠幫忙監控這個歷程，並且提供協助來幫助親子遊戲治療師處理過度熱心或用掉太多時間的家長。

用家長會面的影片來進行督導是非常有價值的。沒有一個親子遊戲治療師能夠記得對話的流動或是能如此精確地記住所交流的細節。而所有細微之處在團體的互動中可能都具有重要的意義，是值得被觀察和記得的。我們鼓勵親子遊戲治療師為了他們自己的學習與自我的督導能觀看這些影片。當在督導的時候，我們喜歡與親子遊戲治療師一起觀看親子遊戲治療療程的影片，並且將影片暫停在我們或治療師覺得很重要的點上進行討論。

督導親子遊戲治療師

從上面的描述可以看出親子遊戲治療師任務的艱鉅，督導親子遊戲治療師確實要一位高階的「超級」督導者（*super*visor）。這個角色所需要的背景是要對 CCPT 與 FT 有所了解，也富有經驗。在督導團體中，如果督導者

有與成人團體工作的經驗就會非常有幫助。實際上，成人教育的背景比起團體治療會更有用，此時團體的目標不包括個別的治療或是將個別的動力連結到其他團體的成員。這是在團體中學習，焦點放在感受是為了要有助於催化遊戲治療的精熟，他們想要提供孩子遊戲治療，沿路上，他們獲得與孩子之間關係的洞察。家長是最主要的提供者，他們是家庭的成員，參與家庭服務傳送模式，與專家合作，專家會重視他們所提供的一切，並且試圖讓他們在智力上和情緒上對於歷程都能夠掌控。FT 的教導取向證實能夠適用於這個模式。那些準備好教導任何階層，並且拓展他們對諮商技巧教育的人更能進入這個角色。然而，心理學家（所有最初的開發者都是心理學家、社工，以及其他心理健康專業人員）都很能夠學習，並且在經驗這個模式與接受來自更有經驗者的許多回饋之後，現在都是一流的督導者。

督導親子遊戲治療師的任務

當觀看現場或影片的療程，FT 督導者會聚焦在親子治療師的身上。所有治療師的回應，以及他們在脈絡中所做的一切都會給予回饋。如果時間有限，需要討論的部分會是具有挑戰性或是督導者認為不適當的地方。督導者應該找出不符合標準模式的部分，並且幫助親子遊戲治療師想出更好的方法來處理這類的情況。治療師的督導者會依循針對家長所採用的三步驟回饋模式（參見頁 161），並且同理地對待他們，任何的議題都應該表達出來。如果督導者與治療師認為另一個相似情境的例子可能在未來發生，也可以在小型的交流中提供教導，像是角色扮演。

FT 督導者與親子遊戲治療師會面的基調是分工協作、氣氛融洽的。如果對於家長發生的事情有不一樣的意見，督導者會順從親子遊戲治療師，理由是他在實際的現場，能夠提供的線索多過於 DVD 或影帶所能觀察到的。

親子遊戲治療師參與 FT 督導最常見的缺點是對家長提供關於演示療程的教導太過於詳細。一次只處理最突出的一點，直到最終涵蓋更細微的點。

第一，如果時間分配沒有滿足團體成員的個別需求，團體的時間管理會

是一個問題,因此有些成員能運用的時間比他們期望的還要少。

　　第二,太過深入家長的個人議題會是個問題,這跟以一個明確的方式與孩子建立連結的能力或是進行優質的治療性遊戲單元可能會有問題是無關的。家長似乎容易對某種議題感到焦慮,像是和家庭中某位不參與 FT 的大人有衝突,會提供比親子遊戲治療模式真實的結構還要長的治療性回應。如果這在團體中發生會特別不適當,因為其他成員無法參與,而能夠容忍這種交流的時間有限。但是,不讓家長的個人議題接管議程的主要原因是:透過 FT 的歷程來教導家長的目標會被中斷。在這種時候,就會發生治療場所的遊戲療程受到冷落。孩子的需求才是焦點,家長是服務的傳送者而非個案,這是 FT 議程的首要項目。我們都知道這種治療性的討論對家長有很大的幫助,甚至是很關鍵的,但是教育導向的脈絡、聚焦在孩子的方案沒有時間與空間進行這樣的討論。FT 治療師必須要小心監控這一點,並且知道這類的議題需要轉介到另外的時間去進行。

　　第三,最常見的錯誤是在進入教導之前,忘記先用有意義的方式來處理感覺。親子遊戲治療師似乎很渴望讓家長學到技巧,以至於一下就跳到處理技巧議題,而忽略了要優先處理潛在的感覺,即便只是很小的感覺,像是困惑。督導者經常會角色扮演這些實例,將場景修正性的重演。然而,督導者會依序在歷程回顧中小心地處理治療師的感覺,並且建議未來療程可以改進的方法。親子遊戲治療的模式是讓同理導向的指令型態在層次結構中向上和向下傳遞。它與家長在遊戲療程對孩子做的事情相似(沒有 CCPT 的教導要素)。親子遊戲治療師處理家長的感覺會伴隨著教導的內容,督導者也同樣會這麼做。同理是在所有層面上減少反移情的要素。即使是親子遊戲治療師的督導下,反移情也幾乎不會出現。如果對受督導者真誠的同理,很難引發負向的反應。

　　幾年前有一個團體「聯合起來對付我」,他們顯然是我不在場的時候聚在一起提起這個話題。推選出來的發言人說:「有一件事情錯了。你從來沒有告訴我們,我們哪裡做錯了。我們覺得我們應該要知道。」

　　修正性回饋溫和的語氣要鑲嵌在兩個正向的回饋片段中，來掩蓋住他們對於做錯的覺察。措辭會遵循這樣的模式，能有效幫助受督導者修正行為而不會產生他們犯錯的感覺。確實，並非事情讓他們覺得是「做錯事的人」。

案例

治療師對媽媽：瑪麗，這真的是一個很愉快的療程。比利有個美好的吹泡泡時光，將泡泡弄得整間都是，甚至掉在你身上幾次。你和他一起笑，似乎也很享受在其中。

媽　　媽：當他想要將泡泡吹向我的臉，我不知道要怎麼做。我知道泡泡不會燙，但是我不喜歡這個樣子。

治療師：當你自己不確定的時候，很難處理孩子的感覺。現在你先將此刻的壓力放下，你會希望自己如何回應？如果你對往你的臉上吹泡泡進行設限，你會更自在，你有想過嗎？

媽　　媽：嗯，我想我會更自在，但是我不想要有這麼多的限制。畢竟，這真的沒什麼傷害。

治療師：你想要輕鬆自在，但是你真的不確定你能夠真誠的面對。

媽　　媽：就是這樣，如果我退縮並轉過去，他會知道我真的不喜歡，他可能更會這樣做，只會把我惹火。你知道他的。

治療師：你可以知道如果你沒有真正的「和他在一起」（這個重要性在這特別的遊戲中我們已經有很多的談論），會出現和激起其他的感覺，不像遊戲開始時那樣友善的感覺。

媽　　媽：是的，這是會發生的，我想有時候會發生在家裡。

治療師：你知道「雙重訊息會是困惑的」，甚至會很煩，所以你會想要躲開。

治療師：所以，如果這情況再次出現，你想你會如何處理呢？你有想過你的感覺在不同的日子會有所不同嗎？我們想要與孩子在一起，同時也不會違背自己的感覺，如果我們這麼做的話，孩

子有可能會接收到。

媽　　媽：我想如果我覺得不舒服的話，我會設限。

治療師：還是那句老話，首先你要給比利什麼樣的感覺訊息？

媽　　媽：比利，把泡泡吹向我的臉很有趣。不過這是唯一我不能讓你吹泡泡的地方。

治療師：很好！你反映出他的感受，也說清楚限制是什麼。你已經很順利解決了這個衝突。你知道現在你想去哪裡，如何去到那裡，而且你也了解一次同時給比利兩種訊息對他的行為有負面的影響。很棒！

媽　　媽：是的，這比之前的療程更有趣。我以前不太確定要做些什麼，這讓我有點緊張。

　　親子遊戲治療師的督導者能夠和一位治療師或多達三、四位治療師進行工作，一切取決於時間與環境。當與多位治療師工作的時候，由於時間的限制，督導者會要求治療師選擇呈現的部分是有疑問的、特別說明某個點，或是特別成功的地方，一般會是家長在進行遊戲療程的突破或是在討論中表達出洞察。

　　一般來說，觀看影片中連續的鏡頭會有所幫助，或者在觀看部分後至少有治療師解釋先前與後續的結果。在這個方法中，督導者清楚整個事件的循環，以及對於整個事件涉及的影響。

親子遊戲治療督導者對歷程的貢獻

案例

　　有經驗的 FT 督導者正在督導一位能幹的親子遊戲治療師，他正在帶領一個 FT 團體，團體中有一位媽媽與十歲的女兒處得不好。她們經常吵架，女兒相當抗拒。這很困擾這位母親，因為女孩是他們所收養的，在生了兩個

男孩之後，這位母親真的很想要一個女孩，而且經歷了很多繁複的手續和費
用的支出才收養她。原以為一切很順利，應該會如她所夢想的一般。媽媽學
習帶領適當的遊戲療程，但是在進行設限和堅持主張時常會遇到問題。似乎
由於媽媽過度否認限制的好處，而不是因為她不了解 CCPT 療程的規則。在
某次療程中，女兒將豆袋椅丟向媽媽的頭。在否認的狀態下，媽媽說：「你
想要我擁有這個。」當她第二次將豆袋椅丟向媽媽的頭，媽媽說：「你『真
的』很想要我有這個豆袋椅。」

　　親子遊戲治療師尊重團體的成員，但這情況很清楚地違反了限制，因此
複習了一次如何進行設限，如此這位母親能夠在下一次療程做得更好。治療
師很困擾，這位母親不知道在治療中要怎麼做，她太過聚焦在教導。治療師
無法處理母親對於孩子動機所引發的感覺，以及對此的回應。

　　這在督導者看來很清楚明確，於是他與治療師重新聚焦媽媽一開始的
感覺，接著進行教導。督導者建議 FT 治療師只要點出遊戲室裡發生什麼事
情，對於母親的否認不需要做任何的面質，否則會造成她的防衛。如同你在
以下的場景中所看到的，這種行為的標記發揮了效果。問題在遊戲療程中再
次重現，沒有獲得解決，直到感覺被適當的處理，情況再次出現，雖然這次
是用一個布娃娃。這一次，透過督導者的幫助，親子遊戲治療師開始處理家
長深信孩子只是漫無目的地丟東西的感覺，當東西敲中媽媽的時候伴隨的話
語達成這樣的效果：

治療師：當 Z 拿布娃娃打你的時候，你很震驚。在遊戲歷程中，你沒
　　　　有預期到 Z 會用東西打你。

媽　媽：嗯，不，我不確定她真的有意這樣做。

治療師：你認為那是個意外。然而，我想她放在一個特定的點上瞄準著
　　　　你。就像上一次，她用豆袋椅做了相同的事情，我想知道這
　　　　些事件是否看起來像是意外。

媽　媽：雖然她帶給我辛苦的日子，但是她從來沒有打我。當然，這是

遊戲的時間，她知道這一點。

治療師：你認為Z知道這是不同的情境，有著不同的規則，在某種程度上也可以有不同的表現。

媽　媽：很有可能。但是為什麼她想對我丟東西呢？她知道我愛她。我對她比對兩個兒子還要好，這是他們提醒我的。他們認為她被寵壞了。

治療師：理解Z的感覺對你來說有些困難，然而這個並未出現在遊戲療程之中。你不想要覺得她對你有任何負向的情感。你對她也沒有負向的情感。

　　這個媽媽開始哭泣，告訴團體沒有負向的情感是多麼的重要，因為她是用特別方法所獲得的孩子，只是她想要的，就必須是好的。

　　因為上述議題太重要了，以至於無法在團體有限的時間內處理。於是，治療師建議女兒與媽媽，在後續的這星期要安排特別的諮商療程來更深度的處理這個議題。

　　媽媽同意了，也勇於面對孩子的敵意，以及自己對於失去「夢幻關係」的反應。當她允許自己進行設限的時候，對媽媽有攻擊時，遊戲療程立即暫停。在個人的諮商療程中，除了處理這個長久以來尚未表達的情感之外，治療師也強調設限對於兒童在現實生活中的價值，練習如何在遊戲療程中運用設限，如此會讓孩子感受到一些界線的安全。當她難以對女兒設定規範的時候，她讓她女兒感受到較少的保護，而不是讓女兒更愛她。在探索和接納她的感覺之後，這位母親能夠聽到她先前在親職教育課程中所沒聽進的東西，這無疑是啟發性的。

結　論

　　雖然本章所描述的督導方式沒有實證資料來支持其有效性，但有很多資料顯示親子遊戲治療對多元對象的效果（Bratton, Ray, Rhine, & Jones, 2005; VanFleet, Ryan, & Smith, 2005）。當然，將家長含括進來的概念是親子遊戲治療中獨特且重要的關鍵要素。然而，方法學上的「基礎建設」成功，能夠讓概念有效。同樣的，一座橋也許有完美的設計，但卻沒有良好的執行來支持，以及其他基礎要素，這座橋的功能無法維持很久。自 Bernard Guerney 在 1964 年首度提出，親子遊戲治療至今已五十多年。相同的方法，更加精鍊與微調，這個概念在這些年已經獲得支持。教導與督導的系統是方法的核心，讓親子遊戲治療具有可能性，並能歷久不衰持續的保留下去。

參考文獻

Andronico, M. P., Fidler, J., Guerney, B. G., Jr., & Guerney, L. (1967). The combination of didactic and dynamic elements in filial therapy. *International Journal of Group Psychotherapy*, *17*, 10–17.

Axline, V. M. (1969). *Play therapy* (Rev. ed.). New York: Ballantine Books.

Bratton, S., Ray, D., Rhine, T., & Jones, L. (2005). The efficacy of play therapy with children: A meta-analytic review of the outcome research. *Professional Psychology: Research and Practice*, *36*(4), 376–90.

Guerney, B. G., Jr. (1964). Filial therapy: Description and rationale. *Journal of Consulting Psychology*, *28*(4), 303–10.

Guerney, B. G., Jr., Guerney, L., & Stover, L. (1972). Facilitative therapist attitudes in training parents as psychotherapeutic agents. *The Family Coordinator*, *21*(3), 275–78.

Guerney, B. G., Jr., & Stover, L. (1971). *Filial therapy: Final report on NIMH grant 1826401*. Silver Spring, MD: NIRE/IDEALS.

VanFleet, R., Ryan, S. D., & Smith, S. K. (2005). Filial therapy: A critical review. In L. A. Reddy, T. M. Files-Hall, & C. E. Schaefer (Eds.), *Empirically based play interventions for children*. Washington, DC: American Psychological Association.

團體遊戲治療的督導

Dee Ray、Yumiko Ogawa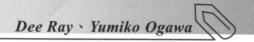

> 遊戲治療，特別是團體遊戲治療，提供許多機會去測試治療師的
> 穩定性，並讓即使是最具接納性的成人也會處於他忍耐的極限。
> （Ginott, 1961, p. 128）

　　在遊戲治療中，治療師有責任要建置環境、準備媒材、營造情緒環境，以及對兒童作出回應。在這些責任之下，治療師要能夠建立一個環境，如此一來治療的經驗將會是成長導向，並且聚焦在兒童的需求上。個別治療的形式能讓治療師自由控制許多治療歷程中的變項。然而，團體遊戲治療的形式需要治療師接納無可避免也無法控制的人性接觸。團體遊戲治療的要求，不僅僅要有遊戲治療的專業知識，也要專精於催化以及在安全的層次上接納與他人的互動，而這些互動對遊戲室裡的每個兒童可能有（或可能沒有）治療性。或許團體治療涉及治療師知覺到兒童之間正向與負向的互動、承諾相信兒童會是彼此的治療性媒介，以及超出治療師在個別治療中所預期的額外技

巧帶給治療師最具挑戰性的環境。當遊戲治療師從個別治療進入到團體遊戲治療，督導者通常會觀察治療師不安的程度，這是在先前的個別治療中不會顯露出來的。遊戲治療師有時候會誤以為個別與團體遊戲治療之間只有活動程度的增加。除了活動程度之外，治療師對於覺察到缺乏控制、無法給予治療性的回應，以及在個別治療中與個案所經驗到的親密感減少，要有所反應。督導角色的拓展，包括：教導催化團體的技巧，也要探索阻礙團體遊戲治療師效能的議題。

為何需要團體遊戲治療？

為了幫助遊戲治療師深化他們的承諾，並且改善他們在團體治療中的技巧，應該要接納團體遊戲治療的益處。雖然團體遊戲治療並不適用於所有的兒童，但其有些被認定的助益增進了作為一些兒童治療形式之可行性。下述是團體治療的幾個貢獻：

1. 兒童的舒適程度

由於還有其他兒童在場，每個兒童都能夠減少與新環境和新方式跟成人（治療師）互動有關的焦慮（Ginott, 1961）。

2. 兒童的參與

當兒童觀察並且彼此互動，他們會因為團體治療提供的情境而發展出寬容許可（permissiveness）的感受。這許可的程度會讓兒童快速地投入在歷程之中（Sweeney & Homeyer, 1999）。

3. 宣洩的替代與引發

藉由觀察他人的遊戲，兒童會受到情緒的刺激而玩出自己過去與現在的痛苦議題（Ginott, 1961）。相較於成人團體治療的歷程，當一位成人開始談論衝突的議題，其他人也會開始分享類似的感覺與經驗。當引入某些遊戲的媒材與主題，這個相同的歷程也發生在團體遊戲治療中。

4. 替代與直接的學習

在所有團體治療的類型中，兒童會相互學習而有所受益。在團體遊戲治療中，兒童相互學習問題解決來達成個人或團體的目標，並且學習因應技巧，來因應當他們無法從其他兒童身上獲得自己想要東西的狀況。這些學習經驗接著會轉化到現實世界的環境，並且運用在團體遊戲治療中所學習到的新技巧（Ginott, 1961）。

5. 治療師觀察的機會

通常在個別遊戲治療中，藉由遊戲主題與活動的修通，治療師會觀察到兒童有治療性的進展（Ginott, 1961）。然而，家長會說社交技巧的缺乏仍負向影響兒童在學校、家庭等等的功能。只有透過觀察與他人的互動，遊戲治療師得以觀察到社交技巧的缺乏。團體遊戲治療讓遊戲治療師能夠完整看到環境中的兒童。

6. 現實的考驗與設限

團體遊戲治療提供一個需要互動技巧的小型社會。透過團體遊戲治療，兒童可以在安全的環境中實驗新的因應行為，以處理負向的經驗（Sweeney & Homeyer, 1999）。

7. 正向的互動

團體遊戲治療提供一個環境讓兒童能夠彼此經驗到正向的互動（Ginott, 1961）。在遊戲場上，兒童可能會避開互動，或是有打架或辱罵的負向互動。有了遊戲治療師的幫助，團體遊戲治療的設置仍需要兒童有身體上的接近，並且能夠聽到治療師反映受到威脅的感受與想法。這些更為控制的互動會導致與同儕正向經驗的增加。

團體遊戲治療中的督導議題

團體遊戲治療會讓治療師的內在產生新的畏懼、威脅、挑戰的經驗與自我懷疑。督導者會觀察衝突性的議題，從所覺察到的簡單議題，像是對於吵

鬧／混亂程度的容忍，到更多個人的議題，例如缺乏控制互動的能力，或者當兒童開始彼此滿足需求時，而感受到被團體歷程遺忘。督導者需要準備教導基本的團體技巧，也要歷程化更多較深度的挑戰議題。以下是我們這些年督導團體遊戲治療師會經驗到的幾個督導議題。

吵鬧與混亂

雖然大多數的遊戲治療師會在個別遊戲情境中學習處理遊戲室裡的吵鬧與混亂。當催化團體遊戲治療的時候，吵鬧與混亂會倍增，這對治療師來說常常會是不安的。遊戲治療師在療程中往往難以讓自己與孩子同在，因為他們會因為吵鬧和混亂的程度而分心。在督導中通常會討論到這個議題，透過管理的議題來解決問題，像是治療師在兩個遊戲療程中間留有足夠的時間來清理遊戲室，或是將特別會引起團體混亂的手工媒材加以調換。在基本管理的督導範圍之外，督導者會去探索遊戲治療師對於混亂感到舒適的一般程度、可能影響到這個議題的家庭背景，以及混亂對治療師目前生活型態的影響。

督導的案例研究

潔米第一次與兩名五歲的男童——嘉瑞特與賈斯汀進行了一個月的團體遊戲治療療程。最近，他們在療程中會將顏料、培樂多黏土、沙子、水，以及膠水混合在一起來製作「特殊的藥丸」。兩個孩子對於他們的計畫感到很興奮，因此充滿了活力。他們在遊戲室裡跑來跑去，並且笑翻了。在督導的時候，潔米向督導者表達出她對療程有強烈的挫折感。她說：「我不想要他們浪費媒材，而且弄得更加混亂，但是他們的表現都在規範之內，所以我不覺得我能夠對此設限。但是我在思考混亂的程度、如何清理，以及混亂會進行多久。」

潔米的督導者吉姆檢視她管理的議題。潔米揭露她安排另一個療程是緊接在團體療程之後，因為需要很多的清理時間，所以常會遲到。早一點結束

療程讓潔米有時間清理遊戲室，並且在療程之前，將兒童所會用到的顏料、膠水和培樂多黏土加以定量，以及尋求其他實習生的協助來清理遊戲室，這些可能的補救措施都可加以討論。

在下一次的督導中，潔米仍表達出對於混亂持續的不舒服，並且難以接納兒童的行為。潔米建議需要有更多的限制。然而，吉姆覺察到潔米匆忙地提供更多限制的背後，有更加顯著的議題，並且決定要將焦點從管理與技巧的議題轉換到潔米可能的內在衝突。

吉姆反映了潔米對於兒童製造混亂行為的強烈擔憂與惱怒。

吉姆：即使你在可包容的情境中針對混亂設限，你似乎對於兒童本身
　　　會造成如此混亂的動機感到挫折。
潔米：對我來說似乎是太浪費了……當一個孩子在個別治療中製造同
　　　樣的混亂，我覺得 OK，但是在團體中，似乎浪費掉太多的媒
　　　材。
吉姆：所以當媒材沒有被以既定的方式來使用，你會覺得是在浪費媒
　　　材。

潔米了解到她期待兒童用某種方式來使用媒材，她難以讓兒童以富想像力的方式來使用媒材。她也提到她成長於節儉的家庭，在她家中浪費媒材會被視為是很不尊重的。潔米作出結論：「也許我有點妒忌嘉瑞特與賈斯汀能夠這麼輕鬆愉快，而那是我不曾經驗過的事情。」

在這個案例中，督導者運用兩個主要的技巧。第一個是提供經驗上的技巧，像是療程的安排、限制遊戲室中的媒材，以及獲得清理上的協助。第二個技巧只是傾聽的動作聽出受督導者的話語中情緒受到激發的強烈反應程度和設限的速度。一旦督導者面質受督導者衝突情緒的程度，受督導者能夠探索自己的動機，並且發展出較強的接納。

搭配與時機

因為有許多的互動在團體遊戲治療的療程中發生，治療師通常會發現維持回應與活力的適配程度是一個挑戰。特別是新手團體遊戲治療師會發現自己對兒童互動的反應慢了一拍，也挑戰他們在療程中立即性的能力。當遊戲治療師學習回應較多迫切的互動與較少回應一般的活動，這個議題通常會隨著經驗而消失。督導者可以透過回顧這類片刻的療程錄影與回應的討論來幫助專業的成長。

● 督導的案例研究

潔米對於團體治療仍然很陌生，她在督導中呈現出她跟嘉瑞特與賈斯汀的療程影像。她的督導者吉姆注意到儘管在療程中潔米有較高程度的活力，但是她保持安靜，似乎有很大的壓力。吉姆向潔米提出這樣的觀察。

吉姆：有很多事情在遊戲室中發生，然而你似乎很安靜。

潔米：我覺得我被他們打敗了。他們很大聲，也很活潑，讓我難以聚焦……我只是在思考：「發生了什麼事？」

吉姆：就像是在看一場電影，有很多事情發生，而你追趕不上。每一分鐘你都嘗試去理解前一分鐘發生了什麼事情。我想要讓你知道對團體遊戲治療沒有經驗的治療師一般都會這樣，這需要花點時間才能發展出對活動的程度感到適應。

藉由反映潔米的困難，並且說明這種狀態是正常的，吉姆試圖要與潔米的情緒層面進行連結。其次，吉姆建議兩人再次觀看影帶，但這次採用靜音，為的是要能夠聚焦在兒童的遊戲，而不讓聲音分散注意力。當他們觀看沒有聲音的影片，潔米與吉姆一起針對遊戲作出反映。潔米能夠聚焦在兒童的非口語表達，並且想出許多精確的回應；她也能夠正視到在療程中所沒有

覺察到的兒童行為模式。這個活動的目的是要幫助潔米練習更能在「當下」與兒童同在，並且將技巧轉化到歷程中。

設限

在所有的遊戲治療中（來自我們的經驗），設限是督導中最常討論到的議題。不令人意外，在團體治療中的設限一般會是督導的焦點。在場有較多的兒童，會引發更多對於需要設限與如何設限的關注。一般團體遊戲治療師設限所涉及到的問題，包括：「這樣的行為在團體治療中相較於個別治療，是可被接受的嗎？」、「當我看到我們是往設限前進時，我要容許他們多大的程度呢？」、「相較於提出設限，有多少的責任是我要回歸給他們以解決問題？」、「當超過一個（設限）的時候，我要如何執行設限？」等等。這些問題沒有正確的答案，通常的處理方式都是根據個別的情況。從治療師到督導者所潛藏的訊息是：「我怕事情會失控，變得不具治療性。我要如何避免這樣的事情發生？」如果督導者能夠幫助治療師探索擔憂的潛藏訊息，這會有助於治療師在未來涉及到設限時，能夠依據個別情況來作出決定。設限在團體遊戲治療中需要治療師快速地回應，因為活動力的流動極為快速，而對他人造成傷害的可能性會更大。當督導者與受督導者能腦力激盪可能的情況與解決問題的最佳方法，督導會很有幫助。

● 督導的案例研究

在三人形式的督導中（督導者與兩位受督導者），受督導者克莉絲汀表達出她對於第一次團體遊戲治療的挫折與難以負荷的感受。

克莉絲汀：相較於個別療程，在團體中的每一件事情都是以兩倍或三倍的速度在發生。當限制是必要時，我會在心中思考其他替代的方法。我要花很長的時間才能想出替代的方法，而當時的狀態早就已經結束，兒童也進到不同的遊戲。一切

都太遲了。

她的督導者班恩注意到另一位受督導者對於克莉絲汀的說法猛點頭，

說道：似乎這些感覺發出了鈴聲，引起了你的共鳴。

蘇珊　　：是的，我不認為我能夠追得上，而且在我知道之前，他們
　　　　　是在對彼此說卑劣的事情或者試圖要打架。

克莉絲汀：有時候，我不確定我所做的是否具有治療性。他們跟另一
　　　　　個治療師在一起可能會更好。

　　受督導者們繼續分享不適當、失望、不堪負荷，以及害怕失控的感覺。因為團體遊戲治療師快速的判斷與回應是需要經驗才能改善，班恩決定和克莉絲汀進行角色扮演。班恩與蘇珊扮演兒童的角色，並且扮演出多種可能需要設限的場景，而克莉絲汀被要求以治療師的角色來作出回應。

　　在下一次的督導中，克莉絲汀描述她較不緊張了，對於團體遊戲治療的療程也感到更加安心，因為她覺得自己從角色扮演的練習中有了一些「備用的替代方案」。克莉絲汀也提到覺得更能夠、也更有信心允許自己在療程中可以有一些弱點。

　　克莉絲汀說：「有一次，當我要設限的時候，我沒有想出替代的方式。這是我過去最大的恐懼。我沒有呆在那邊，反而能夠真誠地告訴兒童，我不確定除了紙之外，還可以用來黏什麼。接著，團體中的一個孩子想出了一個方法，將膠水黏在培樂多黏土上面！他不僅停止了將膠水黏在娃娃上面，他自己也能想出一個替代的方法。他很驕傲自己能夠解決問題。這是最好的結果。」

哲學觀的挑戰

　　設限議題與治療師對兒童自我導向本質之信念有直接的關聯。沒有一個更大的實驗室可以比團體遊戲治療室更能針對兒童是否需要引導，或是相對於相信他們有能力能正向地自我引導其行為的這個問題來進行實驗。對兒童

中心遊戲治療師來說，這是特別顯著的議題。許多兒童中心遊戲治療師所抱持的信念是：兒童有能力引導他們的行為而有正向的結果，特別是在個別遊戲治療中。然而，在團體遊戲治療中，當遊戲治療師被迫要站到兩個有肢體衝突的兒童中間，這個信念就會受到挑戰。治療師必須做出決定是要引入問題解決的方法，或是持續允許這類的攻擊（如有肢體攻擊時仍要插手干預）直到開啟其正向本質，並且從內在感受到做些什麼能夠讓他們朝向自我實現而發展出因應的技巧。在團體遊戲治療的督導中，督導者提供機會來幫助治療師去探索並澄清對兒童的信念系統，藉以幫助治療師變成更有力、更有效的改變媒介。

● 督導的案例研究

　　受督導者蘿拉分享了一個很重要的擔憂，是最近在她團體遊戲治療中的插曲。蘿拉敘述在每次的療程中總有不斷的吵架與爭論，而且她覺得療程已經不具有治療性。根據蘿拉的描述，團體中一位九歲的成員喬丹，想要在療程中有所掌控，當團體中另一位七歲的成員蓋布瑞不遵循喬丹的計畫，喬丹會變得很憤怒。由於蓋布瑞有語言障礙，所以他不常講話。取而代之的是，蓋布瑞會將玩具丟向喬丹來表達他對喬丹的不滿與生氣。當蓋布瑞丟玩具的時候，喬丹也會藉由捉弄與嘲笑蓋布瑞的語言來進行報復。

　　在影片記錄的療程中，督導者南希觀察到蘿拉適當地設限、保持中立，也精確地反映出喬丹和蓋布瑞的感覺。

南希：你似乎用相同的步調跟他們在一起，而且你用很快速的方式來
　　　設限以避免事情擴大。
蘿拉：但是我認為我所做的仍不足以讓情況更好。我過去相信兒童能
　　　夠靠自己朝著正向前進，但是這個團體已經動搖了我的信念。
　　　我開始思考為了有正向的改變，有些兒童需要一些教導或引導

來改變他們所採取的方向。也許這才應該是我的角色。我覺得
療程停滯了。

南希正視蘿拉失落的感覺，以及她對於信念的懷疑。南希幫助蘿拉重新
審視她與人們工作的個人哲學，像是人性、人格改變的歷程，以及關係的角
色。為了能夠在療程中用具體的方式來採取行動，南希相信蘿拉需要重新檢
視她對於兒童的信念系統，因為這對於治療師的概念化非常的重要，接著用
內在一致的方式來回應，如此對於治療才會有一致性與可靠性。在這個歷程
中，蘿拉接受她最初的信念，自我實現傾向是兒童的天性，還有關係的療癒
力量，這也降低了她需要在療程中產生問題解決或教導方法。

一旦蘿拉作出結論，她偏好以兒童中心哲學來採取行動，南希建議蘿拉
要重新思考團體成員的選擇。由於喬丹的攻擊需求是為了要控制，在團體遊
戲治療的環境中，他的不安全感似乎會增加。在這個時候，個別遊戲治療對
於喬丹來說會是更適當的介入。此外，雖然喬丹與蓋布瑞的年齡差異在兩年
以內（團體遊戲治療的指導方針能夠接受），但蓋布瑞的發展年齡似乎低於
一般的七歲男童，這會增加喬丹與蓋布瑞之間的發展差異。成功的團體治療
與仔細思考團體成員的選擇有很大的關聯。

要注意到，通常這種情況之下替代的方法是，治療師要接受一個信念：
兒童是需要治療師的引導，並且決定將問題解決整合進療程之中。如果是這
種狀況，在重整團體之前，督導者要幫助受督導者為這個特殊的團體整合問
題解決的方法。

治療師的角色

當治療師選擇成為遊戲治療師，他們通常會受到能成為兒童改變的治療
性媒介這個想法所吸引。遊戲治療師通常會與他們的個案發展出親密的關
係，因為兒童願意讓治療師（有時甚至只有治療師）看見他們全部的世界。
在團體遊戲治療中，進行的方式依賴其他兒童的存在與互動，其他兒童會是

每個兒童改變的媒介。團體中的兒童在表達與發展新的因應技巧時，遊戲治療師通常會「退居二線」。雖然團體遊戲治療師在提供環境與催化團體成員互動上扮演重要的角色，但相較於個別遊戲治療，直接互動和參與是有限的。在督導中，我們發現有些治療師在這個角色中會感到失望，並且偏好在個別遊戲治療中所提供的更多親密連結。當這個議題出現，督導者會幫助他們的受督導者探索他們在遊戲治療中被滿足的個人需求與動機，以及這些需求如何負向地影響他們作為治療師的能力。

● 督導的案例研究

　　學校諮商師艾咪曾與兩位三年級的學生瑪莉亞和史黛西進行兩個月的團體遊戲治療。瑪莉亞在班上有高度的焦慮，也很少說話。史黛西一個月前搬到這一區，她曾在交友方面有困難。一開始，瑪莉亞與史黛西都有參與個別遊戲治療。她們都躲避與彼此的接觸，但都會獨自尋求與艾咪的互動。艾咪對於歷程很有耐心，反映她們兩個對彼此感到好奇，但一起玩又會覺得有些緊張。艾咪覺得還能夠勝任。一個月後，瑪莉亞與史黛西開始對彼此有正向的互動，表達她們的需求，以及對彼此設限，這表示團體動力有激勵人心的發展。

　　相較於團體的進展，艾咪開始在三人形式的督導中出現無能為力的感受。她也提到她計畫針對瑪莉亞與史黛西的團體增加新的團體成員。

　艾咪：有時候，我甚至不確定她們是否覺察到我與她們在一起。所以
　　　　我覺得對她們做出回應是沒有意義的。我感覺被忽略。
　凱特（另一位受督導者）：團體似乎進行得很好。她們彼此發展出更
　　　　多的互助與支持。這很好啊！聽起來當她們越依賴你，你才會
　　　　感到更有效能。

　　艾咪正視她有強烈被需要的需求，她覺得很失望，自己不再直接涉入到

兒童的遊戲中。凱特連結艾咪不適當的感受，以及在團體中不被需要的感覺，也面質艾咪想要增加新的兒童這個想法背後可能隱藏的動機。

　　督導者史提夫提到這兩個團體的平行歷程。如同在團體遊戲治療中的瑪莉亞和史黛西，艾咪與凱特都是內在導向的，對於艾咪所提出的議題會承擔更多的責任，並且創造出有意義的互動而史提夫不用在歷程中直接涉入。透過艾咪在督導中的經驗，她能夠重新定義她作為團體遊戲治療師的角色。

控制議題

　　控制的需求或許是治療師較危險的人格需求之一。如果遊戲治療師有強烈的控制需求，這個需求在某種程度上會受到個別遊戲治療的挑戰，但是在團體遊戲治療中會是更大的挑戰。當遊戲治療師展現出需要去控制整個環境、互動以及兒童的遊戲，如此會是直接引導至治療師所想要的結果，而遊戲治療不允許兒童邁向自己所確認出的更有幫助的方向，會有負向的影響。在團體遊戲治療中，兒童會直接透過他們的遊戲、活動力的程度、違反限制、對治療師的態度，以及其他破壞行為來挑戰控制的需求，將治療焦點放在「贏」上面。最終，當治療師主動與兒童交手來建立控制，雙方都輸了，而且治療歷程中的治療性會停止。雖然限制是遊戲治療歷程所必要的，設限是有必要的，以增進兒童的治療歷程，但並非是治療師要建立對兒童的控制。

　　在督導中，我們遇到許多遊戲治療師，他們的控制議題在團體歷程中顯現，並且影響他們更具效能的能力。在這種情況下，督導需要對於這個希望得到治療師的認可與接納的議題進行直接的面質。一旦確認這個議題是個問題之後，督導需要針對圍繞在控制感議題的個人衝突進行討論，並且探索治療師在他們專業目標的情境脈絡下直接處理個人需求的能力。這個探索通常會接在治療師接受個人的治療之後，持續覺察開啟這個需求的經驗，或者偶爾覺察遊戲治療可能與治療師的人格特質不適配。

督導的案例研究

　　茱蒂跟八歲的麥可和七歲的山姆進行團體遊戲治療，家長最初是因為他們的反抗行為而加以轉介。麥可與山姆透過「警察遊戲」一起玩出帶有權力與控制的主題，在遊戲中一個人當罪犯，一個人當警察。有一天，麥可與山姆沒有人想要當犯人，他們想出一個方法是讓茱蒂來擔任犯人的角色。茱蒂對這個部分很猶豫，而且她通常不會遵循兒童要求她做的事情。有一天，麥可與山姆決定要將她「囚禁」在玩偶劇場後面，並且判決她要坐牢一千年。茱蒂不願意待在玩偶劇場後面，也停止對麥可及山姆的遊戲做出回應。過了一會兒，茱蒂突然站起來說：「我選擇不要坐牢。」然後回到她的坐椅上。

　　在三人形式的督導中，茱蒂表達出她不喜歡扮演囚犯，她覺得很愚蠢。她也提到，她認為來協調兒童扮演不想要扮演的角色，這對兒童是具有治療性的。她的督導者卡蘿感覺到茱蒂有強烈的掌控需求，而且害怕在療程受到傷害，這些都被壓抑在團體的治療歷程中。然而，卡蘿很擔心，因為茱蒂沒有覺察到這個人格需求，直接面質她在療程中的控制需求會破壞她與茱蒂的關係。卡蘿向受督導者介紹四個阿德勒人格優勢的概念：優越、控制、討好與安逸（Holden, 2000），讓他們探索他們人格優勢的選擇如何影響他們現在的生活，以取代原先的督導療程。

　　茱蒂很快就確認出她主要的優勢人格是控制，也提到對她而言並不意外。她說領導技巧是她的優勢之一，而且她喜歡當個決策者，其他人則追隨她的領導。她正視她的挫折，以及對於遊戲治療的不滿意是因為與兒童的平等關係，還有當兒童要領導的時候，治療師所提供的角色是跟隨者。她開始探究她作為遊戲治療師的選擇，也表達出她在催化成人治療上的挫折感。卡蘿要求和茱蒂有個別的督導療程，並在個別的督導中建議茱蒂在個人的治療中探索這些重要的專業議題，來幫助茱蒂決定在哪裡的專業進展會最為成功。在支持的環境中探索這些問題之後，茱蒂對於治療的建議抱持著開放的態度，並且立刻能進行選擇。

結　論

　　團體遊戲治療對於兒童和遊戲治療的承諾程度超越個別遊戲治療所需。Slavson（1999）在他的告誡中強調這一點：「由在場的其他兒童所引發的焦慮，以及他們對成人的敵意給予彼此的支持，包括過動與破壞，很少在一位兒童的遊戲中會遭遇到。」（p. 25）因此，團體遊戲治療督導者不只需要有團體遊戲治療的經驗，還要能夠催化與受督導者有關的焦慮，以及如何歷程化這個焦慮而有最好的成功結果。技巧與能力的結合以增加受督導者的覺察，也在團體遊戲治療的歷程中教育他們，這將能夠拓展督導的效能。督導者的技巧在於主動傾聽來觀察受督導者運用語言背後的意圖和動機，對督導者來說這或許是最必要的技巧。團體遊戲治療師通常會聚焦在兒童所進行的具體、能夠觀察的活動，以及會影響遊戲與進展抗拒探索的個人因素。透過主動傾聽、創造一個支持的環境，以及進行活動來降低受督導者的焦慮，督導者能夠創造出一個有助於受督導者增進覺察、探索洞察，以及面對團體遊戲治療相關挑戰的關係。

參考文獻

Ginott, H. (1961). *Group psychotherapy with children*. New York: McGraw-Hill.

Holden, J. M. (2000). Personality priorities in couples counseling. *Individual Psychology: Journal of Adlerian Therapy, Research, and Practice, 47*, 392–98.

Slavson, S. (1999 [1948]). Play group therapy for young children. In D. Sweeney & L. Homeyer (Eds.), *Handbook of group play therapy: How to do it, how it works, whom it's best for* (24–35). San Francisco: Jossey-Bass.

Sweeney, D., & Homeyer, L. (1999). Group play therapy. In D. Sweeney, & L. Homeyer (Eds.), *Handbook of group play therapy: How to do it, how it works, whom it's best for* (3–14). San Francisco: Jossey-Bass.

在遊戲治療督導團體中
促進角色扮演的活動

Sandra B. Frick-Helms

　　角色扮演時常被用來催化受督導者的技巧演練。本章所描述的角色扮演督導方法聚焦在當事人中心或兒童中心遊戲治療的督導，但是可以適用於大多數其他遊戲治療的理論架構。O'Donnell 與 Shaver（1990）將角色扮演（role play）定義為：「一種用來個別即興演出行為的戲劇性技巧，即扮演涉及定義情境中某個被期待的人。」他們補充說明：「角色扮演模擬也是學習者在一個人為的教育遊戲中擔負特定對象的角色簡介的學習情境。因此演出的角色是以一個角色扮演的模擬、學習者被期望去獲得有意圖的學習成效，以及使學習變得有樂趣。」

　　角色扮演在各個教育階段已被用來作為一種教學技巧（Bailey & Watson, 1998; Brandt & Bateman, 2006; Cutler & Hay, 2000; Gray, Wykes, & Gournay, 2003; Hardoff & Schonmann, 2001; Kofoed, 2006; Out & Lafreniere, 2001; Sander, Stevenson, King, & Coates, 2000）。角色扮演也可用來增進兒童的口語與寫作成就（Cook, 2000; Good & Robertson, 2003）；用來教

導諮商（Larson, Clark, Wesely, Koraleski, Daniels, & Smith, 1999）；生態學（Bailey & Watson, 1998; Hillcox, 2006）；演化論、地理學（Cutler & Hay, 2000）；物理學（Kofoed, 2006）；政治科學與歷史（Ip & Linser, 2001; Vincent & Shepherd, 1998）；科學（Hodson & Reid, 1988）；社工、教師評鑑（Alkin & Christie, 2002）以及公民參與（Smith, 2004）。

角色扮演至少從 1960 年代就已經被用在專業／職業教育，包含：經濟、法律、國際關係、醫學、軍隊（Vincent & Shepherd, 1998），以及商業（Mercado, 2000; Sadler-Smith & Riding, 1999）。角色扮演在教育上主要的用途之一是用於醫學系的學生與內科醫師的專業教育，教導溝通技巧（Hardoff & Schonman, 2001; Rollnick, Kinnersley, & Butler, 2002）；文化能力（Loudon & Anderson et al., 1999）；泌尿生殖醫學（Knowles, Kinchington, Erwin, & Peters, 2001）；性史採集追蹤（FitzGerald, Crowley, Greenhouse, & Robert, 2003）；以及暴力的篩檢評估技巧。角色扮演技巧也用在教導護士以及護理系學生的文化能力（Shearer, 2003）；醫藥管理（Gray, Wykes, & Gournay, 2003）；心理健康的溝通技巧（Lam, Kuipers, & Leff, 1993; Minghella & Benson, 1995）；以及教導約僱護理人員如何和年邁的患者工作（Pillemer & Hudson, 1993）。角色扮演也用來作為訓練智能障礙患者的照顧者（Harper & Wadsworth, 1992）以及獸醫系學生的教育（Brandt & Bateman, 2006）。

角色扮演也用於各種臨床與研究情境，包含：評估親子互動（Anderson, English, & Hedrick, 2006）；增加父母效能（Forgatch, Bullock, & Patterson, 2004）；修正對於未成年懷孕與青春期教養的態度（Out & Lafreniere, 2001）；介入通報家庭或是處於虐待或疏忽高風險的兒童（Lutzker, Bigelow, Doctor, & Kessler, 1998）；乳癌和子宮頸癌的教育（Hurd, Muti, Erwin, & Womack, 2003）；AIDS 的教育；以及酗酒者（Monti, Rohsenow, & Hutchison, 2000）。

在心理健康的情境中，角色扮演則被用於有社交恐懼的兒童（Alfano,

Beidel, & Turner, 2006; Beidel, Turner, & Morris, 1999）；暴露在街頭暴力的兒童（Ceballo, Ramirez, Maltese, & Bautista, 2006）；有情緒／行為疾患的學生（Chen, 2006）；以及憂鬱的青少年（Marcotte, 1997）。它也曾經被用來調查性虐待史與 HIV 相關態度和有精神疾患青少年的行為之間的連結（Brown, Kessel, Lourie, & Ford, 1997），以及患有思覺失調症的患者（Ihnen, Penn, Corrigan, & Martin, 1998; Penn, Kohlmaier, & Corrigan, 2000）。

　　角色扮演也被用在戰爭遊戲（Johnson, McDermott, Barrett, & Cowden, 2006）；探究管理風格與管理者的領導效能（Korabik, Baril, & Watson, 1993）；對兒童教導用槍安全的技巧（Himle, Miltenberger, Gatheridge, & Flessner, 2004）；預測商業決策（Green, 2002）；以及促進飛機駕駛艙的團隊合作。

有效角色扮演的必要標準

　　為了具備有效性，角色扮演活動應該符合特定的標準。角色扮演者必須想像被扮演的角色可能是什麼樣的。當某個受督導者扮演一位遊戲治療師時，要考量這個遊戲治療師看起來像是什麼、一名遊戲治療師（在遊戲治療情境）將會如何行動，以及對受督導者而言獨特的*遊戲治療師*的其他面向。這意味著受督導者角色扮演一位遊戲治療師的方式，是奠基在受督導者（認知上）對於遊戲治療師有怎樣的理解與信念。為了轉譯這些認知成為真實的角色扮演，受督導者必須積極且小心思考符合他（她）的遊戲治療師知覺的特性，同時心理上屏除不符合這些知覺的特性。

　　受督導者也必須想像*其他*個體怎麼理解與相信關於遊戲治療師，並且試著讓他（她）的角色扮演與這些信念相符。這個標準有助於確保受督導者關於所扮演角色的概念（在更結構化的情境下學習到的）符合一般接受的操作。一個合理的劇本必須在角色扮演發生時被設定。這個情境應該涉及某些

想法：哪裡可以找到遊戲治療師、遊戲治療師的環境會是什麼樣子，以及哪些其他的個體（演員）可能和遊戲治療師被囊括在這個劇本裡。即使沒有使用真實的道具，角色扮演者應該使用在這個情境被扮演的角色典型上會使用的道具。

一個有效的角色扮演需要角色扮演者小心地反映他（她）知道與相信些什麼，以及其他人知道與相信關於被扮演的這個角色些什麼。「反映」（reflect）一詞在這裡被謹慎的選用。如果「反映」這一詞用在鏡子比喻的話，它被定義為給予回饋（giving back）或是呈現（showing）鏡子所反映出來的任何意象。在角色扮演中，角色扮演者必須給予回饋或是呈現出角色扮演者知道與相信關於被扮演的這個角色的表徵、關於其他人知道與相信關於被扮演的這個角色是什麼，以及關於這個將被扮演的角色所處的脈絡。這個反映的歷程主動地讓學習者參與到他正在扮演的角色中。當某個學習者主動參與學習關於概念與行為，比起某個學習者被以像是授課或指定閱讀的被動形式獲得概念與行為時，這樣的學習維持得較長也較正確（Chen, 2006; Kolb, 1984; Vincent & Shepherd, 1998）。

涉及超過一個角色扮演者（或演員）的角色扮演，通常也需要針對實際的角色扮演進行事前的計畫。如果某個受督導者角色扮演一個進行設限的遊戲治療師，而另一位受督導者角色扮演一名兒童，他們可能事先計畫這個兒童將會如何破壞一個限制。除此之外，各個演員會對彼此說些什麼、受督導者可能計畫使用哪些真實的或想像的物品，以及在什麼條件下它們的使用會有所限制（例如：如果遊戲治療師允許丟球，但是不允許丟其他遊戲室裡的物品）。為了讓這個計畫能夠有效地催化角色扮演，不同的演員必須彼此合作，所以角色扮演也涉及到學習可能催化角色扮演的互動種類。即使有事先的計畫，大多數的角色扮演者需要藉由不同的演員即興演出。當角色扮演進行時，一個演員會說出或做出某些事，是其他演員毫無準備的。因為第二個角色扮演者要謹慎地考慮角色扮演的不同標準，他（她）應該要能夠在角色扮演的脈絡中回應第一個角色扮演者。這種在指定的角色以及情境脈絡下即

興演出的需求，是讓角色扮演成為一種主動學習經驗的主要原因。當個體角色扮演他（她）的兒童個案不同的角色變化，這個角色扮演遊戲治療師的個體在他（她）演完指定的角色後獲得不同標準的練習。

　　有人可能會問，何以個體不能夠藉由觀看電影或電視節目中涉及這個角色扮演的戲劇化角色、互動及脈絡，來學習關於這個角色？當人們看戲劇或電視節目時，他們是被動的。他們觀看戲劇中演員的角色行為時，不需要選擇如何回應那些行為。在角色扮演中，角色扮演者**主動地**（actively）互動，依據他們對適合自己角色的知識與看法，做出關於如何演出與回應的選擇。

　　Reisman 與 Reibordy（1993）對於治療師與兒童之間角色扮演的描述，在此被改編用來描述督導團體中的角色扮演。督導者首先「示範說明遊戲治療師渴望的角色行為」，「同時在這個場景中（受督導者）觀察或是扮演其他角色」。之後受督導者被要求「假想一個角色，需要表演出某些預期的行為」（p. 96）。Kelly（1955）的「固定角色治療」（fixed role therapy）針對讓某個個體假扮成另一個人提供了基礎。在這個情況中，受督導者正在角色扮演如同督導者所塑造的治療師。

　　讓角色扮演者分享在角色扮演期間關於他（她）的思考與感覺的感受，能讓督導者去解決不正確的觀點。例如：某個受督導者可能認為，在某些當事人中心的情境中，保持沉默比起同理性的反映角色扮演的兒童在做什麼或說什麼更具治療性。當督導者注意到受督導者在沉默的期間沒有回應，督導者可以詢問受督導者關於沉默的期間、修正不正確的信念，並立即讓受督導者依據正確的信念進行角色扮演。沒有角色扮演的話，督導者可能無法發現不正確的信念。此外，當督導者在評論角色扮演行為上的這個方式，比起受督導者在沒有角色扮演時，他們可能更能覺察他們自己所擁有的觀點。

　　正在學習新概念與技巧的受督導者在他們初次試圖運用所學的新概念與技巧時，時常感覺到緊張和不安。依據 Beebe 與 Risi（1993）的說法，「角色扮演，可以成為一種適用於各種不同情境的有效技術，不單只是鼓勵問題

解決技巧，也可以連結人造環境以及實體（in vivo）……情境之間的隔閡」
（p. 381）。藉由指派角色扮演的劇本給督導團體的每位成員，督導者提供
受督導者安全的舞台嘗試新的知識與技巧。Beebe 與 Risi（1993）也建議學
習諸如角色扮演的技術，應該是「個別化去配合角色扮演者的優勢與劣勢」
（p. 395）。如果受督導者在某個特定領域方面的演出有困難，督導者可以
指派強調這個方面的角色扮演場景（Fox, Dunlap, & Powell, 2002）。

　　就像角色扮演對於兒童與青少年而言可能覺得愚蠢與尷尬，角色扮演
對於受督導者而言也可能是有困難的。依據 Bergin、Eckstein、Manns 與
Wallingford（2001），角色扮演使學習困難變得明顯；並非所有的學生都喜
歡公開的學習。當邀請進行角色扮演時，很多受督導者會覺得尷尬或是不適
應，特別是角色扮演如果是在團體面前。角色扮演可以用一種催化受督導者
技巧的方式導入。角色扮演的情境涉及到具體、容易描述的行為，能幫助減
少尷尬或不適應的感覺，並且催化受督導者掌握基本技巧的能力。如果受督
導者在他（她）察覺到犯了某個「錯誤」時講話結巴，督導者可能尋找下
一個**可被接受的**回應，並且藉由（同理性地）低語方式說類似：「你做到
了！」來告知這個回應。這個同理性的告知應該和鼓勵持續表演有相同的效
果，就像兒童中心的方法傾向讓兒童進行兒童中心遊戲治療一樣。督導者也
可以藉由讓角色扮演的孩子做某些非常明顯的事情，像是蓋一棟積木大樓並
且當它倒塌時明顯的發怒，來提供受督導者額外成功的機會。當給出其他**可
被接受的**、「修正」（correct）的回應，督導者可以再次確認「修正」的回
應。當角色扮演持續在一個課程或是更多督導的討論期間進行，督導者可以
「演出」（play out）特定的問題行為，或是在團體中指定角色扮演兒童人
物的問題行為。

提升角色扮演之學習價值

在指導為期一年的兒童中心遊戲治療專題研究時，我發現一種藉由角色扮演來提升學習歷程非常有用的方式。每個學生需要至少扮演一次某個兒童以及至少扮演一次遊戲治療師，而專題研究的其他成員在角色扮演歷程中則被引導去觀察和做筆記。他們被告知在每個角色扮演的結尾時，要對治療師的某個正向行為至少做一個評論，並且針對改善遊戲治療師的行為至少提出一項建議。在專題研究結束時，學生填寫評量。評量表的項目之一是請學生指出對他們而言「最具價值的一個學習活動」。絕大多數的學生壓倒性的回答「角色扮演」。我在專題研究以及一堂三學分的研究所課程中持續使用這個活動。「角色扮演」持續成為詢問最具價值的學習活動這個項目裡，出現最頻繁的答案。

督導歷程的角色扮演

初始的角色扮演活動

在督導團體中介紹角色扮演時，我通常會從角色扮演我自己這個治療師開始。依據 Frey、Hirschstein 與 Guzzo（2000）的研究，教師可以用示範策略讓有困難的學生看見在脈絡中這些策略看起來是什麼樣子。我會邀請一個自願角色扮演兒童的人，如果沒有自願者的話，則會指定某個團體成員。我會謹慎地提供一個準確以及能勝任的楷模，因為學生（或受督導者）往往會發現那些「與他們教導價值觀一致方式」的楷模，比起聆聽講者講授關於那些相同的價值觀更具有意義（Curwin & Mendler, 2000）。這個初始的角色扮演通常持續不超過五分鐘。

運用如上的程序來徵得受督導者的角色扮演者，在受督導者角色扮演一

個兒童中心遊戲治療師的同時，我會扮演一個孩子。我會請其他的團體成員
如同先前相同的方式觀察角色扮演並進行評論。此外，要他們準備評論他們
看見遊戲治療師的角色扮演者所使用的一個正向的兒童中心的行為，以及遊
戲治療師的角色扮演者可以改善他所使用個案中心技巧方式的一個建議。

　　督導團體之後可以分組配對進行練習。一開始，可能只是隨意分組配
對。之後，這個配對可以依據受督導者想要角色扮演的某個已發生在他們其
中一名個案身上的場景進行選擇。每個受督導者彼此輪流角色扮演兒童以及
遊戲治療師。剛開始的角色扮演場景可能涉及簡單、容易演出的技巧以及
（角色扮演）那些良好行為的「兒童」；通常時間不會超過五分鐘；而且可
能只聚焦在其中一個兒童中心遊戲治療的基本技巧（非指導性的、同理性的
回應、使用無條件正向關注，以及真誠或一致）。這讓受督導者在試著將這
些技巧結合在一起之前，先把注意力放在學習每個獨立的技巧。在這些初始
的角色扮演之後，受督導者可以開始從他們曾經和兒童個案所具備的真實會
談歷程，來角色扮演時間較長的人為情境或事件。

分析角色扮演的場景

　　在每個受督導角色扮演結束時，我會和督導團體的成員討論這個角色扮
演。我邀請角色扮演兒童的受督導者以及角色扮演遊戲治療師的受督導者評
論身為兒童或治療師感覺如何。這易於一般化督導團體成員的處境，因為它
讓受督導者知道他們對角色扮演的感受別人也深有同感。對於那些第一次角
色扮演遊戲治療師的受督導者而言，我注意到要成為團體中第一個參與角色
扮演的成員是困難的。論及第一個參與的困難，會承認他個人的貢獻以及關
於貢獻可能的感受。這符合兒童中心遊戲治療的理論架構，因為它（同理性
地）以一個（無條件正向關注的）接納方式反映個體可能的感受。通常，我
會加上兒童中心的回應，像是「你做到了」或是「雖然你很緊張，但你可以
做得到」。使用兒童中心的回應來作為評論模式的基礎，以兒童中心回應合
適的措辭詮釋，容易建立起一個正向的學習情境。藉由讓受督導者與個人的

情感產生連結，學習不再只是聆聽或觀察訊息的被動模式，而是變得更為積極主動。

督導者的評論

在每個角色扮演之後，我示範一種對於治療師的角色扮演者而言應該是最有用、也是兒童中心技巧最適合使用的口語回饋。我藉由評論正向的治療師行為開始，之後每個督導團體的成員同樣口語評論角色扮演者的表現。

團體的評論

我邀請督導團體的成員去評論他們在每個角色扮演時看見和聽見什麼，將他們的評論與兒童中心遊戲治療相關的理論架構連結起來。僅僅評論所看見的是一種相對被動的學習活動。使用兒童中心的理論作為評論的基礎需要受督導者關注於角色扮演的情境，同時思考關於那些場景如何符合或不符合適當的兒童中心遊戲治療的標準內容。需要使用先前所教的基本學習法則之一的素材：重述（repetition）進行口語的評論（Glaser, 2000; Shanks, 1995; Shuell, 1986）。我以兒童中心（真誠、非指導性、同理心，以及無條件正向關注）的陳述評論回應每個受督導者，像是「聽起來好像有些時候你也會這麼做」。我也發現並且評論每個受督導者至少一個正向（或正確）層面的評論，能更深入地建立一個正向的學習情境。

正向治療師的行為在第一回合被溝通討論，而改善的建議則在第二回合加以溝通討論。從給予每個遊戲治療師角色扮演者立即的回饋，聆聽來自我與他們的研討同儕的口語評論。在改善建議之前，聆聽正向的遊戲治療師行為有助這些角色扮演者與學生進行評論，建立起一個正向的學習情境。研究已指出自然發生的社會增強，「像是讚美、關注及正向的回饋」是「在不同情境鼓勵新行為」之中最有效的方式（Elksnin & Elksnin, 1998）。在研討歷程的尾聲，每個觀察者書寫如圖 11.1 所呈現的正向評論與改善建議給我。

評論者姓名：＿＿＿＿＿＿＿＿＿＿＿＿＿＿＿＿＿＿

治療師角色扮演者的姓名：＿＿＿＿＿＿＿＿＿＿＿＿

關於 CCPT 角色扮演的一般性評論：
「我覺得你當第一個很勇敢。」

請寫下至少一個角色扮演表現的正向評論：
「當你舉起你的手就像孩子舉起她的手一樣，你使用了非口語的同理心。」

請寫下至少一個角色扮演表現的改善建議：
「每次她問一個問題，你都沒說任何話。」

圖 11.1　角色扮演評論記錄表──學生

　　觀察某個角色扮演以及被要求依據特定的標準進行評估是一個主動的學習取向。受督導者必須觀察這個活動，同時在心裡保有評估的標準，並且主動從這些標準之間選擇來完成這個活動。告訴受督導者他們會被要求進行口語的評論，並且以兒童中心的遊戲治療技巧進行書寫，即先前所教導用來幫助確保受督導者在心理上參與兒童中心遊戲治療技巧的重要評估歷程。在每個受督導者參與角色扮演之後，我記錄他們繳交出來的書面評論，並且在之後的見面提供匿名的結果給每個學生。這個記錄的範例呈現如圖 11.2。

　　自從我開始運用這個角色扮演的方法，督導團體的成員比較能自在地評論角色扮演，並且真實的展示（現場與錄影）和兒童的遊戲歷程。此外，他們傾向於做出較長、較特定的評論。當某個團體成員做評論時，其他團體成員會點頭並且貢獻其他的資訊，這類的資訊通常我可能會用來擴展評論使其更明確。

　　針對有些領域，學生與受督導者會傾向一而再、再而三地對它們進行評論。很多受督導者指出，在角色扮演某個兒童之後，他們更能理解如何以一個非指導性的無條件正向關注、真誠，以及同理的方式回應對兒童的肯定。

這些評論摘要是逐字引用的，因為這些是你的同儕所書寫的。斜體字部分是額外的補充評論，這些更深入的解釋對被評估的個體將會有所幫助。

治療師角色扮演者的姓名：＿＿＿＿＿＿＿＿＿＿

對你的角色扮演表現的正向評論：
「當你舉起你的手就像孩子舉起她的手一樣，你使用了非口語的同理心。」
「有限的措辭以呈現 UPR（無條件正向關注）。」「避免命名玩具士兵。」
這維持了非指導性。「當你說：『你注意到我在特別的遊戲時間中說話不一樣了』，回應兒童『為什麼你說話那麼有趣』的好奇，你讓這個孩子決定關於同理性的回應要做些什麼。」

對你的角色扮演表現的改善建議：
「每次她問一個問題，你都沒說任何話。」沉默可能傳遞出孩子的某些行為（說話）比其他的行為（沉默）更令人期待，因此破壞了 UPR（無條件正向關注）。可以藉由重新陳述反映問題，例如：「你想要知道為什麼我這樣說話。」「當她跑來跑去、笑，你說：『你一邊跑來跑去一邊笑』。你可以增加一個情感反映，例如：『你很開心』。」

來自督導者的額外評論與建議：
藉由停留在某個地方，同時兒童快速地在遊戲室裡轉圈圈，你尊重她探索的需求並且讓她逐漸更為自在，逐漸地適應這個環境，並且以她個人的步調與你更靠近。

圖 11.2 角色扮演評論記錄表──全體人員

一個從角色扮演結果而來的常見問題是回應角色扮演兒童的頻率。剛開始接觸的兒童中心遊戲治療師有時候會擔心如果他們給予頻繁的回應時，兒童可能會認為這個治療師在模仿他們或是取笑他們。我向受督導者保證大多數的兒童對於兒童中心的回應不會有困難；事實上很多兒童往往喜歡這些回應而且透過這些覺得被肯定。我也提醒他們兒童中心遊戲治療的理論性架構提供他們基礎來回應那些抱怨回應頻繁的兒童（Frick-Helms, 2002a）。另一個引起很多問題的領域是設限。這裡的關注傾向集中在兒童會花費整個歷程測試與破壞限制的可能性。我試著向這些受督導者確保，對大多數的兒童而

言，這不會是個問題。兒童中心遊戲治療非常自然的傾向讓測試限制與破壞限制變得較不可能，而且針對測試及（或）破壞限制進行處理的程序，有助於確保兒童所關心的事將會被處理（Frick-Helms, 2002b）。

我在研討會以及研究所的課程中持續地使用這個活動。「角色扮演」已經持續成為詢問「最具價值的學習活動」題目時，出現最頻繁的答案。很明顯地，本章呈現的資訊並非審慎建構的調查的結果。這可作為未來研究的一個問題。這個催化督導團體成員角色扮演的方法對我以及那些曾經參與其中的督導團體成員非常有幫助。附錄 11.A 是一個簡短的角色扮演範例與受督導者和督導者的評論，額外的評論則參見附錄 11.B。

附錄 11.A　受督導者與督導者的角色扮演逐字稿和評論

角色扮演兒童	角色扮演治療師
和治療師站在一起。	治療師和個案一同走進遊戲室，然後對個案說：「這是遊戲室。在遊戲室裡，你可以做大多數你想要做的事情。如果你有任何問題，請提出。」
緩慢地走進遊戲室，並且好奇地觀看遊戲室的周遭。帶著不確定的表情以及柔軟的音調回應「OK」。站在遊戲治療師的旁邊（沒有面對她），沒有眼神接觸。	觀看兒童環顧四周，中性的表情。「你正在看遊戲室的四周，看什麼是你想要玩的。」就事論事的聲調。移動位置到面對兒童大約 90 公分的距離。蹲下來大約到平視兒童眼睛的位置。
持續觀看遊戲室的周遭，中度好奇的表情。	「你看你想要玩什麼。」
「好！」柔軟但是同意的聲調。轉向遊戲治療師，同時看著遊戲室中間桌子上的水彩，臉部表情不確定。走向顏料，仍然背對著。	觀察。沒有口語回應。
挺起胸，拿起刷子與顏料罐。轉過來面對治療師，並且以篤定的口氣說：「我想要玩這個！」	「你想要玩這個」，同時指著這個顏料。就事論事的聲調。
非常努力的試著要打開顏料罐。極度專注的直接看著顏料罐，彎腰且肌肉緊繃，強烈專注使臉部「揉成一團」。大約過了一分鐘以後，成功了。帶著歡欣鼓舞的表情看著遊戲治療師。以喜悅的音調與較大的聲音說：「我做到了！」	帶著相似的聲調與音量：「你辦到了！」
以非常喜悅的音調並且帶著滿意的表情說：「是的，我辦到了！」	沒有行動；沒有口語回應。

附錄 11.B　受督導者與督導者的額外評論

來自受督導者關於角色扮演逐字稿正向評論的範例：

- 「合適的（結構式的）開放性陳述。」
- 「以開放性的陳述簡述『在遊戲室裡，你可以做大多數你想要做的事情』是適當的非指導性。」
- 「當你移動大約離她 90 公分的距離時，你給予她合適的空間。這對於無條件正向關注有幫助，因為它讓這個兒童決定是否要移動得更靠近。」
- 「當她打開顏料罐並且說『我做到了！』，你的『你辦到了！』的回應符合她的聲調與音量——很好的同理。」

來自受督導者關於角色扮演逐字稿改善建議的範例：

- 「在你開放性的陳述中，你說：『如果你有任何問題，請提出。』這讓這個陳述變得指導性。你可以說：『如果你有任何問題，你可以詢問』以減少指導性。」
- 「在這個歷程開始時，當你說：『你正在看遊戲室的四周，看什麼是你想要玩的』，我不認為你符合她的感覺。我認為她看起來對自己感到不確定，而且可能甚至沒有思考關於要玩什麼。你可以給予一個情感回應，像是『你對於要做什麼感到不確定』，可能變得更具同理性。」
- 「當她如此努力的試著將顏料罐的蓋子打開時你沒有反應。你可以說：『你真的非常努力的將這個蓋子打開。』」

來自督導者關於角色扮演逐字稿改善建議的範例：

- 「專心的注意她的身體姿勢以及臉部表情如何透露感覺，並且試著用簡要的陳述反映這些感覺，例如：『你真的很開心你自己辦到了。』」
- 「試著給予兒童非口語行為的口語回應以增加兒童的口語表達。當她沉默時藉由保持沉默，你可能在她說話時給人一種你認可她的印象，不經意地破壞了無條件正向關注的核心條件。有個不錯的經驗法則是每 15 到 20 秒給予一個口語的回應。」

參考文獻

Alfano, C. A., Beidel, D. C., & Turner, S. M. (2006). Cognitive correlates of social phobia among children and adolescents. *Journal of Abnormal Child Psychology,* 34(2), 189–201.

Alkin, M. C., & Christie, C. A. (2002). The use of role-play in teaching evaluation. *American Journal of Evaluation,* 23(2), 209–18.

Anderson, C. M., English, C. L., & Hedrick, T. M. (2006). Use of the structured descriptive assessment with typically developing children. *Behavior Modification,* 30(3), 352–78.

Armstrong, J. (2001). Role playing: A method to forecast decisions. In J. S. Armstrong (Ed.), *Principles of forecasting: A handbook for researchers and practitioners* (15–30). New York: Springer.

Bailey, S., & Watson, R. (1998). Understanding in younger pupils: A pilot evaluation of a strategy based on drama/role play. *International Journal of Science Education,* 20(2), 139–52.

Beebe, D. W., & Risi, S. (1993). Treatment of adolescents and young adults with high-functioning autism or Asperger syndrome. In M. A. Reinecke, F. M. Dattilio, & A. Freeman (Eds.), *Cognitive therapy with children and adolescents* (369–401). New York: Guilford.

Beidel, D. C., Turner, S. M., & Morris, T. L. (1999). Psychopathology of childhood social phobia. *Journal of the American Academy of Child and Adolescent Psychiatry,* 38(6), 643–50.

Bergin, J., Eckstein, J., Manns, M. L., & Wallingford, E. (2001). Patterns for gaining different perspectives: A part of a pedagogical patterns project pattern language. *Proceedings ofEuroPLoP'01,* Universitaetsverlag Konstanz. Retrieved May 24, 2007, from http://www.jeckstein.de/pedagogical/PedagogicalPatterns/gain diffperspective.pdf.

Brandt, J. C., & Bateman, S. W. (2006). Senior veterinary students' perceptions of using role-play to learn communication skills. *Journal of Veterinary Medical Education,* 33(1), 76–80.

Brown, L. K., Kessel, S. M., Lourie, K. J., & Ford, H. H. (1997). Influence of sexual abuse on HIV-related attitudes and behaviors in adolescent psychiatric inpatients. *Journal of the American Academy of Child & Adolescent Psychiatry,* 6(3), 316–22.

Ceballo, R., Ramirez, C., Maltese, K. L., & Bautista, E. M. (2006). A bilingual "neighborhood club": Intervening with children exposed to urban violence. *American Journal of Community Psychology,* 37(3–4), 167–74.

Chen, K. (2006). Social skills intervention for students with emotional/behavioral disorders: A literature review from the American perspective. *Educational Research and Reviews,* 1(3), 143–49.

Cook, M. (2000). Writing and role play: A case for inclusion. *Reading,* 34(2), 74–78.

Curwin, R. L., & Mendler, A. N. (2000). Preventing violence with values-based schools. *Reclaiming Children and Youth: Journal of Emotional and Behavioral Problems, 9*(1), 41–44.

Cutler, C., & Hay, I. (2000). 'Club Dread': Applying and refining an issues-based role play on environment, economy, and culture. *Journal of Geography in Higher Education, 24*(5), 179–97.

Elksnin, L. K., & Elksnin, N. (1998). Teaching social skills to students with learning and behavior problems. *Intervention in School and Clinic, 33*(3), 131–40.

FitzGerald, M., Crowley, T., Greenhouse, P., Robert, C., et al. (2003). Teaching sexual history taking to medical students and examining it: Experience in one medical school and a national survey. *Medical Education 37*(2), 94–98.

Forgatch, M. S., Bullock, B. M., & Patterson, G. R. (2004). From theory to practice: Increasing effective parenting through role-play. In H. Steiner (Ed.), *Handbook of mental health interventions in children and adolescents: An integrated developmental approach* (782–814). San Francisco: Jossey-Bass.

Fox, L., Dunlap, G., & Powell, D. (2002). Young children with challenging behavior: Issues and considerations for behavior support. *Journal of Positive Behavior Interventions, 4*(4): 208–17.

Frey, K. S., Hirschstein, M. K., & Guzzo, B. A. (2000). Second step: Preventing aggression by promoting social competence. *Journal of Emotional and Behavioral Disorders, 6*(2), 66–80.

Frick-Helms, S. B. (2002a). Play therapy question 1: In client-centered play therapy, what is the ideal frequency of empathic responses? *SCAPT NewsLetter, 4*(1), 3–4. (Also published in British *Play Therapy* magazine (March 2007); CalAPT, GAPT newsletters.)

——. (2002b). Play therapy question 2: How should a client-centered play therapist respond to a child's profanity? *SCAPT NewsLetter, 4*(3), 3–6. (Also published in British *Play Therapy* magazine, June 2007; CalAPT, GAPT newsletters.)

Glaser, R. (2000). *Advances in instructional psychology (Vol. 5): Educational design and cognitive science.* London: Laurence Erlbaum Associates.

Good, J., & Robertson, J. (2003). Using a collaborative virtual role-play environment to foster characterization in stories. *Journal of Interactive Learning Research, 14*, 5–29.

Gray, R., Wykes, T., & Gournay, K. (2003). The effect of medication management training on community mental health nurse's clinical skills. *International Journal of Nursing Studies, 40*(2), 163–69.

Green, K. C. (2002). Forecasting decisions in conflict situations: A comparison of game theory, role-playing, and unaided judgment. *International Journal of Forecasting, 18*, 321–44.

Hardoff, D., & Schonmann, S. (2001). Training physicians in communication skills with adolescents using teenage actors as simulated patients. *Medical Education, 35*(3), 206–10.

Harper, D. C., & Wadsworth, J. S. (1992). Improving health care communication for persons with mental retardation. *Public Health Reports, 107*(3), 297–302.

Hillcox, S. (2006). The survival game: Teaching ecology through role-play. *School Science Review, 87*(320), 75–81.

Himle, M. B., Miltenberger, R. G., Gatheridge, B. J., & Flessner, C. A. (2004). An evaluation of two procedures for training skills to prevent gunplay in children. *Pediatrics, 113*(1), 70–77.

Hodson, D., & Reid, D. J. (1988). Science for all: Motives, meanings and implications. *School Science Review, 69*(249), 653–61.

Hurd, T., Muti, P., Erwin, D., & Womack, S. (2003). An evaluation of the integration of non-traditional learning tools into a community based breast and cervical cancer education program: The witness project of Buffalo *BMC Cancer 3*, 18, 1471–2407. Retrieved July 20, 2007, from http://www.biomedcentral.com/1471-2407/3/18.

Ihnen, G. H., Penn, D. L., Corrigan, P. W., & Martin, J. (1998). Social perception and social skill in schizophrenia. *Psychiatry Research, 80*(3), 275–86.

Ip, A. & Linser, R. (2001). Evaluation of a role-play simulation in political science. *The Technology Source* (http://ts.mivu.org/) (Feb.). Available online at http://ts.mivu.org/default.asp?show=article&id=1034.

Johnson, D. D. P., McDermott, R., Barrett, E. S., & Cowden, J. (2006). Overconfidence in war games: Experimental evidence on expectations, aggression, gender and testosterone. *Proceedings of the Royal Society: Biological Sciences, 273*(1600), 2513–20.

Kelly, G. A. (1955). *The psychology of personal constructs, Vol. II*. New York: Norton.

Knowles, C., Kinchington, F., Erwin, J., & Peters, B. (2001) A randomized controlled trial of the effectiveness of combining video role play with traditional methods of delivering undergraduate medical education. *Sexually Transmitted Infections, 77*, 376–80.

Kofoed, M. H. (2006). The Hiroshima and Nagasaki bombs: Role-play and students' interest in physics. *Physics Education, 41*(6), 502–7.

Kolb, D. A. (1984). Experiential learning: Experience the source of learning and development. Englewood Cliffs, NJ: Prentice Hall.

Korabik, K., Baril, G. L., & Watson, C. (1993). Managers' conflict management style and leadership effectiveness: The moderating effects of gender. *Sex Roles, 29*(5–6), 405–20.

Lam, D. H., Kuipers, L., & Leff, J. P. (1993). Family work with patients suffering from schizophrenia: The impact of training on psychiatric nurses. *Journal of Advanced Nursing, 18*(2), 233–37.

Larson, L. M., Clark, M. P., Wesely, L. A., Koraleski, S. F., et al. (1999). Videos versus role plays to increase counseling self-efficacy in prepractica trainees. *Counselor Education and Supervision, 38*(4), 237–48.

Loudon, R. F., Anderson, P. M., Gill, P. S., & Greenfield, S. M. (1999). Educating medical students for work in culturally diverse societies. *JAMA, 282*(9), 875–80.

Lutzker, J. R., Bigelow, K. M., Doctor, R. M., & Kessler, M. L. (1998). Safety, health care, and bonding within an ecobehavioral approach to beating and preventing child abuse and neglect. *Journal of Family Violence, 13*(2), 163–85.

Marcotte, D. (1997). Treating depression in adolescence: A review of the effectiveness of cognitive-behavioral treatments. *Journal of Youth and Adolescence, 26*(3), 273–83.

McSharry, G., & Jones, S. (2000). Role-play in science teaching and learning. *School Science Review, 82*(298), 73–81.

Mercado, S. A. (2000). Pre-managerial business education: A role for role-plays? *Journal of Further and Higher Education, 24*(1), 117–26.

Minghella, E., & Benson, A. (1995). Developing reflective practice in mental health nursing through critical incident analysis. *Journal of Advanced Nursing, 21*(2), 205–13.

Monti, P. M., Rohsenow, D. J., & Hutchison, K. E. (2000). Toward bridging the gap between biological, psychobiological and psychosocial models of alcohol craving. *Addiction, 95*(Supplement 2), S229–36.

O'Donnell, N., & Shaver, L. (1990). The use of role-play to teach communication skills. Paper presented at Conference on Successful College Teaching (14th, Orlando, FL, March 1–3, 1990).

Out, J. W., & Lafreniere, K. D. (2001). Baby think it over: Using role-play to prevent teen pregnancy. *Adolescence, 36*(143), 571–82.

Penn, D. L., Kohlmaier, J. R., & Corrigan, P. W. (2000). Interpersonal factors contributing to the stigma of schizophrenia: Social skills, perceived attractiveness, and symptoms. *Schizophrenia Research, 45*(1–2), 37–45.

Pillemer, K., & Hudson, B. (1993). A model abuse prevention program for nursing assistants. *The Gerontologist, 33*(1), 128–31.

Reisman, J. M., & Reibordy, S. (1993). *Principles of psychotherapy with children*. Lexington, KY: Lexington Books.

Rollnick, S., Kinnersley, P., & Butler, C. (2002). Context-bound communication skills training: Development of a new method. *Medical Education, 36*(4), 377–83.

Sadler-Smith, E., & Riding, R. (1999). Cognitive style and instructional preferences. *Instructional Science, 27*(5), 355–71.

Sander, P., Stevenson, K., King, M., & Coates, D. (2000). University students' expectations of teaching. *Studies in Higher Education, 25*(3), 309–23.

Shanks, D. R. (1995). *The psychology of associative learning*. Cambridge, England: Cambridge University Press.

Shearer, D. (2003). Using role play to develop cultural competence. *Journal of Nursing Education, 42*(6), 273–76.

Shuell, T. J. (1986). Cognitive conceptions of learning. *Review of Educational Research, 56*(4), 1–36.

Smith, S. N. (2004). Teaching for civic participation with negotiation role plays. *Social Education, 68*(3), 194.

Tsang, H. W. H. (2001). Applying social skills training in the context of vocational rehabilitation for people with schizophrenia. *The Journal of Nervous and Mental Disease, 189*(2), 90–98.

Vincent, A., & Shepherd, J. (1998). Experiences in teaching Middle East politics via internet-based role-play simulations. *Journal of Interactive Media in Education, 98*(11), www-jime.open.ac.uk/98/11.

Part 3

催化自我覺察

Facilitating Self-Awareness

督導的遊戲空間

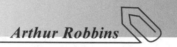

Arthur Robbins

　　一位新的受督導者進到我的辦公室，我立即被拉進一股煩躁不安的氛圍中。她的聲音聽起來無精打采，她的身體顯得很沉重，眼神看起來也很恍惚。我鮮少進行眼神的接觸。我們簡要地談論關於她來接受督導的理由；她以她不知道她在做什麼，以及不知道需要幫助個案什麼作為辯護。我探詢她的背景，但這對於發展任何真正的投契關係幫助不大。我對我自己反映：這將不是一段容易的關係。她帶著痛苦與不理解來回顧她的個案，她的話不多而且給予很少的細節。我了解到她的個案負擔是由兒童與成人兩者而來。督導歷程逐漸變得有壓迫感，我感覺很沉重，彷彿背著千斤重擔一般。

督導關係的過渡性現象

　　我猜測她既沮喪也很受傷。在我們的督導對話出現許多討論死角之後，絕望之餘，我詢問她當她離開這間辦公室之後想吃什麼。她的臉頓時亮了起

來，而且從有關當地不同餐廳的優點與缺點，開始一段很長的相互交流對話。我們兩個都對這個主題感興趣，並且根據烹飪風格及價位分享我們特別的偏好。在這樣的交流中，我們也意外發現共同感興趣的領域：電影。我們都是 Netflix 線上影音平台的會員，而且我們發現到我們對於新舊的電影都有相似的品味。我們在訊息互換中充滿著興奮，我們一起微笑，有時候會為我們共同的發現而發笑。我們之間發展出一個空間，D. W. Winnicott（2005）稱這個空間為「遊戲空間」（play space）。這個空間既不在受督導者裡面也不在我裡面，而是在一個相互調節我們的想像與情感相遇以及混合的點。從另一種觀點來看，我們之間發展出一個特定的化學作用與共鳴。這個主題的介紹看起來容易得多，而且有一個對它來說「合情合理」的特性。

　　運用 Winnicott 的架構，我們分享一些觸及我們內在與外在生活兩者兼具的共同真實。美食與電影已經成為類似一種過渡性客體：在這裡我們共同的「襁褓」——美食與電影，創造我們最主要認同強化連續性的深度連結。這個空間與時間的概念 Winnicott 已有所闡述，並且提供組織本章架構的方法。

督導的遊戲空間

　　Winnicott 描述遊戲是圍繞在介於我們內在世界與外在現實之間的交會。隱喻、象徵，以及想像式的互動提供介於兒童的內在與外在生活之間的一個創造性的整合。舉幾個例子，連結這些內在與外在世界的影響途徑是唱歌、跳舞、觸摸、傾聽的感官知覺，最後逐漸變成我們認知世界的部分。

　　為什麼我們會使用這些遊戲的隱喻？其一，我們與嬰兒或兒童的互動逐漸變成象徵發展的想像性與概括性的交會點，這最終變成創造性心靈發展的沃土。這些連結內在與外在非常具備駕馭能力的象徵性表達，的確逐漸成為一種滋養個人靈魂的重要方式。兒童的遊戲世界提供一個整合自我與他人的

重要發展功能。

　　依據 Winnicott 的觀點，治療師催化遊戲空間的分享。因此，當個案與治療師，或是督導者與受督導者無法進行遊戲時，督導的目標是去幫助重建一個充滿遊戲性的治療空間的行動。在內心有了這樣的架構，我在本章討論的督導案例將會被視為是一種遊戲形式，針對以及擴展個案與治療師和督導者與受督導者之間的連結。如此一來，督導不會僅只是催化資訊或技巧的取得，而是活化在關係中溝通流動的發展。這個流動以一個從內在到外在、來來回回的節奏動力式的移動。然而，這個能量的節奏可能是混亂的、靜止的，或是持續中的舞蹈。最重要的是，遊戲不應該被「玩得開心」給混淆。這個遊戲空間藉由不同範圍的非口語與口語互動，成為一個深度的內心相會。肢體的線索需要特別注意，因為它們逐漸成為情感連結發展的接觸點。在這個個案、受督導者與督導者的三角關係中，我們協調我們自己去符合被隱藏在我們身體中的非線性的初級歷程溝通。這些溝通對我們治療性的經驗造成令人印象深刻的損害，並且逐漸變成我們投入治療專注力非常重要的資料。最終，從感官、情感以及認知經驗的途徑組成了治療性的關係。

遊戲提供督導者與受督導者互動的安全距離

　　讓我們回到本章剛開始的段落。我了解到這個受督導者內在傳遞出一個充滿權力且要求完美的挑剔父親；他被描述為情緒化的誇誇其談，而且要求服從與完美主義。這個受督導者的內在小孩被恐懼凍結起來，這個凍結的狀態藉由一個不斷的抱怨表達出來：「我不知道我在做什麼，而且我犯了太多的錯誤；我是不完美的。」然而，當我們開始發展一個溝通的遊戲空間時，她的防護煙霧消散，而且興奮的分享美食與電影的隱喻。我並沒有整併或是逐漸認同這個挑剔的父親或是凍結的小孩。這個新的空間釋放了一個先前被所有恐懼隱藏起來的治療師，我發現了這個既有基礎也集中於和她的個案互動的有能力的治療師。隨著與督導有關的防衛減少，她的自主性開始出現，

而且我更加清晰的理解她身為一名治療師所做的工作。很顯然，這樣的治療架構能讓這個受督導者放鬆，並且在遊戲空間中，在複雜的三角關係範圍內處理她的個案。

　　同時，她早期背景中的陰影干擾她和她的個案進入更深層的素材。有一整個互動的領域需要運作。不過，我不希望掉入她苛刻父親的角色之中。我觀察到她的身體有著憤怒、無望及困惑的情感。從她肌肉的緊繃程度、從她臉部缺乏喜樂訴說了它們所經歷的故事。然而，我們在電影與美食的「非督導的」（nonsupervisory）交換，使我們的交會人性化並且讓我們處於更平等的位置。這個有價值的概念也許可以被更深入的發展。我們圍繞在美食與電影的行動及互動，擴展了我們的遊戲空間。她的防衛卸下，且過了一段時間之後，她的微妙幽默感與趣味性展現出來。我避開任何她的防衛特性分析，並且減少任何關於反移情議題的評論。我是一個支持性的督導者，而且我們雙方都在學習如何享受我們彼此的接觸。

　　這個藉由某個過渡性客體遊戲空間的評估，在我和個案非常早期的工作中被發現。我回憶起某個在一開始的治療性互動中幾乎是冷漠無情的女性。披薩店成為我們的過渡性現象（transitional phenomenon），並且我們隨著披薩的想像切片慢慢地開始信任彼此。一間新店面的發現都讓雙方興奮不已。能量與情感逐漸變得可容許和安全，披薩的隱喻在我們的對話範圍內提供充分的安全距離。之後，支持與涵容是督導遊戲的重要面向。

探索象徵性遊戲的面向

　　為了讓初學者熟悉象徵性遊戲的行動，我時常詢問他們的母親如何抱持（holding）他們。某些人保有一點點的記憶，而其他人則回答被母親抱持著是感官的與充滿愉悅的。在我指導藝術治療的學生中，我要他們想像他們的母親如何褓抱他們。我提出下述問題：當你的母親抱持著你時，你想像這個經驗會是什麼樣子；你覺得安全、窒息，或是漂浮在空中？她有什麼樣的

雙手？你可以畫一幅你和你母親的圖畫嗎？之後我繼續詢問他們如何抱持他們的個案？有時我要求他們像他們的個案四處走動與說話，並且喚起他們內在的母親，即共鳴與涵容他們的非口語感官溝通。有些人回答回到通過他們個人所擁有的內在母親的限制有多麼的困難。我鼓勵他們去發展新的內化，能夠充當一個替代者並且能夠涵容他們。我建議他們思考和某個治療師、教師的某個正向經驗，或是那個扮演正向趨力角色的心靈導師，以支持發展一個新的內在撫育的功能。

有時候，我邀請學生畫一個容器並且放某樣東西在這容器中。得到的結果常常是一個花瓶插著一朵花。接著我詢問：這花朵真的適合這個花瓶，或是它看起來是獨立的實體、是不屬於一起的嗎？在這裡，我發展一個非口語溝通的動態性感覺，即在遊戲空間與生俱來會獲得的感覺。

抱持是一個非常複雜的行動。我們持續不斷地回應一個接觸的親密／疏離的連續系統。我詢問受督導者他們會喜歡把他們的椅子放在哪裡，是放得比較近或是距離很遠呢？他們需要這個抱持是多麼緊或鬆散的呢？他們會覺得被控制或是安全呢？他們可以經驗到能量的流動嗎？節奏逐漸成為這個抱持空間的動力。他們可以想像能量從內在到外在來回流動嗎？一開始，全神貫注於自我，而之後貫注於其他人嗎？

刺激也成為另一個充滿遊戲性的交流面向。有些媒材很容易讓個案或是那些淹沒在無形退化狀態的受督導者難以抗拒；有些個案需要清楚的鉛筆線條，而多數個案最適合油性蠟筆的互動。藝術、律動及音樂的模式其固有的本質有所不同。我們想要非常原始的互動嗎？我可能會考慮用鼓伴隨著舞蹈。藝術通常具有較多的認知結構，可創造出內省，我和我的受督導者上演這些不同的模式因而他們可以體驗到每個模式的力量。

在督導遊戲空間的移情／反移情

督導所關注的主要領域是關於移情與反移情溝通的反應及互動。反移情的問題採取投射的形式，會讓受督導者偏離了他們之所以扎根的核心與感覺。如果他們不熟悉空間的這兩個富有能量的概念，我提供一個樹扎根於地面的例子。他們可以將自己想像成一棵樹，並且發現他們的根扎得有多深，以及他們能否感覺到他們個人的能量流入土壤中？這個隱喻成為我們如何與被扎根的安全感相會的想像式探索。他們可以從他們的內在說話，以及辨別其他人是「在他們的腦子裡想太多」或是在發洩衝動嗎？之後，移情與反移情的工作逐漸變成交互發生以及一個投射的情感與意象的結合。這些投射的情感讓受督導者陷於非常個人的衝突，創造出一個被扎根以及核心的失落。言外之意，情感與感官知覺不會創造一個核心的失落，以及被扎根不會被認為是反移情的素材。然而，我們如何修通反移情的個人議題，則有賴受督導者過去治療性的經驗的老練及深度。

成為核心以及扎根的經驗逐漸成為與自我狀態的連結。對於很多的刺激有一個整體與開放的感覺。另一方面，我檢視受督導者他們在散亂或具有理智時自我檢測的能力。我從我傾聽個案時個人所擁有的內在狀態來決定這個會面的本質。我可能因某個特定的受督導者而好好的針對我個人的反移情進行工作；另一方面，我可能也拾起受督導者的反移情問題。這時常在我傾聽創傷個案時發生。此時，受督導者逐漸變得解離或是散亂，並且當傾聽他們的自述時，我是完全的招架不住或是支離破碎。後來我知道我們很有可能生活在創傷之地。身為治療師，我們不會詢問自己這個問題：在某個時間點我們有什麼感覺？但是我們內在經驗的這個覺察，同時仍然維持治療性的對話，成為治療性遊戲的藝術中一個重要的部分。

很多時候，受督導者與他們的內在兒童之間呈現一種非常矛盾的關係，這會暗中破壞治療性對話。這個兒童是充滿悲傷、而且是恐懼的嗎？這個兒

童知道愉悅與歡樂的感官知覺嗎？有時候，這個兒童內在意象的存在可能會被很多複雜的防衛所掩蓋。

一位名叫瑪莉的受督導者浮現在我心頭。她經歷了八年的密集式治療，但是相信這對她的生活影響不大。因為她覺得無法熱衷於這些教材而離開學院的訓練，她大多數的關係現在已經消失得無影無蹤。她四十多歲並且渴望某些充滿意義的事物發生。她用最無動於衷以及毫無連結的方式和我溝通這一切。在我們的關係中我感覺不到什麼能量，並且理解到如果我們雙方要讓這段關係存續下去，在情感狀態上劇烈的轉變必須發生。她抱怨她的個案讓她困擾，因為他們只想要玩遊戲。她在當中看不到什麼治療價值，但是不知道還可以做些什麼。她無法轉化遊戲的線性結構進入一個充滿遊戲式的象徵性交換。她有個讓人喘不過氣但是有愛心的母親，以及挑剔與輕蔑的父親。她懷疑父親的輕蔑背後藏著可怕的性吸引力，儘管她沒有足夠的證據支持她的主張。藉由客觀的標準，我覺察到這個受督導者的美好之處，儘管她呈現出有種單調乏味的特質。她和兒童們工作，因為這是一個她接受到最多轉介的區塊。她欣然承認對於身體線索完全沒有覺察。

以投射性認同來遊戲

身為督導者，我面對一個兩難的困境。如果我開始變得充滿遊戲性，她是否會詮釋我的行為是想要引人注意呢？但是我覺得我沒有資源，只能開啟這個我們之間基本上不存在的「遊戲空間」。我告訴她我計畫去改變我們的受督導者／督導者對話的方向。我們需要更多遊戲，並且專注於身體線索。我提醒她進行眼神接觸並且帶著自信感走路，但是這感覺起來像一塊塑膠板或是一種練習的姿勢，而非內在散發出來的感覺。瑪莉自述她曾經是位表演者，儘管不是非常成功。然而，對於讓自己看起來信心滿滿她很在行。我評論她的脖子與肩膀似乎太過緊繃；她也同意這點。她之後補充她不是一個會花很多時間連結這些線索的人，對她的生活取向而言，她是一個尋求外在刺

激與娛樂的人。她也承認她容易分心，而且有一種潛在的焦慮感。

在下一次的會談，瑪莉遲到了並且承認這是她一向的作風。儘管她做了所有準時的努力，她永遠讓人們等待。我決定要來點有趣的，並回應說我開始覺得她不想要來見我了。她抗議的說：「噢，不！不是這樣的。」我說：「好的，我會等你並且思考關於你的事，即使你不在這裡。」她不知道我是不是認真的，詢問我的陳述是什麼意思。「我的意思就如我所說的。你的時間是我們的時間，而且當你不在這裡的時候，這個會談仍然會開始，即便你缺席。」她含蓄地微笑並且停止這個主題。這是我試圖讓她進入隱喻與象徵的開始。我好奇這個方向對她而言是否會改變太多，但是我確實觀察到她的身體開始放鬆。

下一次的會談時，瑪莉再次遲到了。她坦承：「你一定很氣我也討厭我。」我說：「比起生氣我更加好奇。」她回答：「我對每個人都這樣做，這不是針對你。」之後她描述她的家庭：「沒有什麼是一成不變的。我的父母親兩人都是表演者，而且瘋狂的趕時間。他們持續不斷的彼此爭吵，而我時常試著用我的挑釁來分散他們的注意力。他們兩個互相叫罵，而我想要受到關注，即使這是負向的。」她轉而回到談論關於我們的關係：「我深信我不會是你喜歡的；我認為在督導團體中有更討你喜歡的人。我真的相信你不認為我有能力。」我回答：「你確實給了我很多的權力去決定你是多麼的聰明和寶貴。你如何看待你自己呢？你有評估你內在是什麼嗎？」我們留下了這個問題。

之後她接著討論一個她認為又胖又醜的個案。她簡直不對這個女孩有任何的期待。這個個案的母親很殘酷，而父親常會大吼大叫。我說：「我在想，是否這個小女孩想要拼命的被看見，而且同時又不覺得這是她應得的。你有看見某些關於她的，以及與你自己的渴望產生共鳴的負向事物嗎？」她反思這個部分並且繼續告訴我關於她試著參與這個孩子的方式。她不只掙扎於這個個案，也掙扎於她自己根本不喜歡的部分。我們一起反思：「很好，讓我們來看看這一切是如何發展的。」而我們的督導會談也結束了。

在接下來的團體訓練歷程中，瑪莉逐漸捲入我的反移情回應。討論隨著另一位成員確信她的力量與成長而來。她想要我認可這個部分。當我試著以一段演示轉移她的評論，她感到被壓迫與被誤解。接下來是一段關於權力與特殊性非常熱絡的討論。在討論中，瑪莉這個受訓者非常安靜。我面質她並且想知道何以她不表達關於競爭的感受。我的評論破壞了這個團體正確的開始：「我不知道我們可以單獨的看你」、「你從未告訴我們……」、「你不是打破了保密協定嗎？」、「你讓瑪莉在有壓力的狀況下，你怎麼了？」瑪莉在個別見面討論中和我分享她對她的治療師勃然大怒。她感到非常難受，並且他們都明白這真的是衝著我來。瑪莉不是一個輕易感到生氣的人。她覺得興奮與釋放，儘管她也補充：「我不確定我感覺到安全了。」我重申我的政策，即督導不是一段保密的關係。如果她在個別與團體督導兩者之中，那麼我會毫不愧疚的將這兩種不同的經驗區分開來。她抗議的說：「好！但是你沒有提前告訴我。」我告訴她：「我就是無法在事前給予關於我的政策的原則清單；話雖如此，我完全可以了解你們會覺得震驚且對我感到失望。」這個受督導者對於這個新的發展看起來並沒有感到威脅。她因為團體的支持以及承認生氣對於個人而言是最困難的感覺而感到放心。她很想要得到認可，並掩藏了她可能感覺到生氣的任何端倪。我們當然有保持聯繫，而且我們的關係提升到一個新的親密的水平。相較之下，我不會對我的第一個受督導者採取這樣的介入形式。先前的我遲疑可能容易再度受到創傷，並且沒有發現這樣一個生產性或安全的互動。對於第二個受督導者，這個性格分析的議題顯然對於遊戲空間的約束有所幫助。在這個事件之後，這個團體開始一個非常活潑的主題。我似乎已經不再是高高在上，而且成員似乎也藉由察覺到我是個人也會犯錯而感覺到釋放。瑪莉對於生氣感到自在許多的新發現可能也開啟了一個潛意識的意象與象徵的途徑。在我們的關係中，有了更少的控制卻有了更多的能量。

針對移情與反移情的探索提供安全空間的結構

指導性問題、約束性的設限，以及清楚的定義與指導性對於初學的學生而言可創造一個安全的結構。另一方面，更進階的實務工作者與學生可以容忍某種程度的模糊性和開放性，以探索個人的領域。任何個人探究的形式會對某些學生造成威脅；其他人則會開始談論並且透露可能加速大量焦慮的個人素材。儘管如此，給予各種不同結構層面讓移情與反移情的探索成為非常真實的可能性。

身為一位藝術治療教授，我用象徵性遊戲教導入門與進階課程，正式的課程名稱為「藝術治療導論」或是「進階藝術治療專題研究」。但是基本上，我向學生介紹象徵性連結的整體範圍。在接下來的段落中，我將會提供針對入門與進階學生課程兩者進行工作的不同範例。我也會把這些經驗與有進階水平的受督導者進行工作的經驗加以對照。

緊密結構的範例

在入門課程中，學生時常有不堪負荷之感。駐地實習、指定閱讀及報告淹沒他們的存在感。那些溝通處於原始水平功能的個案藉由非口語的手勢與聲調述說他們的故事，這些溝通總是藉由創造非常大量的焦慮與不安來過濾。很多的學生來自外地，並且放棄了過去的生活型態進入課程中。另一方面，他們情緒開放並且需要清楚與明確的支持，他們也需要結構與組織去擺脫某些混亂導入經驗的感覺。因此，我的課程很多是大量的結構性，但是開啟關於象徵性語言的經驗。我們圍繞在界線與抱持的概念會補充資訊，而且我們談論關於不同模式的價值。然而，困擾的議題逐漸變得明顯。很多他們的個案偷偷潛入內在，碰觸在他們原生家庭內非常深的衝突。很多學生接受廣泛的治療而進入課程中；而有些人甚至不確定何以他們需要治療。他們從審美的觀點熟悉圖像；然而，圖像的解釋進入治療性的意義開啟大量學習的

領域。

　　在入門課程中，我向學生介紹遊戲的理論與架構。有從 Winnicott 而來的常見引述，而我也提供關於遊戲究竟是什麼的範例。我強調身心（mind-body）的連結。他們傾聽，但是這和他們駐地實習的實務操作經驗或是在課堂中操作的練習活動完全不同。在接下來的課程練習活動中開啟關於家庭角色以及它和移情與反移情關係的整個議題。

　　在某堂特定的課程中，我要求學生畫一幅他們家庭的圖畫。在他們完成這個任務之後，我給予他們接下來的問題，並提供時間以書寫的方式說明他們的回答。以下是從某個學生關於她的家庭圖畫而來的問題與回答，請參考圖 12.1。

圖 12.1　某位學生的家庭圖畫

(1) 當我看到我的小孩我覺得：

- 難過，她除了她的穿著以外幾乎無法被看見，她是分離的，幾乎要消失了；她擺動她的雙手好讓她被注意到。

(2) 當我看到我的母親我覺得：

- 壓迫的、緊繃的；看起來她穿著一件花色的洋裝但不是太花。她是分離的而且無動於衷／難以接觸。

(3) 當我看到我的父親我覺得：

- 冷漠的、分離的、空虛的、孤獨的。

(4) 當我看到我的家庭我覺得：

- 空洞的、分離的、缺乏愛的、不確定會發生什麼事、神祕的。

(5) 當我看見我的家庭，抱持成為：

- 支持的重要元素；愛的連結，那是失去的部分。

(6) 權威在我的家庭是：

- 母親、父親及小孩，從這個圖畫中不確定。

(7) 連結在我的家庭是：

- 個別的、微弱的、有限制的、不確定的。

(8) 這個兒童和誰遊戲：

- 其他的小孩、兄弟姊妹。

我之後將全班配對分組。一位學生自願者扮演某個案例，這個個案是一個十四歲大的女孩，曾經被診斷為精神異常。她曾在三次不同的情況下住院治療。她的父親在她九歲的時候過世了，因為性侵害入獄服刑了三次，他也曾經有過一段性侵害個案的女性友人的經歷。她的母親遺棄她，而她被當作勞工寄養在她父親的家族；她的祖母與伯母成為主要照顧者。她過動的症狀以及怪異的行為必須要住院治療；她曾經勒死一隻貓並且弄斷牠的頭，還塞一個儀器在狗的肛門裡。

這個呈現者扮演這個個案，像她一樣行動與說話。在一段適當的時間過

後，扮演這個個案的人成為每一組配對學生的治療諮詢者。每個配對的成員扮演個案或是治療師的角色，並且以他們感到最舒服的方式呈現這段關係的部分。這個扮演個案的人從一組移動到另一組，提供資訊，並且評論學生是否已經捕捉到這個個案的意象。角色扮演持續三十分鐘。我指示各組回到大團體的圈圈，並且詢問下列問題。再一次，我要求團體寫下問題以及他們的回答。一開始自願提供她對家庭圖畫回答的那個學生，現在持續給予她的回答：

(1) 這個個案在遊戲中表達了什麼，以及它如何與你有所關聯？

　　• 這個個案是過動的，有很多高度的能量，而我回報以冷靜與好奇相關的感覺。

(2) 依據所發生的事，我可以提供這個小孩一些什麼？

　　• 我試圖針對她的能量提供這個小孩一個輪廓，並且去符合她在這裡有的抗拒。觀看我的家庭圖畫中的這個小孩，站得跟我的父母親分開且沒有連結，幫助我去連結這個感到孤獨的小孩。這種疏離的感覺幫助我和我的個案連結。

(3) 這個遊戲空間如何發展？

　　• 最後當她對在黏土周圍綁上裝飾絲帶感興趣時，發展出了遊戲空間。我注意到這個東西看起來像某個動物，並且想要帶著它到處走走。

　　我們之後繼續討論在黏土周遭裝飾絲帶的象徵性表達。我們假設它可能是一個希望被緊密的抱持與支持的表達。

　　當我們觀看這個學生的家庭圖畫時，有一個親近的幻覺很快就消失在半途，因為這個父親與母親似乎全神貫注並且只熱衷於他們自己（圖 12.1）。這個小孩隱沒在圖畫中並且沒有很清楚的區分。她展開她的雙手但是沒有真的接觸。沒有一個人物表達出真實的輪廓清晰度或是他們臉部的表情，他們的微笑是刻板的並且提供一個友善的幻覺。矛盾的是，這些人物確實是站在

地面上。從這個學生對於這些問題的覺察，她展現出某種程度關於她的孤獨感的自我覺察。她能夠和這個孤獨的孩子保持充分的距離，但是能夠利用這個圖像作為連結的橋樑。她似乎不太了解這個家庭提供她什麼。在這個非常不安全的情境中，所有的成員似乎都站在地面上。什麼是最吸引人興趣去注意的，她的夥伴指出這個治療師最終能夠藉由非常穩定與接地的方式來貼近她的過動使她冷靜下來嗎？那有什麼好驚訝的呢？

另一個學生麻梨子針對關於她的家庭圖畫的結構式問題，提供一組非常不同的回應。她的回答是精簡而且是未透露情感的：

(1) 當我看到我的小孩我覺得：

 • 快樂、被保護的與強壯的。

(2) 當我看到我的母親我覺得：

 • 溫暖與支持的。

(3) 當我看到我的父親我覺得：

 • 憂鬱和難過。

(4) 當我看到我的家庭我覺得：

 • 感覺很好與安全的。

(5) 當我看見我的家庭，抱持成為：

 • 完整的。

(6) 權威在我的家庭是：

 • 平等。

(7) 連結在我的家庭是：

 • 有連結並且仍然在建立中。

(8) 這個兒童和誰遊戲：

 • 她自己。

在我們回顧家庭圖畫（圖 12.2）時，這些人物呈現極小的差異。這幅家庭圖畫涵蓋不同充滿能量的特質，並且顯示出和空中連結甚於和地面的連

圖 12.2　麻梨子的家庭圖畫

結。在她角色扮演治療師時，我觀察到這個學生四處徘徊，看起來困惑與失落。她的夥伴（那個角色扮演兒童的人），指出和她的學生治療師只有極少的接觸。這個學生治療師在日本出生與成長，她指出她需要更多時間去互動接觸。我之後邀請學生治療師移動她的座位，並且把座位放在教室裡她覺得在我面前呈現時最安適的位置。她移動她的座位距離我至少有兩公尺遠的距離。這個班級之後成為一個遊戲空間美學的具體例子。這個學生坐下，有點自在的靠近我。我立即覺察到溝通的些微差異在這個學生的臉部表達出來。我要求她的夥伴提供一個動作表達扮演個案的經驗。她繼續動作並且說：「我覺得像一道緊閉的門。」這個學生治療師回答：「人們時常這樣說我。」但是，當這個學生坐得靠近我時，我察覺到隱微的困惑、好奇，甚至有些遊戲性，是她坐在大圓圈時不會明顯看出的。我對這個覺察到的回應是提供她一個溫柔花朵的意象，她用微笑來回應我的這個意象。她生根在亞

洲，而非口語的溝通已經是她生活中基本的部分。另一方面，她的夥伴是來自非裔美國人的文化背景，充滿著外放的能量。很明顯的，不和諧的共鳴存在於這個配對中。給予一些時間，這兩個夥伴或許可以找到共鳴。然而，為了創造出一個過渡的空間，他們目前有一道很大的鴻溝需要去跨越。我鼓勵這個學生治療師去看見存在於她的家庭世界外的事物。同時，我也試著接納當下的她，並且尊重引導她生活的內在關係。有趣的是，這兩個學生第一次一起外出享用中餐，並聲稱這是一次最愉悅的互動交流。我自己心想在他們現在的對話中是否有更多持續的映照（mirroring），他們對於彼此的存在漸漸感到自在。我覺察到這個學生治療師她的家庭圖畫，是一幅最沒有差別化的家庭結構圖畫，可能代表所有家庭成員之間缺乏視覺的映照。我也覺察到在亞洲文化中，多數情況下感覺詞彙並不存在。

從西方的觀點來看，我視這個學生的圖畫為未接地且沒有區別。然而，一旦我放棄這個框架，我看見一個極具敏感度以及細緻入微的學生，不用話語去明確地表達她的內在經驗。至少，我覺察到我無法更熟悉她的文化，我的任何印象必須是非常暫時性的。

在接下來的課程中，我要求所有的學生去想像這個個案現在已經成為他們家庭的一員。我促使他們為他們所預期的互動去創作一個故事。第一個學生提供一則故事，當中她負起養育這個新成員全部的責任。麻梨子心不甘情不願的帶著她的新手足出去玩。她對於她平靜生活的這個侵入感到反感，但是相信這個小孩接受以後會冷靜下來，並成為他們的一員。那麼，我們可以觀察到一個學生是如何在她的內心深處保留某個照顧者的意象，並運用這個意象作為玩耍的支撐點。另一個則創造了某個安靜的冥想空間，將作為她療癒的特殊形式。

在非常個人的架構內教學提供安全感，因為這些練習活動是結構化的。大多數的情況，我不會探索透過這種特定結構所開啟的情緒議題。很多學生已經經歷過極少數的治療，因此我緩慢的前進，開啟可能性並且創造一個開始和他們內在意象的對話。對於某些人而言，這成為一個開啟個人治療的動

力。角色扮演催化他們經驗的某種內在探索，對於他們而言是源自於本質的行動。

在移情與反移情個別差異中的彈性結構

我們現在前進到進階課程：那些已經體驗過臨床工作的二年級學生。他們現在正開始一段新的駐地實習。一位年輕的女性在一段鮮明與抗議般的附加對話中呈現某個青少年案例。「我的個案無所不在；他是精神異常的而且有源源不絕的力量和我遊戲。他簡直不依循規則；他為所欲為，從不聽我的。他需要限制。我對於要做些什麼感到茫然困惑，這一切似乎太多了。我現在頭腦無法清晰的思考。」她繼續她的案例的描述。在某個會談歷程，他們試圖創作一個面具，但是用石膏進行創作的過程變得一團混亂和退化的。我們之後展開在治療室裡可取得有限媒材的主題，但是很顯然，理論與技術並非議題所在；這個呈現者一再地回到控制戰。她舉了這個個案把大理石雕刻丟進垃圾堆的一個例子。他把它們丟得到處都是，這個垃圾的象徵性意涵可以成為一個隱喻，以強化我們了解在某個意象中被糾結的多元意義。在討論當中，某個學員同儕向這個呈現者說明：「我知道你所經歷的。我當老師時，我試著控制這個班級且逐漸變成一個尖聲喊叫的人。不久後我放棄並且開始真的傾聽他們是怎麼一回事，而他們就冷靜下來了。」這個呈現者說：「我確實在教導我自己。我教導性教育，那是一場夢魘。他們會創造出各種類型的性訊息。在字條上他們寫下：『我有性經驗嗎？』我知道這個答案，每個人都心知肚明，但是坦白說這對我而言太超過了。」她對這個班級透露她在一個混亂的家庭中長大，為了存活下來，控制變得非常重要。

接著是有關於我們的防衛的正向價值的討論。我建議我的班級，如果我們無法愛我們的防衛，我們便無法愛這個可以幫助我們存活下來的特質。「我們的防衛不能夠被敵人看見，但是應該被我們的盟友看見」。這個班級慢慢地探究自己關於他們個人問題的內在羞愧感。這個學生描述：「我對於來這裡感到頭痛；我認為我看起來很蠢而且行為失控。」慢慢地，一個新的

架構發展出來：我們的防衛幫助我們存活下來。這些學生探究他們關於力量的議題，以及他們做出關於行為選擇的能力。這個呈現者指出過去很多衝動行為外顯的問題，她現在已經處理好她的挑釁行為。這個班級慢慢的卸下武裝；充滿笑聲以及認知到我們全部都是「控制狂俱樂部」的一員。我們正在取得進展，並且減少我們過去的歷史中個人的羞愧感，以及為了生存而固有的衝突。這個羞愧感的減少成為一種重要的學習工具，允許我們潛意識中浮現較黑暗的意象。

提供更加自由探索的開放性結構

接下來的例子是從我的某個訓練團體而來。我的訓練團體中所有的成員都是領有執照的心理健康專業人員。其中一個受訓者費莉西亞是位經驗豐富的藝術治療師，在機構與私人診所從事實務工作。她從事藝術治療大約有六年多的時間，而目前主要的工作對象是外向性行為問題的青少年。

她是一個生氣勃勃、有感染力的年輕女性，帶著輕鬆活潑的韻律走路並且總是將微笑掛在臉上。費莉西亞曾經是我某個訓練團體的成員大約有兩年的時間。她一直被認為是機警與有吸引力的，而且和她工作起來很愉悅。她提出一個有著男女關係混亂歷史的十四歲大女孩的個案。這個個案邂逅了一個老男人，之後進展到和他發生性關係。這個女孩十二歲時被她的叔叔性猥褻，她叔叔很多年前也曾猥褻她的母親。父親在這個圖像中似乎長期的缺席。她的母親相當憂鬱，她的角色沒什麼權威，而且對女兒的回家與出門不太注意。有趣的是，這個母親不相信她的女兒已經大到可以去約會。後來姊姊得知妹妹的性經驗並且警告媽媽，但是媽媽幾乎什麼也沒做。費莉西亞呈現這個問題是一個倫理問題。她覺察到她有責任通報這個案例給合適的主責機構。這個個案是高風險的，而且幾乎沒什麼作為來保護她免於受到 AIDS 或是身體虐待的風險之中。但是，費莉西亞對於通報這個案例表現出遲疑。

費莉西亞持續討論她的兩難困境。她喜歡和這個實際上體現了生活精神

的青少女一起工作，並報告說有一種深度的認同感。她的個案熱愛閱讀也喜歡她的治療師。費莉西亞坦承和她個人的青少年時期有很高的相似性。同樣地，費莉西亞喜愛閱讀，但是相較於她的個案，她大多數時間是躲在自己的房間裡。

費莉西亞指出，當她在青少女時期，她父母親很少管她。她描述她的父母親一直都非常的寬容。另一方面，她不會測試界限也不會挑戰父母親的權威。這個母親，她描述為無性慾的，被視為是無趣的而且不是費莉西亞想要去認同的一個人。相對而言，她的父親會赤身裸體四處走動，至少在家裡是如此，但是費莉西亞對此沒有想很多──這被認為是自然的並且不具有性挑逗。這個父親被描述為較為敏感並且會與費莉西亞互動。在她二十歲出頭時，她邀請一位年輕的男性到家裡並且共用她的臥房（兩人共處一室）。沒想到費莉西亞的父親為之「大發雷霆」。對他而言，這個反應是完全的震驚，而母親則是比較冷漠和沒什麼反應。費莉西亞提到她當時尷尬極了，也對父親的反應感到不解。但是這先撇開不談，之後她進入了男性─女性探索的世界。她主辦很多的派對而且每個人都「玩得盡興」。身為一個年輕的大人，她發展出一種獨斷的、挑釁的態度，並且展現自己是直面迎接人生的。她不落俗套，但是同時以一種社會可接受的方式過生活。她並不會真的遇上大的麻煩，只是在一個灰色地帶玩耍。她也結交朋友，並且用她的工作方式提升專業水平。

這個團體回歸到她的倫理問題。費莉西亞逐漸覺察到所有關於這個案例的議題，但是某些事讓她猶豫是否要通報這個個案到合適的主責機構。她的內心不自覺地陷入一個關於權力的連結。她憎恨任何把他自己放進一個權力角色的男性。她提及某個喜歡在團體面前賣弄小聰明的成員。她笑著並且承認在她的團體歷程中她會穿著挑逗的衣著，以惹惱這個號稱自作聰明的人。費莉西亞評論性是偉大的平衡器之一，她指出她喜歡性。她懷疑這個個案享受與年長男性的性接觸。值得注意的是，這個個案對於跟她同齡男孩的相處感到非常害羞。費莉西亞坦承她的焦慮──她將失去這個個案，而且如果她

通報這個個案的話可能會創造一個無法解決的危機。

團體的某個成員說出一個相似的治療情境。然而，她猶豫再三最後通報了她的少女個案南茜到主責機構。南茜相當暴怒，而且不和這個治療師說話。不過因為這個個案被法院指派繼續待在這個團體，她充滿挑釁的參加了，但是極少和治療師分享。儘管有這個負向的回應，在後來的團體互動中，有位青少年夥伴展現類似的破壞行為，南茜繼續通報這個狀況給行政人員。這個訓練團體同意南茜已經透露出一些正向的事物。儘管她全然的不服與生氣，這個治療師的保護有了非常重要的影響。這個團體同意個案的討論需要來自主責機構的保護。

費莉西亞帶著生氣與心煩意亂的感覺離開團體。她對於在團體提供這個例子的那位成員感到沮喪，但是她覺察到這是應該做的正確事情。然而，她不是一個遵循規則的人，因此她決定採取一個危險的行動方針，除了持續工作以外什麼也不做。費莉西亞之後回到權威的議題。她開始意識到這個議題是不合乎倫理，而且對這個年長的男性占年輕女孩便宜的惡行感到憤怒。她了解這是這個現實世界的一部分，但是實在無法揣測貪婪男性的心理狀態。費莉西亞說：「也許吧！這無關乎權威，而是在她青少年時期她的父母親對於她的特殊問題是多麼的不聞不問。」當我傾聽時我的想法浮現出一個不同的方向。我在心裡默默對自己反映，這個年輕的受訓者在這個家庭中可能是一個戀父情結的勝利者。她指出和父親的一段親密關係，但是面對它時似乎是無性的，至少依據她的說法而言。她覺察到在她的生活以及這個個案的生活之間有一個很大的差異——她從未跨過灰色地帶並且將她自己置於危險的境地之中。然而，身為一個成人，她已暗示著她的生活充滿了性剝削。

我之後繼續描繪一個類比。我引用某個適用於介入自殺個案的相似之處。在這個個案仍在接受治療期間，她是否堅持法規阻止自殺行為行動化的協議？她立刻同意這是一個必然的合適行動方針。「在這裡是否有一些比較呢？」費莉西亞堅稱這個主責機構覺察到了這個個案外顯化的行為。然而，她忍住不去採取下一步以遵守法律規範；她具有通報這個個案到合適主責機

構的最終責任。費莉西亞坦承她很難接納權威的角色。她帶著真誠的關心離開這次的會談，但是尚未打定主意去採取正確的行動方針。

　　在下一次團體訓練的會談中，某個相對較新手的治療師／受訓者呈現一個青少年男孩的案例。這個治療師在遊戲關係中導入藝術，而且他指出對於團體的相互作用。在他的報告中，口語溝通是條死胡同。為了更精確了解在會談歷程中發生了什麼事，我提出一系列的問題。這個團體逐漸變得煩躁不安。某個男性稱呼我是個太過侵入性、大驚小怪的老媽；其他人則評論我是一個好教師，但是我是否干擾到會談的流動了呢？我欣然承認我做了大量的結構化，而且對於治療師呈現可能正在演出某個特定的角色。他和團體分享某個精神科的諮詢師也參與其中的一個案例。他對他的個案做了很多離譜的假設。他描述這位諮詢師浮誇且自負；這個治療師處理得很好，但是覺得憤怒。他說：「我很想撬開他的頭。」在一段很長的暫停之後，這個呈現者描述一些這個個案的繪畫。第一幅圖畫是一個大腦；第二幅是一隻海豚變成一隻烏鴉。這個呈現者對於這個素材做非常少的處理，但是很明顯對於他的個案有情緒上的認同以及很多的同理溝通。這個十四歲的孩子，生活在一個父親很容易退縮並且躲在他的舒適窩中。這個母親總是接管，並且在她不同意介入計畫時，曾經有解僱治療師的歷史。

　　我開始開啟一段關於這個意象的象徵性意涵的討論。費莉西亞表達她的生氣與不耐煩，她繼續說：「我們是聽眾與旁觀者。」我覺察到男性們非常熱衷並且參與這個演出，也注意到有幾位女性提供了有幫助的建議。我體驗到我自己是防衛的，而且我不經意的脫口而出說也許她不是男性俱樂部的成員。她對於這個評論感到暴怒，而我也覺察到我太離譜了。之後我坐下來並且反思，察覺出我覺得在這個團體中我身為領導者的這個角色被挑戰與威脅。我深呼吸一口，並且進一步深思我的感受，以找回我的立場與核心。

　　在更深入的團體討論之後，我逐漸覺察到我們正接近這次會談的尾聲。我陳述在這次會談中至少有三個父親。有一個自負的父親（諮詢師），這個呈現者想要撬開頭的那個人；一個放棄並且躲進他的窩的父親（這個男孩真

正的父親）；還有一個父親活在這個呈現者的對話之中。他協助男孩到他的辦公室，雖然這個個案能夠自己去。我和這個團體分享我的想法。在所有這些父親中，可能有一個提供結構與保護的理性父親出現。我明白我並不總是這理性的權威，但是這個權威存在某個挑戰是使人愉快（palatable）並且在這個團體中感覺存在。我沉思並說出：「什麼構成了理性的權威？是一個能夠創造某個安全的結構去表達憤怒的權威嗎？」費莉西亞對權威的好鬥性在她和我的互動中逐漸變得明顯。然而，還有一些時間回到費莉西亞的案例。我仍然為我們沒有充分處理這個讓她的證照處於危險境地的法律議題感到不安。我打電話給她，並且告知她即便她的直覺尚未決定去通報這個案例，她仍然負有後續追蹤的最終責任。我說：「一個法律的調查可能給這個母親當頭棒喝，並且真的變成送給你個案的禮物。」她回答：「在我們最後的諮詢中你從來沒有這麼清楚明確，而我對於你如此直接地將這個議題攤在桌面上開誠布公感到如釋重負。」她同意採取下個步驟，並且履行她的法律責任。

結　論

上述的例子示範說明一些關於治療師與個案之間遊戲空間的原則。這些原則列舉如下：

1. 移情與反移情反應總是影響督導的遊戲空間。這些反應創造角色的枷鎖，而且讓督導素材的流動變得反覆與受限。

2. 移情與反移情成為學習治療性參與的核心部分。若缺乏這方面的理解，遊戲空間的重要面向容易被忽視。這個素材的教導可以在很多層面被傳授，這個審視的結構逐漸成為受督導者個人與專業發展附加的部分。

3. 文化的因素會影響我們對於督導遊戲空間的理解。西方所給予的架構在不同的文化表達上可能會導致大量的錯誤資訊與錯誤認知。口語的語言以及肢體的語言形成我們的經驗，這個文化矩陣更深入的影響我

們看見與回應個案的方式。與這個影響互相交織的是所有影響督導者與受督導者之間遊戲空間的情緒因素。這個理解專業人員如何學習與遊戲的複雜矩陣，需要一個對於文化影響富有經驗的取向。

4. 結構創造了介於內在與外在真實之間的界限。這對我們在督導中感覺安全以及對於素材發生突然流動感到安適的能力而言，扮演重要的角色。

一個遊戲空間成為個案、督導者及受督導者之間督導接觸的想像性表達。這個空間依據督導氛圍的安全感與非評判的特徵而縮減或擴展。一個合適的督導結構能調節情感刺激，並且創造一個安全的界限去探究移情與反移情。這個督導探究的層面最終會解開總是影響督導遊戲空間角色的僵化。

督導的遊戲空間最好藉由敏銳覺察像是文化差異與受督導者的自我防衛，以及界限的形成這類的差異而被滋養。在這個互動中，這些因素的敏感覺察促進角色楷模這個學習的重要層面。在這個脈絡範圍內，學習新技巧與資訊的可能性視督導關係的水平與深度而定。沒有這樣的覺察，督導訊息容易藉由任何防衛的操作而逐漸喪失。

這種類型的督導在本質上可以被描述為發展性的，並且是以象徵與隱喻進行想像式的互動。這個架構並非總是適用於所有的受督導者。然而，對於那些能夠並準備好承擔情緒風險的專業人士來說，生活在督導遊戲空間中的收獲是無法衡量的。

參考文獻

Winnicott, D. W. (2005). *Playing and reality*. New York: Routledge.

表達性藝術在人本取向遊戲治療的督導：
催化治療師的自我覺察

Sue Bratton、Peggy Ceballos、Angela Sheely

　　過去二十五年來，遊戲治療領域快速地成長，遊戲治療對兒童是可行的治療形式已經獲得認可（Bratton, Ray, Rhine, & Jones, 2005）。今日，臨床工作者普遍地運用遊戲治療來處理廣泛的情緒與行為問題（Bratton & Ray, 2000）。然而，除了少數作者曾檢視督導在遊戲治療師養成中所扮演的角色之外，文獻中往往忽略了運用遊戲的心理健康專業人員也需要督導。Ray（2004）針對督導中所要處理的特定遊戲技巧提供了詳細的解釋，包括：口語與非口語的回應，還有進階的技巧。Kranz 與 Lund（1994）給予具體的建議讓遊戲治療督導者在督導期間能夠遵循。Bratton、Landreth 與 Homeyer（1993）為了要處理遊戲治療師特殊的準備需求，提出三天密集式的遊戲治療模式給督導者和受督導者運用。上述所提到的文章主要聚焦在與獲得遊戲治療技巧有關的督導，較少聚焦在受督導者的自我覺察，也沒有運用遊戲活動來督導遊戲治療師的參考文獻。

　　就歷史發展來看，督導都是仰賴口語表達。在督導中運用遊戲與表達性

藝術活動來提供非口語的表達方式相對來說是比較新的現象。我們建議遊戲
治療與其他形式的表達性治療能夠增進個案的治療歷程,針對受督導者運用
表達性藝術,能夠透過促進自我覺察、增進個案概念化、鼓勵探索與澄清受
督導者的理論架構,以及催化遊戲治療技巧的發展來增進督導的經驗。與遊
戲治療的原理一致,運用遊戲、藝術,以及其他表達性媒材讓受督導者有個
管道來表達對自己與個案的想法、感覺與經驗,而那是他們無法透過語言所
能做出的有意義表達(Bratton, Ray, Landreth, 2008)。此外,受督導者也有
機會參與創作的歷程,並且運用適合於所有年齡層個案的各種表達性媒材,
增加他們的經驗和自在的程度。

諮商督導方面的專家已指出受督導者與督導者之間理論取向搭配的重
要性(Bernard & Goodyear, 2004)。我們建議提供與受督導者理論架構
相一致的督導經驗能夠幫助他們有最佳的成長。根據一項美國遊戲治療學
會成員的調查,大多數的成員都認同兒童中心遊戲治療(CCPT)的實務
(Lambert, LeBlanc, Mullen, Ray et al., 2005),因此,督導取向不只是將好
玩與表達性活動合併,還能運用人本的原則,並且能夠滿足目前從事實務遊
戲治療師的需求而有所獲益。儘管如上述所提到的,表達性藝術能夠用來達
成不同的督導目標,而本章的目標是聚焦在以人本取向運用這些活動來催化
遊戲治療師對於自我與治療歷程有關的覺察。

治療師自我覺察的重要性

在這個領域的專家對督導所下的定義,增進受督導者的自我了解已在督
導的定義中被認可。根據 Bernard 與 Goodyear(2004)的描述,督導的歷
程會由受督導者下述的目標所引導:學習概念化個案、運用技術、發展理論
取向,以及獲得自我覺察。Edwards(1993)、Lahad(2000),以及 Getz
與 Protinsky(1994)也強調受督導者獲得洞察的重要性是督導的目標。

在遊戲治療的場域中，個人的覺察在兒童中心遊戲治療師的訓練與督導中是必要的（Landreth, 2002; Moustakas, 1959）。Landreth（2002）著重兒童中心遊戲治療師自我覺察的重要性。他強調治療師這個人會影響兒童與治療師關係的發展，也會影響治療歷程的結果。Landreth 摘要出遊戲治療師自我覺察的重要性：

> 所有的遊戲治療師都需要自我了解，並且洞察自身的動機、需求、盲點、偏見、個人衝突，以及情緒困擾的地方，還有個人的優勢……。治療師是真實的人，不是機器人。因此，個人的需求與價值會是人的一部分，也因而會成為關係的一部分。那麼，問題不是治療師的人格是否會進入關係，而是進入到什麼程度。（p. 102）

Moustakas（1959）指出，人本取向的遊戲治療督導聚焦在受督導者自我覺察的成長，也認為當受督導者將所獲得的新覺察整合進他們的實務中，他們就能夠改善與個案的關係。Kranz 與 Lund（1994）也提倡人本取向督導的遊戲治療師要努力去鼓勵自省，以及開放地學習與增進督導者─受督導者的關係。

我們進一步提出，治療師的自我覺察對接受督導的兒童中心遊戲治療師來說甚至更加重要，兒童中心遊戲治療師必須要進入和經驗兒童所生動呈現出的世界──在治療中這個世界通常會標記出度過的困難與痛苦的經驗。從我們自身的督導經驗中發現，相較於督導單獨依靠口語和個案工作的諮商員，在督導遊戲治療師時會更頻繁地表達出反移情的議題。舉例來說，受督導者沒有處理的攻擊議題會導致他用隱微的方式來回應個案明顯表達出的生氣與攻擊，而這隱微的方式就是不鼓勵在遊戲室中表達的這些感覺與相關的經驗。

在督導中運用表達性藝術的原理

有些作者曾倡導表達性藝術對於所有年齡層個案的治療益處（Bratton & Ferebee, 1999; Gladding, 1998; Oaklander, 1988, 2006; Rogers, 1993），然而有少數幾位作者特別鼓勵在督導時將表達性藝術作為催化成長的一種方式（Lahad, 2000; Lett, 1995; Newsome, Henderson, & Veach, 2005）。Gladding（2005）強調創作歷程對諮商員與個案的價值，他進一步解釋創造性藝術能夠增進所有個體的生活，創造出「更多覺察的可能性」（p. 2）。Bratton 與 Ferebee（1999）建議運用表達性藝術來催化創造性的自我發展歷程——在這歷程中即使經驗結束很久之後，個體會運用所意識到的內在資源持續在自我覺察上有所成長，因此能不斷地重新創造自我。Gladding（1998）描述與個案運用創造性藝術會涉及到六個步驟的經驗性歷程，最終隨著這個經驗被整合進人格面具（persona），人就會改變。

根據 Lahad（2000）的描述，在督導中運用創造性藝術主要的優點之一就是用到右半腦，讓受督導者能夠接近他們的經驗、感覺與創造力。作者強調大部分的受督導者都很依賴活化思考與邏輯的左腦。因此，全然投入需要進入自己的經驗與感受的自我覺察歷程，對受督導者來說並不容易。Lahad 進一步解釋，創造性藝術的運用不是要取代誰的督導方式或理論，而是作為一種使用的工具來獲得不同的觀點，在督導時催化自我的覺察。

Wilkins（1995）支持在督導中運用表達性／創造性藝術作為工具來增進受督導者的直覺與能力以省思經驗。作者強調在督導中運用創造性藝術能夠開啟自我覺察的管道，這是其他督導方式所不許可的。Lett（1995）支持這個想法，藉由重新經驗個案—治療師間的互動，受督導者能夠獲得提升自我覺察與專業成長的洞察。Newsome、Henderson 與 Veach（2005）提倡在團體督導中運用表達性藝術，來了解受督導者對於與他們個案有關的覺知與情緒。

　　督導者能夠運用表達性藝術來幫助受督導者概念化個案、反思個案—治療師的關係、增進自我覺察、對個案的經驗有新的認識，以及了解諮商歷程（Lahad, 2000）。受訓中的遊戲治療師在督導時也能夠從接觸到不同的體驗活動之中獲益。因為遊戲本身就是一種自我表達的形式，它憑藉著在遊戲中直接再次經驗過去的經驗，（督導者）提供給遊戲治療師一種增強的方式來自我了解，這會和他們個案的經驗平行。在督導中運用表達性藝術活動額外的益處是，第一，增進遊戲治療師投入創作歷程的能力；第二，能增進他們對於歷程的欣賞與遊戲的療癒力。

　　雖然表達性藝術活動曾運用於不同的理論架構之中，我們的取向是植基於人本的原則與程序，也因此被形容是歷程導向，而非聚焦在問題上。這個取向的基本宗旨是相信個體有能力能夠自我導向、創造性的成長，包括渴望了解自己與他人。成長的環境是一個安全、同理、關懷、真實可靠與即時性的環境。Bratton 與 Ferebee（1999）陳述人本取向的脈絡中，表達性藝術的價值在於個案的創作歷程，而非最後的成果。學習和成長是透過遊戲、活動與表達的歷程而發生，不是透過邏輯分析眼前的情況。創造一個安全的環境是很關鍵的，受督導者身在其中會感覺到被接納，也願意冒險。為了對歷程有更深度的理解與尊重，督導者在督導中運用不同的表達性藝術活動之前，對於各種表達性藝術活動應該要先有個人的體驗。

督導形式與結構

　　表達性藝術能夠運用在個別與團體的遊戲治療督導中，雖然在適當的時候，我們比較喜歡團體督導附加的效益。督導需要取決於受督導者的經驗。特許機構（licensing bodies）一般會規定心理健康專業人員需要接受督導、督導的時間長度，以及督導形式。基於本章的目的，考量到活動的創作與歷程化，我們建議針對三個受督導者進行一個半小時的督導結構。利用約督導時間的一半來進行歷程化是必要的，因為創造性藝術能夠引發出深度，以及

有時尚未覺察到的情緒，而這些情緒需要在療程中加以處理。然而，即使是最善意的督導者也會發現，有時真的不可能在指定的時間內照顧到所有的受督導者。督導者可以安排替代的方式以確保能夠照顧到受督導者的福祉。對於那些無法在有許多不同表達性媒材的房間中享受督導進行的督導者，我們建議組裝一台能夠輕易推到任何地方的「表達性藝術車」（參閱本章末的附錄）。

活動的選擇

　　建議使用於催化個案自我覺察的表達性活動，也能夠輕易地適用於督導的目的（Bratton & Ferebee, 1999; Gladding, 1998; Oaklander, 1988, 2006）。在督導中選擇遊戲／表達性媒介的運用是很重要的，這應該要取決於受督導者的偏好、需求，以及準備度。Landgarten（1987）建議一個非常有用的指引，能夠了解藝術媒介與個案掌控他們自己的創造力這兩者之間的關係。下圖引用自 Landgarten，可以考量用來作為讓受督導者進行的表達性藝術／遊戲活動。在清單中越下方的表達性媒介，意味著個案／受督導者對經驗的控制越強，包括他的情緒與想法。

最少的控制

濕黏土／濕沙

油性粉蠟筆／水彩

乾沙與小物件

小物件（沒有用沙子）

玩偶／戲劇／說故事

拼貼式的活動

超輕黏土／彩色黏土

蠟筆／粗麥克筆

色鉛筆

鉛筆

最多的控制

督導者的角色

在督導中運用表達性藝術時，將歷程概念化成兩個階段：創作與處理歷程，有助於對督導的角色有最佳的理解。在創作階段，督導者一般會被認為是主動觀察者的角色，特別是在團體督導中，督導者的角色是歷程的見證人，而受督導者則是投入在所選擇的活動中。督導者聚精會神地觀察動作、身體語言、評論，以及每個受督導者的創作歷程，以更深入理解受督導者，以及他們的創作最具意義的是什麼。一旦受督導者完成活動，為了鼓勵反思與洞察，督導者會轉換成更為主動的角色，並針對受督導者的創作來催化口語（告訴我）與非口語（呈現給我看）的歷程。合乎人本的觀點，深深尊重個體能夠自我導向地成長、自我了解的能力，督導者最感興趣的是受督導者對他們自身創作的意義之理解。督導者尊重受督導者投入歷程活動的準備程度，強化了督導是一個安全的所在，也鏡映出治療師／個案的平行歷程。受督導者不願意或拒絕參與創作的活動或歷程是很少見的，但也應該被尊重。覺察到受督導者的抗拒並進行處理，能夠藉此讓受督導者獲得自我覺察，並且經驗到專業與個人的成長。

以下是提供給讀者考量在督導中處理表達性活動的一般性指導方針，並分成幾個層級，藉由讓受督導者對於所分享的有更多的掌控，在第一個層級的考量會有較少的干擾。

- 層級 1：督導者鼓勵受督導者描述／分享他們的創作：「告訴我你的（場景或圖畫或創造物）。」
- 層級 2：督導者嘗試性地分享他對歷程／創作的觀察：「我注意到帕格薩斯（Pegasus，希臘神話中的飛馬）和仙女似乎很有關聯——他們都有翅膀，而且似乎有點感傷。」
- 層級 3：督導者邀請受督導者進入他們所創作的隱喻：「假裝你是仙女（個案），然後告訴帕格薩斯（受督導者）你需要什麼。」
- 層級 4：督導者鼓勵受督導者將隱喻個人化：「當你思考著你會如何

描述帕格薩斯，有哪些是符合你對自己的看法？」

督導團體中，在受督導者描述他們的創作之後，督導者會基於創作歷程對個體最具有意義的是什麼，開始聚焦在他們對於每一個受督導者的評論。一般來說，當你的觀察「正中紅心」，受督導者會很自然地擴充你的評論。舉例來說，當督導者分享她的觀察，她注意到帕格薩斯與仙女似乎很有關聯，受督導者不禁眼眶泛淚，並且繼續分享她個案的經驗如何讓她回想起早期的經驗。沒有問題，也沒有預期的回答。從在創作歷程仔細地專注於什麼對受督導者來說似乎是重要的，這樣一個簡單的觀察能為受督導者帶來深度的自我覺察。

接下來的例子取自本章作者 Sue Bratton 與三位專攻遊戲治療的博士生在為期六個月督導團體中的經驗。在整個督導歷程運用了多種表達性藝術的活動，可以作為增進受督導者的經驗與提升個人及專業最佳成長的一種方式。就本章的目的，我們選擇提供一個簡短例子是受督導者的經驗——我們稱呼她為莎莉——用三種表達性藝術活動呈現出這些活動如何在整個督導課程裡的團體歷程中提升受督導者的自我覺察。這些例子取自受督導者在開始、中間和結束階段的督導經驗來說明受督導者的變動。

開始階段：創作一個黏土動物／創造物來衡鑑受督導者的需求

Bratton 發現黏土和類似的產品，像是培樂多和超輕黏土（Model Magic），容易催化受督導者的自我覺察。黏土的觸覺本質與彈性能讓人們輕易地接近感覺，並且提供了可塑性（Bratton & Ferebee, 1999; Oaklander, 1988）。Oaklander（1988）詳細地說明運用黏土能夠幫助個案克服對於情緒與經驗的障礙。在 Bratton 運用超輕黏土於下面活動的經驗中，相較於運用手拉坯，能讓受督導者對於他們的情緒與經驗有更好的控制感，這更適合於督導的開始階段。當受督導者開始督導的歷程，選擇運用更多結構性的活

動，像是以下所描述的「黏土創造物」（Clay Creature），就能夠減少受督導者的焦慮。運用動物／創造物的隱喻來代表「自我」顧及了心理距離，提供受督導者與督導者不具威脅的方式來認識彼此，另一方面也允許象徵性的表達出與督導和專業成長有關而尚未知覺到的情緒、想法及需求。

所需媒材

需要超輕黏土（或類似的物品）、紙盤以及各樣黏土工具（注意：如果運用手拉坯，那麼水、紙巾，以及黏土切割線都是必備的）。工具包括：橡膠槌、塑膠刀、壓蒜器，以及其他有助於黏土塑形的媒材。手工藝媒材，像是有顏色的羽毛、美勞紙、玻璃紙、毛根、塑膠吸管、各式各樣的珠子、不同形狀的義大利生麵、麥克筆，以及剪刀（參閱本章附錄），都有助於受督導者個人化他們的「創造物」。

一般性的指引

藉由提供給每位受督導者約一個小柳橙大小的黏土或超輕黏土來開始活動。放鬆練習有助於受督導者聚焦在立即性的經驗。鼓勵受督導者睜開眼睛、再閉上眼睛，用幾分鐘來熟悉一下黏土的感覺。接著，建議受督導者用捏、壓、拍與滾的方式來試驗一下黏土。要求受督導者閉上眼睛，只要去感覺他們的黏土，他們會聽到這個活動的指導語：「想像你穿越時光到了未來，我們所知道的人類生活並不存在於此。這個世界居住著數千種不同的動物與生物，有大有小，有一些動物看起來很像我們今天所知道的動物，有一些像是你從未見過的生物。如果你能夠成為這個新世界中的任何一種動物或生物，你會想要成為什麼？」想一下你看起來像什麼，然後開始塑造你的動物或創造物。現在張開你的眼睛，並且運用這些媒材來完成你的創作。

在每個成員都完成之後，督導者會要求每個受督導者去談談他們的創造物。受督導者描述他們的創造物時，督導者會問問題，像是：你的動物／創造物擅長什麼？對你的創造物來說做什麼會是困難的？你的創造物喜歡做什

麼事？它希望可以做到的是什麼？它希望可以不必去做的是什麼？你的創造物如何在新的世界中存活？你的創造物需要什麼？什麼阻止你的創造物獲得它所需要的東西？透過這些問題來催化歷程。

　　接著，為了要催化他們身為遊戲治療師的覺察，督導者會鼓勵受督導者反思他們創造物的哪些方面與他們在督導中想要處理的需求是相一致的。舉例來說，當問到他的創造物需要什麼，一個博士生受督導者描述它需要一張嘴，然後回去再把它畫上。這個受督導者是國際學生，英語對他來說是第二語言。受督導者能夠去反思創造物的意義，並且揭露出他很擔心沒辦法和個案溝通。他進一步揭露因為他的英文口語比他的英文理解好很多，他對先前的督導們隱藏了這個恐懼。

● 案例

　　圖 13.1 是莎莉的創作──一個四條腿的生物，她描述這是一隻難以飛離地面的鳥。這個生物被層層藍色與粉紅色的玻璃紙所組成像是「斗蓬」的東西所覆蓋，主要覆蓋在生物的彩色羽毛上。但是當莎莉描述她的「鳥生物」，她揭露像斗蓬的東西是一對大型的翅膀，為了能夠飛翔，鳥需要這對翅膀。翅膀讓生物能夠飛到它所想要的高度，在它需要休息的時候也能夠保護著它。團體中的一位受督導者詢問它底下已經有羽毛了，為什麼還需要這麼大型而厚重的翅膀？莎莉回應有時候翅膀會把她壓得喘不過氣，但是翅膀是確保當她需要的時候就能夠飛行的必要之物。她也分享她的鳥／創造物最大的優勢是它知道如何自我照顧。

　　請所有受督導者遵循上述所提供的指引去描述他們的動物／創造物，所有人都能夠在他們的創造物與他們自己之間做出有意義的連結，除了莎莉以外。督導者很清楚莎莉覺得還不夠安全來個人化她的隱喻。在回應督導者最後的詢問：「你的創造物需要什麼？什麼阻止你的創造物獲得它所需要的東西？」莎莉回答她的鳥／創造物需要一個安全的地方讓它的翅膀休息。為了要催化他們身為遊戲治療師的覺察，督導者鼓勵受督導者反思他們創造物的

圖 13.1　莎莉的四條腿生物

哪些方面與他們在督導中想要處理的需求是相一致的，莎莉是最後一個回應的。雖然她掙扎於將她的需求化為文字，她同意就像她的鳥／創造物一樣，她需要一個安全的地方。督導者補充了一句：「在這裡一定讓你很難感到安全。」莎莉點點頭，督導者溫和的問：「從我們身上你需要什麼才能感到安全？」莎莉對此回應：「我現在不知道。」雖然莎莉的鳥／創造物的隱喻是成熟的且有額外的機會去催化莎莉的自我覺察，但是她還沒有準備好。督導者建議她將她的鳥創作拍照（或帶在身邊），並且寫下任何對她來說似乎是重要的事情。如果她想要分享的話，下個禮拜可以將她的筆記帶過來。在後續幾週的督導課程，莎莉開始運用她所創作出來的隱喻，來看看她如何對他人隱瞞自己、相信她得要表現出某種讓別人覺得賞心悅目的形象，以及保護自己避免遭到拒絕。莎莉漸漸能夠開放地討論，她在督導中所需要的是感到安全，而不會覺得她被評斷。督導者澄清「評斷」（judging）她個人好或不好，以及在督導中本來就會衡鑑受督導者的成長這兩者之間的差異。莎莉

同意如果她感覺到被評斷，她會試著讓督導者知道。團體歷程對莎莉似乎格外有幫助。她似乎特別能從同儕分享他們的不安全與錯誤中獲益，有些是莎莉先前不相信是可以被允許的。當莎莉能夠在督導中容讓自己有更多的脆弱性，她與個案建立關係的能力就會增長。莎莉在發展成為一位稱職的遊戲治療師方面落後於同儕，但是她展現出最個人化的成長。對受督導者來說以一個簡單的活動來開始相互認識，同時督導者開始衡鑑他們的督導需求並轉變成有意義的經驗，推動莎莉在個人與專業旅程上的成長。

中間階段：運用沙盤來催化覺察自我與個案的關係

運用沙盤作為表達性藝術的媒介已行之有年，其治療益處也被廣泛記載（Lowenfeld, 1979; Homeyer & Sweeney, 1998; De Domenico, 1999）。動覺經驗的沙盤提供使用者觸及難以用口語表達的情緒的機會（Homeyer & Sweeney, 1998）。在督導中，沙盤可以運用在許多不同的用途，包括：增進自我覺察、檢視關係、概念化個案，以及修通阻滯諮商關係的個人議題，以及其他方面。督導者可依著督導目標來安排活動，舉例來說，督導者會問受督導者：「你能夠在沙盤中呈現出你所描述你與個案之間的關係嗎？」或者「想像督導歷程是一部電影，然後在沙盤中描述出結束的場景……到現在為止發生了什麼？你認為將會發生什麼？」或者，像下面的例子，受督導者被要求在沙盤中呈現個案的世界。

所需媒材

沙盤的大小取決於個人的選擇。Homeyer 與 Sweeney（1998）針對個案運用沙盤，還有推薦的物件提供詳細的說明。傳統沙盤的「標準」大小約 30×20×3 吋（約 75×50×8 公分）。然而，為了團體督導的目的，我們成功地運用 45 公分陶土色的塑膠盆栽底盤作為沙盤。這些沙盤都很輕、節省空間、可以堆疊，而團體督導需要用到三至四個，都可以很輕易地放在攜帶

式的推車上（參閱本章末附錄）。我們建議如果空間允許的話，可以盡量提供各種物件（Bratton & Ferebee, 1999; Homeyer & Sweeney, 1998）。當與不同族群的受督導者工作，有各種多元文化的人物／象徵物件是很重要的。此外，如果督導者無法使用裝備完好的沙盤室，督導者也可利用裝有抽屜能夠依據類別來呈現物件的第二個推車。

一般性的指引

　　活動的開始藉由鼓勵受督導者運用他們的手來探索沙子，讓他們知道如果他們想要也可以加水進去，鼓勵他們反思沙子所引發的感覺。督導者會根據該次的督導目標開始建構活動。在這個案例中，目標是催化受督導者洞察有關自我與個案的掙扎。受督導者被指示要去創作出一個描述個案世界的景象，包括他們自己，以及其他在兒童生活中的重要人物。

　　受督導者藉由描述他們的沙盤場景來開始處理歷程的階段。在本章稍早曾建議要覺察受督導者的準備程度，並且記住處理歷程的程度；督導者要透過探索所選擇人物的意義與場景如何建立，來催化歷程。更多的問題，像是「你想要看到什麼事情發生？」或者「你能否假裝成是場景中的小孩，並且告訴你媽媽你所需要的？」都能夠幫助受督導者檢視諮商關係或新的觀點，而且通常能夠催化新的行動。可參考 Homeyer 與 Sweeney（1998）、Oaklander（1988）、Rogers（1993）、Bratton 與 Ferebee（1999）更 多 如何處理沙盤創作的例子。

● 案例

　　進入督導歷程約三個月，督導者要求博士生受督導者去思考他們在遊戲治療中經驗到最具有挑戰的個案。在所有受督導者簡短描述他們所想要聚焦的個案之後，他們被指示要去創作一幅沙盤的景象來描述個案的世界，並且要包括他們自己，以及其他在兒童生活中的重要人物。（注意：這不是第一次在這個團體中運用沙盤，而且這個督導的時間點上，受督導者在自我檢視

的開放程度已經增加。選擇這個特殊的沙盤例子是因為它能夠在受督導者的焦點中催化最深度的自我覺察。）

莎莉討論她與一個遊戲治療個案工作所帶來持續的挫折感，那是個六歲的女孩，她的媽媽帶她來參與遊戲治療。這位母親說到個案曾被案父「愛撫」，但沒有受到法律的制裁。案母有主要的監護權，但也說到她前夫每個隔週的週末都會在他成年女兒的監督之下來探望個案。莎莉的挫折很明顯，當她說到她相信個案會再次處於受虐的危險中，而個案家中的人也沒有想要保護她。莎莉所討論的感覺是她覺得「困住了」，而且不知道還能為她的個案做些什麼，她說到個案在遊戲中變得更加焦慮。在先前的督導，自從案父定期與他的女兒聯繫，莎莉對於要去接觸案父，並且要求他與莎莉進行家長諮詢的建議曾感到抗拒。莎莉對於在治療中與案母更充分參與的建議也沒有堅持到底。

圖 13.2 是莎莉的沙盤景象。她首先在沙盤中間的大石頭上放了一個仙女（一根翅膀斷了），並且立刻確認出仙女就是她六歲的個案（她先前在督導中曾用這個人物來代表相同的個案）。接著，她在仙女的後面放上了大石頭還有幾棵樹，創作出保護或屏障的感覺。接下來，莎莉花了幾分鐘仔細地挑選出有翅膀的馬，拿起不同的人物（這些物件之中，有些她先前曾挑選來代表她自己），並且在將物件放回去之前，最後決定選出她稱之為帕格薩斯（飛馬）的物件。她接著花幾分鐘小心地讓飛馬靠近且正對著仙女。她快速地將蛇（她先前曾用這個物件代表她個案的父親）從架子上拿了下來，把蛇放在石頭後面，並且用幾分鐘的時間思考之後決定將一個三頭、看起來凶猛的生物放在蛇的旁邊。最後她才想到，莎莉在場景的右邊又添加了四個人物，接著花幾分鐘的時間重新排列所有的人物，並且在她最初放置的位置上做了一點微調。

在處理歷程階段，莎莉要求第一個分享，並且開始描述她的沙盤景象，訴說每個代表人物，以仙女（她的個案）與飛馬（她自己）來開頭。她說三頭怪物和蛇代表著危險。在場景右邊較小的女性人物是個案的媽媽，兩個最

圖 13.2　莎莉的沙盤景象

小的人物代表個案媽媽前一段婚姻中個案同母異父的手足。莎莉描述這個媽媽快受不了也很無助，還描述她青春期的孩子在學校常常惹事讓她焦頭爛額。最後，她加上「白雪公主」是她個案一年級的老師，個案似乎非常崇拜她。當受督導者被要求花幾分鐘注意她所創造的景象，她立刻開始聚焦在沙盤景象的中心，評論著她（飛馬）是唯一能夠幫助仙女的人，而她很害怕無法讓危險更加遠離。她提到她如何挑選出大石頭與樹來讓危險遠離她的個案，她看著這個場景加了一句：「還有遠離我。」她注意到，儘管她選出她所能找到最大的一棵樹來提供厚實的屏障，樹是咖啡色的，但不久之後就會落葉，提供一點點的保護免於受到父親及危險的侵襲。

　　督導者評論說：「我注意到你和你的個案之間似乎有很強的連結──你們都有翅膀，你們也都有點感傷。」莎莉專注地看著人物，熱淚盈眶。她分享她與個案有很強的連結，她感覺她與個案有真正的連結。莎莉暫停了一會

兒，她看著場景，並且繼續簡短地分享個案的經驗是如何使她想起她自己的早期經驗。督導者反映莎莉的傷心，也尊重她未說出口的決定，在這個片刻不再進一步地深入。

在其他的受督導者描述完他們的沙盤景象，督導者要求他們聚焦在他們所挑選出代表自己的象徵，並且多談談那個人物。莎莉提到帕格薩斯有強壯的翅膀，並且能在它所想要的任何時刻飛向安全之地。她接著補充：「我能夠輕易地帶著仙女與我一起到安全的地方。」另一個受督導者問說：「你要帶她去哪裡，還有她的家庭會發生什麼事？」莎莉停頓了一下，而能反思她離開了兒童原來就貧乏的支持系統，離開了治療的歷程。

對莎莉來說，另一個重要的洞察是回應一位同儕注意到蛇似乎在攻擊怪物，而不是朝著仙女逼近。莎莉對此似乎感到驚訝，接著揭露說：「我想要那樣。」然後帶著強烈的情緒說：「我希望他從她的生活中消失。」（這是第一次受督導者在督導中揭露出如此強烈負向的情緒。）督導者回應：「所以你有一部分也認同蛇會攻擊怪物。」莎莉猶豫了一會兒，並且分享更多她的成長經驗。她描述父母的拒絕對她造成的傷害。雖然她記得自己很努力要成為一個「好女孩」來贏得他們的愛，但是她從未感受到在父母眼中她是「夠好的」或是可愛的。莎莉揭露她恨她的父親，而且很多年不跟他碰面。當莎莉分享她早期的經驗，同儕和督導者都支持並鼓勵她，當她開始在她的早期經驗與需要去保護自己不受到他人的傷害，以及保護個案避免受到傷害之間做出連結，彷彿看到她豁然開朗。

當莎莉能夠感到足夠的安全來真正看待她所創造的景象，許多「啊哈」（aha）的時刻開始向她顯露。這是非常複雜的景象，受督導者深受影響，而且需要比允許的時間多更多的時間來處理。這是很常見的，鼓勵受督導者將景象的照片帶著，能提供進一步的機會去反思與記錄日常的想法。莎莉從這個沙盤經驗中獲得幾個非常重要的洞察，催化她專業與個人的重要成長（有督導者的鼓勵，促使她尋求諮商來繼續處理她在這次督導中開始覺察到的議題）。有一些洞察是：

- 她覺得案父是有罪的，她對他感到非常憤怒，這會影響到她的客觀性。

- 她對於案母沒有保護個案免於受到傷害感到挫折與生氣，這也阻止了她與案母同盟，以及在治療中與案母一起更加投入。

- 她一直相信她是唯一能夠幫助個案的人，她必須是全知全能的專家，如果她不能夠保護個案，她就是個失敗者。

- 她在兒童時所經驗到父母拒絕的痛苦致使她感覺到被評斷且不如他人。她的因應方式是藉由努力表現「完美」與討好──不讓他人看到她真實的自我，來保護自己不受到進一步的拒絕。（這個洞察隨著在督導開始階段的黏土動物創作開始發展，一直到這次督導，她才跟早期的經驗做連結。）

- 作為遊戲治療師，她曾經無意識地尋找方法來逃離失敗與可能有的拒絕（她表示在後續的療程中，她曾認真地思考要將這名個案轉介出去）。

- 她害怕被拒絕，並且缺乏信任感去揭露真實的自我、不完美與所有的一切，這些都會妨礙她與個案發展出真誠關係的能力。

　　這個活動讓受督導者深化她與這個個案有關的自我覺察，也開始將她的覺察類化到其他的個案與個人的生活中。安全、恐懼與保護的主題很早就在督導中出現，也很明顯出現在莎莉的沙盤中。然而，這一次她能夠更進一步去確認她恐懼不被喜愛或拒絕是源自於她兒童時所經驗到的傷害。她開始去探索她不相信可以全然成為她自己的這部分，她寧可相信她必須要表現出討好完美的形象來保護自己免於受到傷害，而那是她兒童時曾經驗過的。莎莉主要的洞察圍繞著她個人的需求如何影響治療的歷程，她開始探索她過度認同個案而造成她將自己的一些需求投射在個案身上。莎莉分享現在她看清楚她如何需要保護她自己與個案，而且讓一切事情看起來很順利，只會造成她的個案在遊戲治療中無法充分表達自己所有的感覺。這次的督導標示出莎莉

在專業上有大幅度的成長，最明顯就是在幾個禮拜之後，她與個案工作的效能增加。

結束階段：運用曼陀羅拼貼來促進結束與整合

　　儘管數千年來曼陀羅（mandala）已被用來引發精神上的療癒，榮格是最早承認運用曼陀羅可作為治療性的媒介（Bertoia, 1999）。曼陀羅提供了方法將一個人生活的所有層面放在一起，並且找到一個人的中心（Campbell, 1974），因此是以圓形方式被建構而成。Bertoia（1999）進一步解釋，在榮格理論中，創作的意象是「潛意識的語言」，而潛意識的感覺與想法會投射在象徵中（p. 90）。根據 Young（2001）的描述，創作曼陀羅能讓一個人將自己不同的潛意識與意識層面加以統一，因此能夠促進覺察。我們建議在遊戲治療督導中運用曼陀羅同樣有益於受督導者，不同的表達性藝術媒介都能夠運用在曼陀羅的創作中。我們已經發現將拼貼技巧整合在曼陀羅的建構之中，伴隨著傳統畫圖媒介的運用，藉由提供受督導者較廣泛的媒材來自我表達，將能夠增進創作歷程。根據 Rogers（1993）的描述，拼貼會比畫圖容易許多，也能考量到聚焦在歷程，而非作品。

所需媒材

　　不同大小與顏色的美勞紙能夠用來創作不同的圓形。同樣的，紙盤也提供一種便宜、簡單，又有耐用的表面來創作曼陀羅。提供各種畫圖的媒材，包括：油性粉蠟筆、蠟筆、水彩、麥克筆與粉彩筆，搭配各種手工藝媒材（參閱本章附錄），以及可用來剪下文字與圖像的雜誌。

一般性的指引

　　選擇拼貼曼陀羅的活動作為結案（termination）／結束（closure）活動，並在倒數第二次的督導中進行。我們發現這個活動能提供受督導者機會

去反思與表達出他們如何將最有意義的督導經驗整合進「自我」中。

簡短地向受督導者說明曼陀羅的概念來開始這個活動。提供輕柔的音樂或簡潔的引導想像（Oaklander, 1988; Rogers, 1993）能幫助受督導者放鬆並且聚焦在他們此刻的經驗。督導者邀請受督導者閉上他們的眼睛，並且花幾分鐘來反思他們自己、他們的生活、他們的個案、他們作為遊戲治療師的成長，以及他們的督導經驗。接著督導者會說明：「現在，我要你們睜開眼睛，然後選擇用任何大小的圓形來創作一個曼陀羅，呈現出你現在如何看待你自己以及在過去幾個月督導中的成長、這兩者之間的關聯。也許你想要開始創作曼陀羅的中心，代表著你現在如何看待自己、你認為什麼最重要，以及你最欣賞自己什麼；接著，運用圓形剩餘的部分描述你這學期的成長——對你最具有意義的時刻與影響你最深的經驗。這些都只是建議，你創作的曼陀羅沒有所謂的對或錯。」

● 案例

當莎莉創作的時候，她非常專注在她的作品，並且對著自己哼哼唱唱。要結束的時候，她表示這是所有的活動中她最喜歡的一個。由於莎莉的創作有很多個人特質而無法完全的匿名，所以她曼陀羅的照片沒有放在這裡。莎莉用青綠色塗滿整個紙盤開始她的曼陀羅創作；接著，她在曼陀羅的中間畫了一個相當大的圓，並且用她的名字作為內圓的邊緣。她花了很長的時間仔細地從表達性藝術車（參閱本章附錄）裡挑選出花片和最鮮豔的材料，繼續運用這些材料在裡面拼貼成她的名字。她用玻璃紙剪下一個圓形（類似她在第一次創作中用來遮蔽羽毛的東西），當底部黏上了各式各樣鮮豔的材料，如此玻璃紙的邊緣會圍繞著拼貼而突出，看起來就像是花朵綻放著它的花瓣。莎莉花了將近二十分鐘來建構它的「中心」，似乎對成果相當的滿意。剩餘的十分鐘，莎莉從曼陀羅的中心到外緣畫出了四條放射線，創作出四等分。她接著繼續在四等分中的每個部分畫圖、書寫或著色。她對每個部分的解釋如下：

(1) 她寫下的字：「安全」、「快樂」、「難過」、「害怕」、「緊張」、「接納」與「勇氣」。

(2) 她畫了四個不同大小的人物而沒有任何文字。

(3) 她畫了兩個有玩具的人環繞著「連結」這個字。

(4) 她在一開始用青綠色所塗滿的圓上面畫了不同顏色的點點。

　　她向團體描述她的曼陀羅，最聚焦在她的「中心」。她真的很喜歡這個轉變，並且評論她「很多時候已經不再害怕人們看到真正的莎莉」。她能夠開放地談論她最重視自己的地方是什麼。從花費大量的時間和聚焦在「自我」上面可以清楚看出，莎莉開始正視她是個值得愛的人，並且接納那個真正的她，而不只是因為她的好行為。她的同儕表示，因能看到真正的莎莉而覺得感謝，特別是當他們知道她有多麼的辛苦，以及需要有多大的勇氣。莎莉開玩笑說她喜歡在曼陀羅創作中的那個她，更勝於她創作的鳥／創造物！

　　莎莉解釋在外圓中的分割是代表在她督導經驗中最具有意義的部分。感覺的文字代表著她曾經在督導歷程中所經驗到的各種情緒，然而這並非都很有趣，但是她慶幸這些情緒的表達對她的成長是必要的。兩個人和玩具的圖畫與「連結」的文字代表著遊戲治療中的個案，她現在感覺到自己能夠與個案建立更真誠的關係。她補充說這是她工作的領域，如今她經驗到這是多麼的重要。在塗滿青綠色上面有顏色的點點代表部分的自己，她仍在了解、接納與整合的歷程中──她也會持續透過諮商來達成。最後，她所畫出的四個人，代表著她、她的受督導夥伴們與督導者。在敘述這個部分時，她由衷相信同儕的支持與接納，最能讓她冒著風險去開放自我來面對督導中所出現的感覺和經驗。這個活動明確提供莎莉一個有意義的方式來反思與表達她在督導課程中個人與專業上的成長，同時提供某種親近的感覺。在督導中藉由遊戲與表達性活動的運用，莎莉已經發展出新的洞察與內在資源，讓她持續在自我覺察上有所成長，並且對這個成長與自我檢視的歷程保持開放──就像我們的個案在遊戲治療中所做的。

結　論

　　本章聚焦在以人本取向運用表達性藝術活動對遊戲治療受督導者進行督導，受督導者也對諮商中的個案運用相似的取向。在臨床督導中運用表達性藝術提供許多潛在的益處，包括有機會投入和經驗創作的歷程。就像遊戲治療師與其他表達性的治療師能對個案增進治療的歷程，運用表達性藝術可以藉由促進治療師自我覺察、增進個案概念化、鼓勵探索、澄清受督導者的理論架構，以及催化遊戲治療技巧的發展來增進督導經驗。與遊戲治療的原理相一致，運用遊戲、藝術與其他表達性媒材能夠讓受督導者有方法接近與表達那些他們無法單獨透過言語來表達對於自己與個案的想法、感覺和經驗。

附錄：攜帶式表達性藝術車的物品清單

為了能夠在任何空間方便運用表達性藝術活動，我們建議使用能方便移動的三層式收納推車。在架子的最上層並排著兩個塑膠的六格抽屜以便放置媒材與物品。這組設備在下表中分別是指「左邊抽屜的組件」與「右邊抽屜的組件」。

架子的上層：左邊抽屜的組件	架子的上層：右邊抽屜的組件
抽屜 1	抽屜 1
蠟筆	各種大小與顏色的珠子
麥克筆	不同形狀的義大利生麵
彩色鉛筆	保麗龍球
鉛筆	各種形狀的泡棉
抽屜 2	抽屜 2
油性蠟筆	塑膠吸管
水彩顏料	牙籤
畫筆	冰棒棍
點點畫筆	毛根

（續下頁）

抽屜 3 剪刀 釘書機 打洞機 迴紋針 橡皮筋 膠帶／膠水	抽屜 3 棉球 毛線 各種顏色的羽毛 絨毛彩球 氣球
抽屜 4 剪紙圖案／卡片 貼紙 印泥 印章 各式各樣的紙	抽屜 4 緞帶 蕾絲 毛氈 各種的布料與其他廢料
抽屜 5 亮粉膠 亮粉 小亮片	抽屜 5 泡泡袋 鋁箔紙 人造的彩色塑膠草 玻璃紙
抽屜 6 貝殼 小石子／石頭 各式各樣的自然物品	抽屜 6 各種回收的小型紙製容器 紙／保麗龍杯與碗
架子的中間：左邊 裝有彩色沙子的塑膠箱	**架子的中間：右邊** 裝有黏土、培樂多與超輕黏土的 塑膠箱黏土工具
架子的下層：左邊 紙盤 美勞紙 雜誌	**架子的下層：右邊** 塑膠托盤（提供個體工作的平台） 3 到 4 個圓形沙盤（約直徑 45 公分 陶土色的盆栽底盤）

參考文獻

Bernard, J. M., & Goodyear, R. K. (2004). *Fundamentals of clinical supervision* (2nd ed.). Needham Heights, MA: Allyn & Bacon.

Bertoia, J. (1999). The invisible village: Jungian group play therapy. In D. Sweeney & L. Homeyer (Eds.), *The handbook of group play therapy* (86–104). San Francisco: Jossey-Bass.

Bratton, S., & Ferebee, K. (1999). The use of expressive art activities in group activity therapy with preadolescents. In D. Sweeney & L. Homeyer (Eds.), *The handbook of group play therapy* (192–214). San Francisco: Jossey-Bass.

Bratton, S., Landreth, G., & Homeyer, L. (1993). An intensive three-day play therapy supervision/training model. *International Journal of Play Therapy*, 2(2), 61–78.

Bratton, S., & Ray, D. (2000). What research shows about play therapy. *International Journal of Play Therapy*, 1(9), 47–88.

Bratton, S., Ray, D., Rhine, T., & Jones, L. (2005). The efficacy of play therapy with children: A meta-analytic review of treatment outcomes. *Professional Psychology: Research and Practice*, 36(4), 376–90.

Bratton, S., Ray, D., & Landreth, G. (2008). Play therapy. In M. Hersen & A. Gross (Eds.), *Handbook of clinical psychology, Volume II: Children and adolescents*. New York: Wiley & Sons.

Campbell, J. (1974). *The mythic image*. Princeton, NJ: Princeton University Press.

De Domenico, G. (1999). Group sandtray-worldplay. In D. Sweeney & L. Homeyer (Eds.), *The handbook of group play therapy* (215–33). San Francisco: Jossey-Bass.

Edwards, D. (1993). Learning about feelings: The role of supervision in art therapy training. *The Arts in Psychotherapy*, 20, 213–22.

Getz, H. G., & Protinsky, H. O. (1994). Training marriage and family counselors: A family-of-origin approach. *Counselor Education & Supervision*, 33, 183–90.

Gladding, S. T. (1998). *Family therapy: History, theory and practice*. Second edition. New York: Prentice-Hall, Inc.

———. (2005). *Counseling as an art: The creative arts in counseling* (3rd ed.). Alexandria, VA: American Counseling Association.

Homeyer, L., & Sweeney, D. (1998). *Sandtray: A practical manual*. Canyon Lake, TX: Lindan Press.

Kranz, P., & Lund, N. (1994). Recommendations for supervising play therapists. *International Journal of Play Therapy*, 3(2), 45–52.

Lahad, M. (2000). *Creative supervision: The use of expressive arts methods in supervision and self-supervision*. Philadelphia: Jessica Kingsley Publishers, Ltd.

Lambert, S. F., LeBlanc, M., Mullen, J., Ray, D., et al. (2005). Learning more about those who play in session: The national play therapy in counseling practice project (Phase I). *International Journal of Play Therapy*, 14(2), 7–23.

Landgarten, H. B. (1987). *Family art psychotherapy: A clinical guide and casebook*. New York: Brunner/Mazel.

Landreth, G. L. (2002). *Play therapy: The art of the relationship* (2nd ed.). New York: Brunner Routledge.

Lett, W. (1995). Experiential supervision through simultaneous drawing and talking. *The Arts in Psychotherapy, 22*(4), 315–28.

Lowenfeld, M. (1979). *The world technique* (2nd ed.). London: Allen & Unwin.

Moustakas, C. E. (1959). *Psychotherapy with children: The living relationship.* Greely, CO: Marron Publishers.

Newsome, D., Henderson, D., & Veach, L. (2005). Using expressive arts in group supervision to enhance awareness and foster cohesion. *Journal of Humanistic Counseling, Education & Development, 44*(2), 145–57.

Oaklander, V. (1988). *Windows to our children.* Highland, NY: Center for Gestalt Development.

Oaklander, V. (2006). *Hidden treasure: A map to the child's inner self.* London: Karnac.

Ray, D. (2004). Supervision of basic and advanced skills in play therapy. *Journal of Professional Counseling: Practice Theory and Research, 32*(2), 28–41.

Rogers, N. (1993). *The creative connection: Expressive arts in healing.* Palo Alto, CA: Science & Behavior Books.

Wilkins, P. (1995). A creative therapies model for the group supervision for counselors. *British Journal of Guidance & Counseling, 23*(2), 245–58.

Young, A. (2001). Mandalas. *Encounter, 14*(3), 25–34.

督導中的沙子

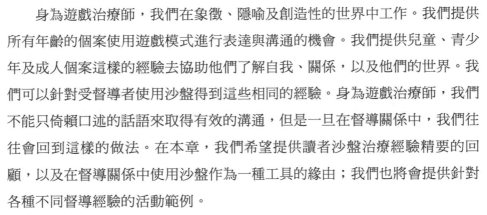

Mary Morrison、*Linda E. Homeyer*

　　身為遊戲治療師，我們在象徵、隱喻及創造性的世界中工作。我們提供所有年齡的個案使用遊戲模式進行表達與溝通的機會。我們提供兒童、青少年及成人個案這樣的經驗去協助他們了解自我、關係，以及他們的世界。我們可以針對受督導者使用沙盤得到這些相同的經驗。身為遊戲治療師，我們不能只倚賴口述的話語來取得有效的溝通，但是一旦在督導關係中，我們往往會回到這樣的做法。在本章，我們希望提供讀者沙盤治療經驗精要的回顧，以及在督導關係中使用沙盤作為一種工具的緣由；我們也將會提供針對各種不同督導經驗的活動範例。

　　Homeyer 與 Sweeney（1998）定義沙盤是：「一種表達性與投射性的心理治療方法，藉由運用特定的沙盤媒材作為非口語的媒介，來發現與處理內在和人際的議題，歷程是由個案所帶領，並且由一位受過訓練的治療師來催化。」（p. 6）沙盤是一個多功能的模式，被運用在兒童、青少年、成人、家庭、伴侶，以及個別與團體。進階的督導時常需要受督導者去處理內在與

人際的困難，而沙盤提供受督導者機會藉由非口語的溝通去探索這些議題的型態。

　　遊戲治療是一種象徵性與表達性的媒介，讓兒童自然地表達他們自己。Landreth（2002）將遊戲的特徵描繪成是兒童自然的語言──玩具是他們的字彙，而遊戲是他們的語言。治療師了解兒童在遊戲治療中象徵性表達的能力對於治療師去理解兒童世界的能力而言是非常重要的。這個理解也可以催化治療師個人所擁有的象徵性自我表達。以遊戲治療師運用於他們個案的治療模式相一致的方式來對他們進行督導是合理的。沙盤提供治療師一個媒介能藉由象徵體驗督導，提供他們機會藉由象徵性的表達觀看他們的個案以及他們自己。沙盤催化讓督導者取得資訊的機會；想法、感覺及經驗可能不是受督導者在傳統督導中會透過口語揭露的（Kwiatkowska, 1978）。

　　督導者對他們的受督導者有著多元的責任，其中之一是去形塑專業以及倫理行為（Haynes, Corey, & Moulton, 2003）。督導者在遊戲治療督導中能合乎倫理的運用這個模式之前，遊戲治療與沙盤治療兩者的訓練及臨床經驗是非常重要的。我們強調在沙盤中個人體驗的重要性。沙盤是一種十分有力的模式，而且如果沒有個人體驗的話，督導者會缺乏對有效使用這個模式的深度理解。如果督導者沒有親身體驗過沙盤的力量，是很難知道如何使用沙盤體驗的內容去幫助受督導者，並以一個充滿洞察的歷程對受督導者懷抱尊重以及具備敏感度。事實上，無論是作為一個諮商師或是督導者使用沙盤（譯註：亦即運用沙盤當作諮商或督導的媒介），個人的體驗是實務工作的最佳標準。

督導關係

　　督導者在督導關係中具備幾種不同的角色，如何在這些角色之間取得平衡會是個挑戰。關鍵的是督導者提供一個安全的環境，一個對於受督導者而言「自由與受保護的空間」（Kalff, 1980），得以完全的參與督導歷程。

Haynes、Corey 與 Moulton（2003）探討正向督導關係的要素；督導者需要展現同理心、接納、真誠、具體、面質，以及立即性。由於在督導中容易受傷，以及開啟成長的歷程，督導應該是一個受督導者感覺受保護的空間。Homeyer 與 Sweeney（1998）討論沙盤治療師的必要特質，當中包含同理心、接納、真誠，以及立即性。一個在督導歷程中運用沙盤的督導者應具備這些特色交融的平衡。同時，審慎取得平衡並整合督導者的教師、諮商師及諮詢師的角色也是重要的（Bernard & Goodyear, 2004）。

　　很顯然，要督導者擔任他們自己受督導者的諮商師是不合倫理的（American Counseling Association, 2005），但是有些時候對於受督導者的成長而言，聚焦在個人的優勢與劣勢是非常重要的。Haynes、Corey 與 Moulton（2003）建議督導者將這樣的督導議題限制在那些與受督導者的臨床技巧、反移情，以及因應壓力與專業耗竭相關的議題。在諮商師的督導者角色是精簡的，僅只需要去提高受督導者對於干擾諮商師—個案關係的個人議題的覺察，以及受督導者的專業發展。然而，當某個督導者進入存在的重要個人議題時，督導者轉介受督導者給其他治療師進行個別諮商，這是一個很重要的倫理責任。在諮商師的角色中，督導者藉由討論與探索充分的積極介入這個受督導者，協助這個受督導者帶著個人的洞察來理解透過諮商去解決那些議題的需求。

　　沙盤對於督導關係與歷程而言是一個動力的附加物，它是個有力但不具威脅性的技術。基於沙盤的投射性本質，受督導者個人有關的掙扎在這個歷程期間會被暴露出來。督導者會謹慎地停留在督導關係的角色範圍內，以及處理只和受督導者成長與發展相關的資訊。因此，在督導關係的合適範圍內運用時，沙盤對於督導者而言是一個安全的方法，去快速地處理影響受督導者她工作的個人掙扎。這個沙盤的視覺圖像讓受督導者非常如實地看見眼前的議題，也因此，得以具備關於她個人所擁有的掙扎與議題的洞察。例如：我針對一位博士班學生並且在大學諮商中心諮商實習的受督導者進行工作。她的臨床工作很有成效，但是我可以看見博士班課程以及她的個案量是如何

的影響她。當我提及我對於她的掙扎的觀察時,她時常否認經驗到任何的壓力或是專業耗竭。看見她無法開放且直接地討論這個議題,我邀請她創作一個沙盤,挑選吸引她的物件並且將它們擺放成一個景象。完成後的沙盤是三個分離的景象,每一個景象位於沙盤的某個角落。第一個景象包含一些野生動物,像是熊與老虎,代表她對於學校和臨床工作的感覺。第二個景象代表她很少看見的好朋友的團體;那是一個戶外的景象,有著一個盪鞦韆、一些動物寶寶、石頭及一些樹。第三個景象是一座教堂,有著一些小動物打扮成人們,代表她的新教會與朋友。當她完成建構這個景象時,她開始哭泣,立刻明白她的生活已經逐漸變得多麼壁壘分明,以及這有多困擾她。藉由單純地觀看她個人所創造的沙盤景象,產生了自我覺察。她之後能夠討論對於她的處境感覺到的過度壓迫,以及這如何使她個人與專業兩者「精疲力盡」。這個沙盤提供我們一個來自討論她的計畫是多麼大的挑戰的重要洞察,而她最後終於允許自己承認被壓得喘不過氣來。當她釋放這些感覺,她能夠談論關於它們如何影響她的臨床工作,並且採取更好的自我照顧計畫,使得她可以更好的處理她的個案。

移情與反移情的議題

　　Landreth（2002）強調遊戲治療師帶進治療中最重要的資源是個人所擁有的人格——個人的自我是治療關係的核心。那些沒有覺察到他們自己的偏見、動機、需求以及感覺的治療師,對於兒童的工作將會是缺乏效能的。治療師的這些特質會被兒童感知,而且將會負向地影響兒童的治療歷程。假定一個人可以有效地區分這些自我的面向是不大可能的（Landreth, 2002）。兒童是非常自我中心的;因此,當治療師的感覺流露出來或是被兒童感知,兒童會假定那些感覺是與他（她）有關。例如:某個治療師對於一個施虐者的憤怒可能會被兒童詮釋為這個憤怒是針對這個兒童,而損害了治療關係與療癒歷程（James, 1989）。Landreth（2002）提出治療師在遊戲治療關係中

應該詢問他們自己的問題：

> 你的意圖是去改變這個孩子嗎？你會希望孩子玩這個遊戲嗎？你比
> 其他人更能夠接納某些行為嗎？你對於亂七八糟的容忍度低嗎？你
> 有拯救這個孩子離開痛苦或困難的需求嗎？你有被這個孩子喜歡的
> 需求嗎？你對於這個孩子感到安全嗎？你信任這個孩子嗎？你期望
> 這個孩子處理特定的議題嗎？（p. 104）

　　未曾考慮這些問題的治療師，很可能會灌輸他們的信念與期待於遊戲治療關係中影響兒童的遊戲，阻礙兒童成為他的真實自我，也影響治療師對於這個兒童傳達接納的能力。

　　兒童曾經被暴露在可怕與無法想像的經驗之中。那些有困難接納兒童真實狀態的治療師，當他在會談歷程中將它演出時，將會干擾或是終止這個治療歷程。觀看兒童演出他們的創傷是一個充滿震撼而且時常是令人不安的經驗。重要的是，治療師要準備好和孩子去經驗遊戲的強度。治療師經驗到的常見反應包括渴望去拯救這個孩子、傷害有責任的那一方、滋養這個孩子，或是變成過度保護。任何一個這些反應可能都會阻礙治療師設限或是無法讓這個兒童述說完整的故事，因而損害介入的歷程（James, 1989）。像是對於治療歷程的這類反應必須在督導中加以討論與處理。很重要的是，督導者要準備好面對受督導者可能對於他們的個案會有的各種不同反應和強度。

　　Ray（2004）指出，基於先入為主的期待來和兒童工作，而難以和兒童連結的治療師時常感到沮喪。治療師常會期待和兒童的遊戲治療是有趣以及值得的，當他們無法接受到他們期待來自兒童的肯定時，他們會感到驚訝。治療師也會難以和那些以報復和傷害的方式拒絕治療師的兒童產生連結。為了讓受督導者成長並發展成治療師，在督導歷程中探索與理解這些感覺是很重要的。對於受督導者而言，為了預先考量與確認治療關係中的移情，能自我覺察也是很重要的。

Gil（2006）定義移情是治療師對於這個兒童或是兒童的系統的直覺反應、感覺、行為及想法，可能暗中損害治療工作。Gil 與 Rubin（2005）討論對兒童治療師而言，探索反移情的重要性。兒童帶著他們的整個系統——自我、父母親、手足、機構、學校、精神科醫師，以及其他——進入治療之中，構成了治療師回應這個兒童的許多不同面向。當遊戲治療作為介入的媒介，這些議題藉由遊戲的身體上與視覺上的表達更為明顯。因此，在以遊戲治療體驗針對兒童進行工作時，反移情議題可能更頻繁且更普遍地發生。覺察在治療關係中的反移情對於理解這個兒童、系統，以及介於這個兒童和治療師之間的關係，也就是催化治療行動的基礎而言是很重要的。

因為遊戲治療在生理上、象徵性及外在表達的本質，兒童不會壓抑，比成人個案更常利用治療師的情緒困難，喚起了更為有力的反移情經驗。Gil 與 Rubin（2005）提出使用以遊戲為基礎的技術，本文稱為反移情的遊戲（像是沙盤），來處理在遊戲治療關係中的反移情議題。反移情遊戲提供治療師一個管道，能以一種和針對個案使用的治療模式較一致的方式探索反移情。將關於督導的移情議題限制在談話上可能是不適當的，如果有考量到治療工作非口語與象徵性的本質。

遊戲治療不同於成人談話治療，因此，遊戲治療師的督導應該以不同的方式來處理。和成人的口語治療相較之下，治療師在遊戲治療歷程中有較多的非口語行為與象徵需要去關注。在遊戲治療督導中運用沙盤作為表達的模式回應這個差異，提供受督導者一個表達性與象徵性的模式去探索反移情的感覺（Gil & Rubin, 2005）。

整合沙盤進入督導歷程

Ray（2004）指出遊戲治療督導時常依循一個發展取向的模式。Stoltenberg、McNeill 與 Delworth（1998）發展出督導的「整合發展模式」（Integrated Developmental Model, IDM）。作為一個發展取向的模式，

IDM 可以應用在任何受督導者，不論受督導者專業發展的時間點。這個模式對於遊戲治療的受督導者是特別好用的，因為很多遊戲治療師一開始是接受談話治療的訓練與督導，在整合遊戲治療進入他們的實務工作時回歸督導。藉由 IDM 提供的三個層次，一個受督導者得以成長與發展。層次一：「啟程」（Beginning the Journey），是帶著有限的自我／其他覺察依賴督導者的層次。基於受督導者對結構、細微技巧的訓練，以及依賴度層次的需求，沙盤在這個發展的時間點可能不是會選擇的技巧。層次二為「試驗與磨練」（Trial and Tribulation），包含關於獨立以及個案不斷增長的覺察的困境，受督導者個人所擁有的自我覺察或是矛盾心態，有些時候會排除在外。沙盤在這個時間點特別有效用。在 IDM 中第三個也是最後一個層次：「挑戰與成長」（Challenge and Growth），被定義為受督導者具備一個穩定的專業認同與合適的自主性。受督導者對於優勢與劣勢的自我接納度增加，而有能力帶著這個較深度的自我感覺開啟臨床工作的整合。督導者的角色是持續的去刺激以及挑戰成長。同樣的，沙盤經驗在此時也很適合發揮功效。Ray（2004）討論到基礎與進階遊戲治療技巧之間的差異。她並指出，在遊戲治療師的職涯裡，進階遊戲治療技巧的精進仍然是成長的領域，因此隨著治療師作為專業人員及個人的發展，需要以不同的方式處理。在督導中運用沙盤，對於那些已經較精熟的遊戲治療師而言是非常有幫助的。

沙盤作為一種督導的介入

　　遊戲治療的督導可說是一種挑戰以及刺激的冒險。督導者挑戰受督導者透過兒童的眼睛、體驗兒童的經驗是什麼，以及理解兒童的觀點來觀看世界。那麼，為什麼督導者會運用沙盤作為一種協助受督導者理解兒童的媒介呢？

　　(1)沙盤賦予治療師非口語化的感覺以及個案的經驗表達。如同先前的討論，在與兒童工作時，治療師回應各式各樣的議題、人們及處

境，這些常常是受督導者在口語報告個案時被忽視的。沙盤讓這個未談論以及「未覺察」被表達出來。例如：受督導者時常難以管理他們對於某個在遊戲中具攻擊性兒童的感覺。然而，鮮少有受督導者會承認他們不喜歡這個孩子。沙盤可以催化一個關於這個受督導者的成長以及這個個案的介入很重要的討論。

(2) 沙盤創造視覺以及具體化抽象的部分。督導時常是一個認知與抽象的經驗，因為受督導者花費大量的時間「談論」這個個案，常會導致他們的焦點遠離發生在會談歷程中的其他動力。建構沙盤創造了一個圖像，並且讓受督導者去看見這個動力以及會談裡發生的感覺，將概念與動力從抽象移動到視覺與真實，提供澄清與理解。

(3) 沙盤的動覺特質——觸摸沙子與擺放物件——往往可點燃受督導者的表達。讓沙子穿過雙手有一種自然而然的放鬆，它創造一種安全感，催化受督導者更願意敞開和展現脆弱。這也帶來更加多元模式的學習經驗。

(4) 當沙盤物件被使用來捕捉治療歷程的面向時，治療性的隱喻容易被發現。隱喻提供受督導者一個安全的工具理解個案，以及他對於個案的感覺。藉由挑選某個特定的物件，受督導者對於標示某個個案或父母的特徵會覺得比較自在。針對結果的隱喻進行工作，協助進入他們先前未覺察的那些想法與信念。

(5) Dean（2001）提到關於個案裡的動力，受督導者採取一個「後設位置」（metaposition），減少在動力的糾結。不熟悉兒童的治療師時常發現他們自己糾結在兒童的系統中，與父親、母親或是主要照顧者那一方結盟或是對抗。採取後設位置凸顯一個先前可能沒有覺察到的人際動力。

(6) 沙盤可以在個別督導或小團體督導中運用。當受督導者討論與探索彼此的沙盤內容時，產生了替代學習（vicarious learning）。團體督導也讓受督導者去觀察督導者如何針對受督導者處理沙盤，因而提

供一個作為如何針對個案處理沙盤的示範說明。

(7) 最後，沙盤督導是一個可針對抗拒的受督導者來使用的絕佳模式。沙盤打斷防衛性的口語內容，並且讓受督導者有機會以一個不同的方式去參與督導，打破抗拒的高牆（Homeyer & Sweeney, 1998）。

如何使用沙盤

督導者有很多不同的方式可以運用沙盤作為一種督導的工具。如同先前所提及的，很重要的是督導者為倫理角色的楷模；因此，在針對受督導者運用這個介入之前，沙盤與遊戲治療兩者的訓練與個人體驗是至關重要的。督導者應該催化更甚於指導這個歷程。很重要的是督導者要注意受督導者選擇與擺放物件的這個歷程。受督導者在創作期間不會感覺到被監視，這一點是很重要的，因為這將會阻礙這個歷程。沙盤是一個藉由增長自我控制感、賦能感，以及安全感而發生理解與覺察的歷程（Homeyer & Sweeney, 1998）。在督導關係中感到安全的受督導者，比較能夠去評估他們個人所擁有的治療歷程。那些獨立去發現他們在諮商中需要不同特性的受督導者，如果他們沒有感覺被督導者批評的話，較可能開放且感到更多的賦能感去著手這個改變歷程。

Homeyer 與 Sweeney（1998）針對個案操作沙盤歷程提出六個步驟，也適用於督導中：(1) 準備治療室；(2) 向受督導者介紹沙盤；(3) 在沙盤中創造景象；(4) 創造後（處理）階段；(5) 沙盤的拆除與清理；(6) 記錄歷程。沙盤歷程每個階段的詳細描述超出本章的範圍，然而，我們將討論介紹沙盤的各種方式以及如何針對受督導者處理沙盤。

你用來介紹沙盤的方式取決於你的意圖，以及你在督導歷程中的這個時間點針對受督導者使用沙盤的目標。例如：如果你想要受督導者去處理某個案例或某個會談歷程的特定面向，那麼一個指導性的指導語可能是非常有幫助的。沙盤是一個非常有彈性的媒介，因此有各式各樣的指導語可以給予受

督導者。接下來的描述是一些依據督導的目標而來的指導語類型的範例，這些可能是非常有幫助的。

理解系統

選擇一個人物來代表這個兒童以及他的系統中每個成員（如：父母親、教師、機構的工作人員等）。這個指導語對於時常發生在兒童治療師身上、那些和兒童系統中的某人奮戰的受督導者而言，可能特別重要。我們發現受督導者時常因為面臨困難的個案而責備父母親或是教師，而這個態度讓諮商師要去形成一個強力的工作同盟是非常困難的。像這樣的沙盤指導語幫助受督導者覺察與洞察關於這個系統的感覺，以及它們可能如何影響治療歷程。

理解他們的世界

你個案的世界是什麼樣子？這個指導語是很一般的。然而，它對受督導者從一個整體的觀點來觀看個案所有的困境可能會很有幫助。治療師時常只從他們在遊戲室的經驗來概念化兒童，然而兒童的世界遠比遊戲室還要大很多。這個指導語也可協助受督導者概念化這個個案。很多新手治療師難以用口語去討論個案完成的圖像，而看見這個個案的世界可以催化這個歷程的視覺表徵。

比較與對照

個案今天的世界是什麼樣的？在治療結案時個案的世界將會是什麼樣子？比較與對照這兩個沙盤可能帶給即將結案的個案什麼洞察。這也是阿德勒取向經常使用於個案的技術，它對於受督導者去創造一個介入計畫以及獲得個案最需要什麼的觀點可能會非常有幫助。受督導者時常因為兒童個案過度的與極度的需求而感到不堪負荷，這個技術可以幫助受督導者按優先順序處理個案的需求是什麼。比較與對照是常常使用且有用的指導語。再一次，這個指導語被督導者發展來引導受督導者去探索督導的議題。也許受督導者

正逐漸陷入某個孩子的議題而過度糾結。一個指導語像是：「在沙盤的其中一半創造一個你在看到你個案之前的感覺的景象，而另外一半則是在這次的會談歷程之後你的感覺像什麼」，或許會讓議題浮現出來。

理解父母親

創造一個景象呈現父母親的世界。這個指導語幫助督導者獲得對於家長的觀點以及理解。如同先前所述，受督導者時常難以和父母親形成一個有凝聚力的連結，因此常會批評父母親。那些從父母親的觀點觀看事物的受督導者，可能對父母親有更多的欣賞與同理。

理解治療歷程

一個指導語像是：「創造一個景象呈現最近一週在你的會談歷程中的經驗」，對於受督導者去處理在遊戲治療歷程中非常特定的事件會很有幫助。特定的遊戲行為與主題對於受督導者而言常常是難以理解與接納的，像是性的或攻擊型的遊戲。對於受督導而言，處理他們關於這個遊戲的感覺與經驗，創傷的重演可能也是一種緊張與情緒的體驗，但是他們可以被療癒。受督導者可能需要處理在這個情境他們個人所擁有的感覺，好讓他們的知覺經驗不會干擾這個兒童的治療歷程。

理解反移情

Gil 與 Rubin（2005）建議在一個會談歷程結束之後，當感覺與反應還是新鮮的時候，立即處理受督導者的反移情感覺。二位作者建議下列的指導語：「讓你自己檢視一下，看看關於你在剛完成的工作中（針對某個特定的個案或是在某段特定的期間），你有什麼想法、感覺及回應。然後查看在你面前的這些物件，依照你所需要或是你想用到多少都可以，將它們擺放在這個沙箱之中。」（p. 96）Gil 與 Rubin 建議受督導者處理當他們觀察在沙盤中的景象時的感覺，讓感覺有機會透過視覺和口語被呈現出來。

　　這可能也是介於受督導者與督導者之間的反移情議題，在督導關係中的議題必須被加以處理。沙盤也可以充當一種修通這些議題的方式。

理解你的專業發展

　　建構你身為一個諮商師的世界。瑪麗和一群對自己的身分位置感到掙扎的小學諮商師工作。很多小學諮商師在他們的學校中是唯一一位諮商師，而且經驗到大量的疏離感。小學諮商師在他們身兼行政人員、教師及諮商師多重角色的責任中掙扎奮鬥著。瑪麗藉由表達性藝術的技巧為這個諮商師的小團體諮商提供支持。每個諮商師擁有他（她）個人的小沙盤——當地的植栽園地發現的小盆栽底盤。這個指導語是去建構一個他們工作的世界像什麼的沙盤。一旦每個人完成他們的沙盤，我們圍成一圈坐著並且每個人分享他（她）的沙盤。在團體督導中，很重要的是去連結團體成員分享經驗以及替代學習。連結成員間的相似感覺與經驗在團體督導的歷程是非常重要的。這對於這些掙扎於他們的角色和帶著疏離感的學校諮商師而言是特別重要的。在這個團體中，有著因如此多要求而感到過度緊繃、來自行政人員的壓力、缺乏時間用於諮商兒童，以及熱愛幫助兒童等一致的主題。每個沙盤不同地表達出這些經驗；然而，所呈現的主題是相同的。某個諮商師選擇有一根魔法棒的小仙女代表她自己、一隻具有攻擊性的恐龍代表她的校長，以及一些正受養育中的動物代表兒童和教師。當她描述她的沙盤時，這個小仙女飛到各地施展魔法給所有的動物，並且保護牠們遠離恐龍以及牠充滿傷害的統治。當她描述她的沙盤時，其他諮商師能夠提供她支持，並且鼓勵她繼續去「對兒童施展魔法」。這些諮商師感到很驚奇，並且評論我們沙盤經驗的結論對他們而言是多麼的具有幫助。這些諮商師指出，他們感覺到更多的鼓勵、支持，並且在他們的生涯中賦予能量。

家庭圖遊戲

　　Gil（2006）提出在遊戲治療中和兒童及其家庭運用家庭圖遊戲。這個技

術也可以改編用在督導之中。首先，受督導者在一大張的白紙上建構一個家庭圖，包含在兒童的系統中所有重要的主要照顧者，包括這個遊戲治療師／受督導者、寄養父母、原生父母、社工師、教師、日間保育員等等。第一個操作說明是：「從個案的觀點來選擇能夠代表個案對家庭圖中的每個人（包括你自己）的感覺與想法的物件。」第二個指導語是：「從你的觀點來選擇能夠代表個案對家庭圖中每個人的感覺與想法，包含你自己。」這個關於治療師觀點與個案觀點之間的差異討論是非常有趣的，而且是在督導期間值得一提的部分。

這個運用個案與受督導者雙方觀點的想法是本章作者 Linda Homeyer 在進行一個督導工作坊時意外發現的。給予指導語讓受督導者思考關於某個他們感覺特別不成功的個案，然後請他們創作這個個案家庭的家庭圖。有些參與者理解到他們所建構的這個家庭圖的歷程是從他們的觀點而來，而不是個案的。這說明很多洞察的發生可能主動以象徵的、覺察以外的資訊顯現出來。

Gil（2006）延伸這個活動，邀請受督導者去挑選物件，代表關於個案與在家庭圖中每個人的關係的想法與感覺。受督導者可以從個案的觀點以及他們自己所擁有的觀點去建構這個家庭圖。這個活動另一個有趣的變形是受督導者去選擇物件來代表在個案家庭圖中，受督導者個人對於每個人的關係所擁有的想法與感覺。這是一個動力的方式去開放地討論受督導者和兒童系統中其他成人的經驗。

Magnuson（2000）建議讓受督導者建構專業人員的家庭圖以提升專業認同與澄清。專業人員的家庭圖可以在沙盤中完成，就像家庭圖遊戲一樣，運用物件去象徵化專業的影響，像是理論家、督導者及心靈導師。

非指導性的指導語也可加以運用，讓沙盤中的景象成為受督導者和沙子與物件互動的結果。那些專業發展尚未成熟的受督導者可能發現非指導性指導語的困難處，因為他們一心專注於評量。非指導性的取向對於挑戰某些信念，以及協助聚焦在歷程而非結果的受督導者而言，或許是一個好的管道。

在使用非指導性的取向時,受督導者個人的掙扎很可能會變得更明顯。因此,對於督導者而言,很重要的是不要完全地進入諮商師的角色。這種類型的個別督導適用於那些較為進階的受督導者,他們不再聚焦於技巧的建立,而是關注諮商關係中的個人發展。

Homeyer 與 Sweeney(1998)建議這個非指導性的指導語:

這裡有大量的物件(指向置物櫃或箱子)。你可以依你想要的盡可能使用或使用多少都可以。我想要你花點時間去看看它們,之後挑選一些真的「對你說話的」(譯註:指吸引你或你有所感應的物件),將它們擺放在沙子中(指向沙盤)。之後增加到足以在沙中創造一個你想要的世界。我會安靜地坐在這裡,直到你完成為止。慢慢來,並且在你完成時讓我知道。(p. 62)

這個指導語將提供督導者在這個時間點受督導者的經驗圖像,提供關於對諮商關係有貢獻的各種不同因素的洞察。

處理沙盤

就像在運用任何的表達性藝術模式一樣,針對受督導者處理沙盤的經驗對於這個歷程來說是非常重要的。Homeyer 與 Sweeney(1998)針對關於治療師在建構期間以及針對個案的沙盤經驗進行處理階段的角色給予明確的指導說明,也可以運用到督導歷程。創造一個讓受督導者感覺安全與自由表達的環境是非常重要的;榮格取向稱這個概念為提供一個「自由與受保護的空間」。為了提供這類的環境,督導者必須藉由傾聽和觀察來參與沙盤的建構。參與這類型的經驗可能與預期的相當不同;也不鼓勵督導者在沙盤建構的期間談很多話。觀察受督導者如何著手處理這個沙盤對這個歷程而言是重要的。藉由觀察受督導者如何著手處理一個沙盤的建構、和沙子的互動,以及每個物件的選擇與擺放的位置,可以獲得大量的洞察。在針對受督導者處

理沙盤時，會想要運用你對於這個受督導者以及他的個案案例的知識去詮釋這個沙盤的象徵意涵。然而，受督導者的象徵詮釋才是最重要的。讓受督導者充分理解他在每個沙盤的感覺，能夠讓進階的受督導者去達到他個人所擁有的理解感與覺察感。這個自我發現遠比督導者對於沙盤的評估更具價值性。然而，督導者的洞察可用來發展巧妙的提問，以協助受督導者全然地探索沙盤的意涵。

在完成沙盤之後，Homeyer 與 Sweeney（1989）推薦幾個沙盤的面向供督導者去考量在期間處理這個經驗的部分。首先，視覺上觀察這個完成的沙盤，觀看全部的景象，並且視它為一個整體。這個沙盤喚起什麼情緒呢？身為諮商師，我們必須始終要覺察我們內在的情緒。自我覺察必然受到我們個人所擁有的經驗基礎以及我們先前參考工作所採取的哪個回應所影響。評估這個沙盤的組織：它是過度組織的或混亂的；僵化的或真實的；沒有人物的嗎？最後，辨識這個沙盤的主題或是隱喻。這個來自當中的情緒回應在沙盤的處理階段是重要的。

處理沙盤時，很重要的是從整體移動到特定催化受督導者的表達性歷程。Homeyer 與 Sweeney（1998）建議從討論完整的景象開始，要求取一個名稱，之後討論沙盤的區塊或是部分，而最後是特定的物件。當討論沙盤的任何面向時，從受督導者已經建立在沙盤上的隱喻開始，能讓受督導者停留在隱喻的安全範圍內。也藉由討論沙盤的內容而非直接過於聚焦在受督導者，來提供一些必要的情緒與心理的距離。擴大隱喻的意涵需要督導者從他（她）的觀點真實的理解受督導者的世界，這個技術讓督導者去創造來自沙盤的景象與受督導者和個案經驗的連結。停留在隱喻的範圍內是重要的，然而，有些時候受督導者可能會創造和他們自己個人的連結。這個個人的覺察與洞察應該被尊重以及處理，即使它不是督導者認為的詮釋。很重要的是，要注意那些尚未準備好用隱喻去連結他們個人經驗的受督導者，正在自己的舒適區域運作，應該要被尊重。

一旦督導者具備對受督導者的景象的理解時，沙盤也被運用來作為討論的跳板。像是下列這些問題也可以催化洞察：接下來會發生什麼？在這個景象之前發生什麼？在沙盤中的這些人物最需要什麼？你最需要什麼？重要的是記住要尊重受督導者的隱喻；如果受督導者還沒有走出隱喻的話，那麼修改你的問題去停留在隱喻之中。例如：這隻獅子最需要什麼？這個女孩希望接下來發生什麼？當情況較好時，對這個人來說事情會是什麼樣子？重要的是，詢問的問題是相關的、具有目標的，並且聚焦在受督導者身為一位諮商師的發展。

結　論

沙盤是一個非凡的技術，可被運用在現有的督導模式之中。沙盤提供機會給受督導者用非口語表達的良機去進行個人與專業兩方面的成長。為了在督導中運用沙盤，督導者具備他們個人使用沙盤的訓練與督導是極為重要的。催化這個成長歷程的督導者，聚焦在受督導者的專業成長以及抗拒成為受督導者的諮商師的討論也是很重要的。沙盤是一個充滿力量的媒介，而且很多受督導者個人的掙扎以及情緒經驗可以被顯露出來。如果有必要的話，應該準備好轉介接受諮商。

沙盤催化受督導者與個案之間的平行歷程。Haynes、Corey 與 Moulton（2003）描述受督導者對督導者的行為是如同受督導者對個案行為的一面鏡子的平行歷程。平行歷程也是督導很有力的一個面向，當適合著手處理時，可以對個案與受督導者雙方的成長有深刻的洞察。沙盤也催化這個歷程，因為在沙中被創造出來的場景具備討論關於治療與督導關係的跳板功能。

藉由使用象徵、隱喻，以及使用沙盤而來的遊戲發現，在督導中自我覺察的發展可以被大大的提升。那些在遊戲世界裡工作的遊戲治療師也從在督導中使用遊戲獲益，同時提升對於個案與自我的理解。

參考文獻

American Counseling Association. (2005). *Code of ethics and standards of practice.* Alexandria, VA: American Counseling Association.

Bernard, J., & Goodyear, R. (2004). *Fundamentals of clinical supervision.* Boston: Allyn & Bacon.

Dean, J. E. (2001). Sand tray consultation: A method of supervision applied to couple's therapy. *The Arts in Psychotherapy, 28,* 175–80.

Gil, E. (2006). *Helping abused and traumatized children.* New York: The Guilford Press.

Gil, E., & Rubin, L. (2005).Countertransference play: Informing and enhancing therapist self-awareness through play. *International Journal of Play Therapy, 14*(2), 87–102.

Haynes, R., Corey, G., & Moulton, P. (2003). *Clinical supervision in the helping professions.* Pacific Grove, CA: Thomson Brooks/Cole.

Homeyer, L., & Sweeney, D. (1998). *Sand tray: A practical manual.* Canyon Lake, TX: Lindan Press.

James, B. (1989). *Treating traumatized children.* New York: The Free Press.

Kalff, D. (1980). *Sandplay, a psychotherapeutic approach to the psyche.* Santa Monica, CA: Sigo Press.

Kwiatkowska, H. (1978). *Family therapy and evaluation through art.* Springfield, IL: Charles C. Thomas.

Landreth, G. L. (2002). *Play therapy: The art of the relationship.* New York: Brunner-Routledge.

Magnuson, S. (2000). The professional genogram: Enhancing professional identity and clarity. *The Family Journal: Counseling and Therapy for Couples and Families, 8*(4), 399–401.

Ray, D. (2004). Supervision of basic and advanced skills in play therapy. *Journal of Professional Counseling: Practice, Theory & Research, 32*(2), 28–41.

Stoltenberg, C. D., McNeill, B. W., & Delworth, U. (1998). *IDM: An integrated developmental model for supervising counselors and therapists.* San Francisco: Jossey-Bass.

反移情的遊戲：
透過遊戲來知情與增進治療師的自我覺察

Lawrence Rubin、Eliana Gil

　　自從一百多年前佛洛依德提出反移情（Freud, 1910/1959），臨床工作者已經陸續接受反移情的想法，會認為反移情能夠「深化治療師對於關係動力的覺察，並且對於治療的過程提供有用資訊」（Hayes et al., 1998, p. 468），它是能增進治療成果的重要工具，或者作為治療上的設限、防衛，以及大部分是潛意識的歷程。反移情的概念起源於成人精神分析已經發展到更廣泛地應用到兒童與青少年的治療中。最初狹隘的定義是治療師對於個案移情而有的潛意識反應，反移情的概念已經擴展為包含治療師任何或所有會損害到治療的想法、感覺與行為，並且會出現在治療師對個案（Fromm-Reichman, 1950）、案家（Maddock & Larson, 1995），或是個案的生態系統所做出的反應中（O'Connor, 1991）。

　　針對反移情在治療影響上之理解已經擴展到心理分析與成人治療的領域之外，而延伸到與兒童進行的治療工作，並運用在非精神分析的治療，像是家族治療。在與兒童和青少年進行治療中，治療師的盲點、偏見，以及沒有

確認出的情緒需求會造成情緒與行為不適當的回應、不耐煩、需要被個案所喜愛，以及試圖想要改變個案（Landreth, 2002）。Metcalf（2003）甚至認為在兒童治療師的反移情反應，超過了在成人治療師身上所發現到的。

即使按照廣義的觀點來看待反移情的影響，處理與解決它的方式，在歷史上只被描述為「談談它」。文獻聚焦在非特定的口語技術，用來幫助治療師透過反思、督導或治療來發展覺察、洞察，以及自我了解（Robbins & Jolkovski, 1987; Rosenberger & Hayes, 2002; Sarles, 1994）。這種強調智力與口語的方式來處理和解決反移情不見得會是個問題，特別當治療主要以口語進行或是以成人為主。然而，傳統的、成人為主、口語治療來處理反移情，對於投入治療中的兒童與青少年，以及特別是運用遊戲治療的人來說可能不是最理想的。由於遊戲治療並非是完全依賴口語要素的傳統治療（也就是討論、探問及詮釋），遊戲治療反而是運用創造性的想像、假裝遊戲、象徵語言與隱喻來開發兒童的能力。

特別是在兒童與青少年的治療中，在處理反移情及運用不同的方式處理反移情方面卻很少有這方面的努力。觀察這忽視的可能原因，Schowalter（1985）斷定兒童治療師對於這種需要兒童與青少年在治療工作高度地投入與實踐的自我檢視，會感到不舒服。不管被忽視的可能原因為何，兒童遊戲治療師必須要致力於處理與控制在遊戲治療中跟兒童與青少年所出現的反移情反應。為了做到這一點，了解這些反應的重要性是必要的。

與兒童和青少年的反移情

傳統的心理分析將反移情的定義概念化為個案的移情與治療師的潛意識之間的相互關係。這是一個線性與設限的概念化，特別是當與兒童和青少年進行工作的時候，對他們要有效的介入通常需要家庭成員主動的參與。根據在這個領域中的一些作者和臨床工作者（Bernstein & Glenn, 1988; Bettleheim, 1975; McCarthy, 1989; Wright, 1985）的描述，意識到在兒童治

療中顯現出來的反移情，是理解兒童心理議題、兒童的家庭，以及兒童與治療師之間關係的關鍵。這意味著治療師的反移情不會局限在他的潛意識反應；反而是對這個孩子或其家庭的某些特性（或經驗）有意識的認知、行為或情感的反應。Gabel 與 Bemporad（1994a, 1994b）指出治療師的反移情反應可能是一個媒介，而治療發生在其中。Waksman（1986）提醒兒童精神分析師，他們一直懸而未決的兒童期議題會遺害他們與兒童個案和兒童家長的工作。Rogers（1995）在她的著作《閃亮的痛苦》（*A Shining Affliction*）中，敘述反移情如何影響治療關係，還有臨床工作者專業與個人的穩定性。有鑑於與年輕個案工作的反移情會有無數的潛在來源，問這個問題也變得更加重要：「與年輕個案工作時，容易引發的反移情會是什麼？」

為什麼年輕個案會引發反移情

與年輕個案進行治療工作會出現獨特的反移情挑戰。Brandell（1992）觀察到兒童不同於成人的地方是：(1) 對於治療缺乏意識上的動機；(2) 更為行動導向；(3) 容易感到挫折；(4) 與生俱來的退化。根據 Brandell 的描述，基於這些理由，也因為年輕個案很容易有外顯化的行為、投入在初級思考歷程，以及產生很大的負擔讓治療師的防衛比一般成人更容易出現——他們會引發很強烈的反移情。同樣的脈絡，Gabel 與 Bemporad（1994b）觀察到因為兒童在行為與情緒上無法預測，也準備好進入性與攻擊本質的素材，並且可能處在一個不穩定的家庭系統中，他們是反移情的火藥桶。

有一些作者已經處理對於有各種病理與主訴問題的個案的反移情反應，運用更多表達性的技術，像是沙盤（Bradway, 1991; Bradway et al., 1990）。在憂鬱青少年的討論中，Bemporad 與 Gabel（1992）觀察到學齡前兒童的無助、青少年的困惑，以及自殺兒童的憤怒與困惑，都能夠引發重大的反移情反應。同樣的， 兒童因為失落與家庭破碎而經驗到無能為力、生氣、分離的忠誠感以及悲傷，會對治療師造成極大的情緒負擔（Garber,

1992; Jewett, 1994; Karr-Morse & Wiley, 1997）。此外，寄養兒童的困境
——他們同時感受到失落、挫折與依附困難——都有完整的記載（Boyd
Webb, 2005; Fahlberg, 1994）。治療有邊緣型特質的青少年（處在不斷的動
盪之中，定期地出現分裂與投射）會讓治療師無法去控制他們的情緒與反
應（Mishne, 1992）。Moser 等人（2005）提醒大家注意手足關係的動力矩
陣，反移情的拉力會在原生家庭的基礎上（特別是早期的手足關係），施加
在治療師的身上。McElroy 與 McElroy（1991）提醒與亂倫家庭工作的臨床
工作者，特別是那些未受過訓練、不堪負荷或沒有準備好的臨床工作者，會
因為對個案、對於所有涉及到明顯損害有反移情反應而受到負面的影響。最
後，與受虐兒童工作是容易喚引情感的工作，他們是最容易受傷害與脆弱的
個案，會挑戰及測試治療師的技巧和界線，促使他們破壞或過度發揮父母的
功能，並且會造成個人與專業的挑戰，像是時間管理、拯救的幻想或替代性
創傷（Cattanach, 1994; Gil, 1991; James, 1989; Perry & Szalavitz, 2006）。

典型反移情反應

　　年輕個案和他們的家庭或境況所引發特定的反移情反應非常不同且複
雜，就像他們臨床的主訴問題一樣。根據 Sarles（1994）的描述，反移情是
「存在於與每個兒童和成人病人交會的一種現象，包括情緒與反應的所有光
譜，包含：生氣、焦慮、恐懼的等待、妒忌、高興、愛與恨」（p. 73）。
對 Sarles 來說，這些回應與反應不是那麼危險，但卻是與青少年個案在治療
中既有的挑戰。同樣的，McCarthy（1989）提到反移情會出現在治療師迴
避他們自己或個案的焦慮，而在諮商中避免某些議題，這些議題不是會引起
治療師的焦慮就是會引起個案的焦慮。Schowalter（1985）提及反移情有許
多形式：(1) 強制性診斷或出院計畫；(2) 在治療中含括或不含括家長；(3)
與家長的競爭；(4) 對個案有過度正向或負向的感受。Gabel 與 Bemporad
（1994b）提到年輕個案會讓治療師過度地認同他們、運用兒童在服務他們

自己的需求，或者在案家中承擔起中間人的角色。

在探索反移情與兒童憂鬱症之間的關係，Brandell（1992）觀察到治療師經驗到的反應，包括：無助、無效、對家長感到挫折、想要保護、困惑、拯救的幻想，以及無聊厭煩，還有需要再次經歷他們的童年或青春期的經驗。與受虐兒童工作的治療師，Marvasti（1992）發現他們的反移情反應包括不願意去探索與受虐相關的議題、認同受虐者或施虐者、替代性的罪惡感與羞恥感，以及知情不報。同樣地，McElroy 與 McElroy（1991）發現，在與亂倫家庭工作的治療師身上恣意的反移情，會造成彼此共謀地去提供（與接受）表淺的治療、躲避亂倫的沉痛、與家長的競爭，以及對個案會有情緒的退縮。在對於有慢性疾病兒童的反移情分析中，Soarkes（1992）確認治療師對自己良好的健康狀態感到有罪惡感、不適當地揭露他們生活中與失落有關的情緒、無能與悲傷。最後，O'Connor（1991）在遊戲治療的脈絡中特別寫到，告誡遊戲治療師要監控他們的反移情，如此才能夠避免挫折、拯救者的幻想、過度認同他們的個案，以及專業耗竭。

上述每個反移情反應非常強而有力，並且會威脅損害到治療的效能與結果。為了克服反移情所呈現出的障礙，每一個都需要找到的解決方法，創造自我處理的成功機會。我們建議治療師能夠運用策略來處理他們的反移情，這個策略跟他們對年輕個案所運用的治療模式相一致，也就是遊戲治療。

處理反移情

在傳統的兒童與成人心理分析中，反移情藉由治療師的自我分析獲得處理與解決。回顧反移情的實證研究，Rosenberger 與 Hayes（2002）發現焦慮管理、自我統整與澄清是最常被提到用來解決反移情的方式。Robbins 與 Jolkovski（1987）提到處理反移情的最有效方式，包括：覺察、了解、警覺，以及理論架構的落實，並伴隨著自我覺察的調查方法；然而，他們沒有詳細說明如何運用這些方式。Hayes 等人（1998）建議：「運用督導、

療程的反思，以及在治療之外滿足個人的需求，都是管理反移情很關鍵的要素。」（p. 469）Frawley-O'Dea 與 Sarnat（2001）評論：「受督導者退化性的反應會被病人、督導者或學習歷程本身所觸發。」（p. 112）最後，Campbell（2000）提出督導者對於受督導者也會有反移情，包括「需要被受督導者需要、需要被喜愛，以及需要有影響力」（p. 43）。所以在督導關係的討論中，反移情仍然是核心議題。

在解決反移情在非心理分析的兒童與青少年治療中，McElroy 與 McElroy（1991）假定個人治療對於臨床工作者的重要性，還有，運用外部的治療師作為諮詢者團隊的方式也很重要。Waksman（1986）討論了做筆記技術，它脫離了以口語對話為主的標準傳統實務，並且評論臨床工作者很令人驚訝地不願更加自發性與創造性的去處理反移情。Gans（1994）描述一種「間接溝通技術」，治療師會在病人面前自言自語說出自己反移情的想法與感覺來作為一種修通的方式（並且深化治療的同盟關係）。在類似的創造形式中，Rudge（1998）建議治療師探索她的「反移情夢境」，以處理早前在治療中被引發的強烈反應。在督導中也處處可見處理夢境的討論（Robertson & Yack, 1993）。

O'Connor（1991）將反移情的討論帶進遊戲治療的領域。就像在他之前的學者一樣，O'Connor 指出治療師的個人治療會很有幫助。對 O'Connor 來說，自我覺察是很重要的工具，他將諮詢、督導，以及其他的技術列入能有效處理反移情的資源清單中。就 Metcalf（2003）的觀點來看待遊戲治療師反移情的型態，她提到團體督導、諮詢，以及同儕團體，還有訓練遊戲治療師去確認反移情的徵兆都會很有幫助。然而，就如同他們之前的先進一樣，Metcalf 和 O'Connor 都沒有建議治療師直接運用治療性的遊戲來處理反移情。

本章的作者們深信，如果治療師信任與重視遊戲治療的療癒潛能，接著運用遊戲治療中相同的工具來知情與增進他們的自我覺察會是一個明智的選擇。

透過遊戲來知情與增進治療師的自我覺察

運用遊戲來幫助遊戲治療師處理反移情，在兒童諮商與遊戲治療的文獻中是付之闕如的；然而，在藝術治療的相關領域，Malchiodi 與 Riley（1996）曾對督導中的藝術媒介做了研究。Rubin（1984, p. 58）主張：「除了幫助病人之外，治療師能夠運用他（她）的藝術作品來幫助自我了解。」Rubin 建議治療師可以在療程中藉由藝術作品與個案有口語的接觸，並且在療程之外描繪個案的肖像來解決反移情。同樣地，Wadeson（1995）鼓勵藝術治療師畫出他們自己與個案、治療的時刻、他們自己與個案的疾病，以及治療的開始、中間與結束。

反移情遊戲

本章作者們建議探索並結合遊戲治療策略，作為拓展和（或）強化那些已經用來處理反移情的技術的一種方式——我們不建議非此即彼的二分法。我們也認為，非遊戲取向的治療師也有可能能夠探索或試驗這些想法來進一步增進他們的自我了解。同時，精熟於一般性與治療性遊戲的療癒性質將能促進臨床的試驗。我們也發現治療性遊戲能在臨床督導的脈絡中提供益處，幫助受督導者處理他們的反移情反應。

從事實務的治療師或臨床督導者和他們自己或他們的受督導者彼此「核對」（check in）是常見的。這個「核對」的歷程可能會（也可能不會）帶來實質的洞察或討論，但療程過後的處理也同樣是很迷人的，並且能夠導向更深的內省、了解或治療師行為的改變。運用治療性遊戲能夠在治療或督導關係中增加覺察、將焦點聚焦或擴大、提供隱喻來探索，以及進入和運用情感與能量。

下面的部分我們會呈現各種形式的遊戲，以及遊戲治療如何藉由非指導性與指導性的方式來拓展對反移情的自我覺察與影響。顯而易見的，這兩種

方式都能夠輕易地應用在治療師的自我工作與督導之中，也可以作為其他創作方法論的跳板。

反移情藝術

　　就如同上述所提到的，藝術治療師與其他的臨床工作者向來被鼓勵運用藝術來了解他們自己與他們的個案。許多成人會對藝術的經驗感到抗拒或退縮，因為會有表現焦慮。因此，藝術任務必須易於使用、吸引人，以及沒有威脅性。

　　大部分的臨床工作者沒有時間或精力在每個療程之後去處理他們的反移情反應。然而，在讓人挫折、不安或令人振奮的療程之後，或是當臨床工作者開始經驗到無法解釋的疲累、惱怒、情緒性、過度警覺或過度興奮，運用結構性的藝術活動來處理反移情反應會是恰當的。整合任何新的或不熟悉的臨床習慣需要時間管理技巧、確認其中的價值，以及有意願提升個人與專業的自我成長。

　　從訓練過程到成為一位有執照的藝術治療師（ATR）都會強調透過藝術來自我內省。我個人（本章作者 Eliana Gil）在喬治華盛頓大學藝術治療課程的藝術治療訓練過程，我被教導運用稱之為「反移情藝術」的藝術活動。我發現這個活動非常的寶貴，也在我的治療工作與他人的臨床督導中開始體會其深厚的價值。

　　進行反移情藝術需要一些工具：一盒粉彩筆（可以在美術或手工藝商店中買到有顏色的粉筆）、白紙（約 A4 大小即可）、微濕的紙巾，以及黑色墨水的鋼珠筆。指導語是：「運用這些粉筆或筆來畫出線條、形狀、圖像、象徵與文字，或多或少在白紙上寫下任何所想到的事物。」這顯然需要抽象藝術（相較於具象藝術），確切來說，能夠降低與畫圖或繪畫有關的表現焦慮和自我意識。在完成反移情藝術之後，臨床工作者容讓他們自己有一些時間來評估他們的反應。具體來說，臨床工作者能夠反思藝術創作的歷程（身體的能量、情感的狀態、動作、線條壓力的強度，或生理的變化）、內容

（圖像、象徵、文字或形狀）、聯想（你對於個案或療程的想法與感覺，藝術作品提供了什麼樣的建議？）。一個有用的方式是從各個方向來觀看，靠近一點看或先拿近再拿遠，並且記錄下一開始和後續的反應。在督導中運用反移情藝術（也就是，身為督導者的你運用這個藝術活動來引導你的受督導者進行和個案與反移情反應有關的創作），你會引導受督導者朝向自我內省與維持結構性討論藝術作品、藝術創作歷程，以及觀看作品時情緒與生理反應。

除了這個特別的反移情藝術活動來處理治療師與受督導者臨床上的反移情之外，也可以採用更多指導性的方式。本章作者 Lawrence Rubin 成功地運用這個策略在他跟學生的督導中。運用更加指導性的句子，引導受督導者：「畫一幅圖是關於特別困難或特別挑戰的治療療程……讓你有揮之不去，或麻煩的感覺。」當然，治療師也可以創作讓他們有相同感覺的督導歷程。督導者可透過詢問自己或他人：「描述這個困難的療程，直接將你自己、你的感覺，或甚至是個案的議題放進藝術作品之中」，來擴充這個指導性的藝術技術。

我們會用臨床的案例來說明這兩個不同的技術。Gil 將討論她如何運用藝術來處理自己的反移情，Rubin 則提供運用在督導中的案例。

● 治療性地運用反移情藝術的案例（Gil）

十五歲的傑森自願跟著他的父母前來治療，他的父母很擔心傑森喜怒無常、自我孤立，以及不願意在家庭方面花時間。傑森的父母似乎對彼此感到生氣與不滿。他們無法明確地表達為什麼他們會認為他們的家庭如此不和樂，而且沒有連結，但是似乎有說不出口的事潛藏在這個家庭的痛苦背後。我與傑森的父母會面以蒐集成長發展史，並且看看我是否能夠洞察發生過什麼事情。傑森的父親湯姆很含糊地提及他與傑森的差異，傑森如果是別人的兒子他也不會感到意外，以及傑森從不「以父親所期待的方式」來表現。湯姆的失望非常明顯，多過於他太太凱西的擔憂。凱西靜靜地哭泣，輕輕地用

皺巴巴的衛生紙擦拭她的眼淚。她在某個時間點看著我說：「如果傑森沒有出生在這個殘酷的世界那該有多好。」當這個家庭離開了這次的療程，我感覺到困惑、不安與不確定──反移情反應讓我知道這個家庭的問題：「他們對於家庭的功能、缺乏方向，以及彼此情緒上的疏離很不確定。」當這個家庭離開之後，我覺得很沉重，也決定拿出我的粉筆和白紙來創作反移情的圖畫。

當我回顧這幅圖畫，我有如下的反應：「這看起來像是一條龍浮出水面。這條龍有著男性的樣貌與女性的特質──看起來兼具成熟與稚氣。」我深思我的創作歷程（安靜、謹慎和突然地噴出顏色）與內容（一條龍浮出海面）。我的聯想是「出櫃」（coming out）、性別的模糊，以及水的脈絡。我想到出生這件事情。我也注意到龍似乎上升到太陽的地方，是溫暖與亮黃色。然而，在左半頁，似乎有個暗色、黑色的東西（可能是一張臉，也可能是兩個矮小的人物）。我的反應認為若不是龍被監視著，就是龍與牠的家庭分開。當我開車回家，我讓我的心靈去好奇，這是自我反思很重要的一個部分，我也思考我的藝術創作，以及在療程中與療程後所經驗到的感覺。我再次思考湯姆的話，對於他苛刻地描述他的孩子，我有了新的洞察。我想知道湯姆是否用某種方式在直接傳達對於傑森的不滿意，傑森對於父母的退縮是否在努力地避免父親對他的拒絕。我決定與傑森單獨會面（而非我們已經安排好的家族治療）。自從傑森在家庭治療中沉默以對，我想要看看傑森在個別療程中是否會更能暢談。我想要探問傑森對於自己家庭的看法，他覺得有多親近或多疏遠，如果他有問題或擔心的話，他會如何去尋求母親或父親的幫忙，我想聽聽看他對家裡發生的事有什麼看法。在我知道之前，傑森向我「出櫃」，他說能夠告訴我他發生什麼事情讓他感覺很輕鬆。傑森提及他讓父母明白他是同志，父母也已經知道，但卻未曾接納他。當我聽到傑森的描述，之前我的反移情藝術更具意義，我很有興趣想了解傑森的父母用什麼方式來傳達他們所知道的一切，但卻並未明白表示。雖然這個例子很戲劇化，但卻是難忘的例子，看反移情藝術如何讓我們一起去確認，並且處理我們的

反移情反應。一旦我們創作反移情的藝術，它是一個獨立的藝術作品，可以用來思考、感受，以及許多意識與潛意識層次可能的理解。

在督導中運用指導性反移情藝術的案例（Rubin）

我的受督導者珍妮佛，是一位最近離婚且育有兩個孩子的母親，她苦於對前夫有強烈的不滿與憤怒。她前夫在財務上不負責任的決定使得家庭破產，而他不再愛人的情感也同樣破壞著他們的婚姻。珍妮佛在家的時候難以壓抑這些情感，常常對孩子生氣，孩子因為他們的離婚而表現得害怕且沒有安全感。在督導期間，珍妮佛描述她對案母的憤怒，因為她沒有保護個案。我注意到她漸漸無法處理這個個案。難以讓她能夠有效地處理這個個案我覺得很挫折，我指導她以她自己、她年幼的個案，以及案母之間的關係來畫一幅圖。

她畫了一幅圖，圖中她與個案在桌子底下不受案母盛怒的影響，案母則位在桌子的上方（見圖 15.1）。先前沒有覺察到她是多麼傾向去保護個案，

圖 15.1　珍妮佛畫出她與個案（在桌底下），還有案母（在桌子上面）

讓個案與憤怒和施虐的父母加以隔離，治療師連結到在她的婚姻與她的原生家庭都有相同的型態。在原生家庭中，她父親的表現就跟她的前夫一樣。

反移情的沙盤世界

　　儘管沙盤治療已經運用許多年了，在過去二十年來仍持續受到歡迎（Amman, 1996; Boik & Goodwin, 2000; Kalff, 1980; Lowenfeld, 1935/1967; Mitchell & Friedman, 1994; Ryce-Menuhin, 1992）。就如同本章一開始提到的，如果臨床工作者重視他們所提供給個案的治療方式，在臨床工作中可以同樣的方式為基礎來探索反移情反應。在反移情的沙盤治療中，治療師在有壓力或困惑的療程之後，或是將特定的個案或療程記住，就立刻在沙箱中以物件創作場景。指導語是：「將你所想到的任何事物運用幾個或多個物件在沙盤中進行創作，讓你自己由對個案、案家、個案問題或單一療程的想法、感覺與反應來引導。」那些進行過沙盤治療的治療師會更容易使用這個反移情的技術，因為這需要傳統沙盤治療的配備，像是沙箱、細白的沙子、所蒐集到的物件，以及水。現今的沙盤治療包括運用不同大小和形狀的沙箱，還有運用容器，像是保鮮盒、貓砂盒及鞋盒。技術的形式與結構也有所不同，就像所蒐集到物件的大小與範圍（Bradway et al., 1990; Homeyer & Sweeney, 1988）。

　　臨床工作者應該藉由確認他們不會受到干擾、允許自己需要時間而沒有要倉促行動的內在壓力，以及讓環境盡可能安靜與舒適，來自我準備以創作沙盤。一旦感覺到完成了沙遊治療歷程，臨床工作者能夠探索他們對於自己在沙箱中所創作出物件景象的反應。

　　除了這種更加非指導性的取向之外，督導者會引導受督導者創作沙盤的景象，「描述一個你與個案特別困難的療程，或是你跟個案之間的關係引發出你不尋常或困難的感覺」。就像這個例子，治療師掙扎於最近的離婚，並且在與受到忽略且極度需要和依賴的兒童進行治療時感到無法負荷、生氣與憂鬱。在 Rubin 的建議之下，她在督導中創作了兩幅沙盤景象。

　　第一幅沙盤代表著治療師在督導前半段的沙盤描述，她無法滋養個案，也透過同樣的動物來呈現出她跟個案是一樣的（見圖 15.2）。唯一的不同點是治療師給自己一條船去漂泊，並且運用紅綠燈來試圖控制她的憤怒。在第二個沙盤景象中（見圖 15.3），代表督導後半段，治療師重新獲得控制，運用烏龜來讓自己慢下來，運用樹來讓景象與她的情緒變得柔和。然而兩人的特徵都是有斑點的狗，有相同處也有相異處，治療師的特徵是比較大，因此能夠處在較佳的位置來滋養。透過這個沙盤工作，治療師／受督導者對於反移情如何在療程中演出有更多的理解。

　　Gil 經常會運用團體督導的技術來增進自我的內省與反移情的探索。在小型的團體督導中（不超過六位受督導者），一位團體成員提出一個藏有特定臨床問題的臨床案例，督導者要求其他的受督導者帶著他們手邊的小沙箱，然後找出最能夠代表他們對這個案例的想法或感覺的物件。接著要求他們將物件放入沙箱中，再帶回來進行進一步的團體討論。

圖 15.2　治療師在督導前半段所呈現的沙盤景象

圖 15.3　治療師在督導後半段所呈現的沙盤景象

　　有位受督導者提出一個複雜的兒虐案例，當中有三名兒童受到嚴重的傷害。受督導者掙扎於排山倒海而來的反移情反應，包括：害怕、過度保護、想要做更多，以及憤怒。她所提出的臨床問題是該如何處理。由於排山倒海而來的強烈情緒，她無法透澈的思考對於這個家庭她介入的優先順序是如何。團體成員都將沙箱填滿，帶著沙箱回到團體的討論，並且說出他們在沙箱中的創作。

　　當這個受督導者看到每個團體成員的沙箱，她突然充滿活力，並提到：「我真不敢相信你們每一個人的沙盤中都有一些我的感覺。我在思考我怎麼會在我的工作中有這麼多的情緒……現在我明白這是 OK 的，這很正常。」在某種程度上「看到」其他受督導者對於這個家庭的反應也一般化她的反應。當團體討論他們的反應，顯然每個人都運用界線的象徵物（柵欄、閘門、圍牆），而首要的介入是確保這些兒童個案現在是在安全與滋養的環境

中。要注意到運用藝術或沙子創作意象能夠喚起強而有力的經驗。這些是充滿訊息且有所幫助的工具，它們可能也會在它們產生的情感類型與層面令人感到不安。臨床工作者會發現與同事或諮詢者一起處理他們的工作會很有幫助，也可運用其他的方式，像是拼貼、娃娃屋遊戲，以及隱喻的故事敘說來增進自我覺察與處理反移情。

反移情的象徵工作

象徵工作需要投入創造性的想像力，並且對於象徵語言的豐富與可靠有基本的信任。心理健康專業人員離開口語溝通的領域或多或少會感到舒適；然而，反移情技術有非常大的可能性來啟動臨床的能量，並且增進了解。有了象徵，我們能夠看到我們潛藏的擔心、「縮小」問題、移動物件，以及表達我們的想法與情緒。藝術與沙盤活動也會運用到象徵，但會運用界線（紙張的邊界、沙盤的範圍）讓象徵在更有範圍的脈絡中。藝術包括與藝術媒介（粉筆、顏料、鉛筆、水彩等等）的互動，而沙盤治療包括運用細、白的沙子，沙子本身就有喚起的功用。

象徵工作的進行能夠藉由簡單的選擇以及在指定範圍之外操作象徵。這可以發生在任何時間與任何地方，它能夠產生顯著的洞察或機會以安靜的方式處理特定的議題。指導語很簡單：找一個象徵來呈現你工作時對於特定人物或特定的一段時間的想法與感覺。接著進行這個活動的處理（舉例來說，就像先前所描述在藝術與沙盤的反移情活動一樣）。

為了能與青少年或兒童運用象徵工作，我（Gil）創造了一個技術，是將兩個圓圈放在紙上，創作出一個甜甜圈效應（見圖 15.4）。

引導個案把代表煩惱、問題或擔憂的物件放在中央的圓圈；把能夠代表解決或處理他們問題的方法之物件放在外面的圓圈。當然，這個活動對於治療師及個案來說都會很有幫助。在與一位無法作出好的決定、最後採取自我傷害的青少女歷經了困難的療程之後，我花了一些時間運用這個圓圈的活動來處理我的反移情。我在中心放上我所覺察我與這個孩子工作的象徵。我被

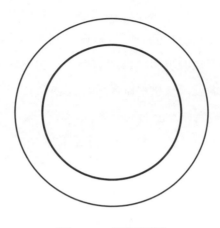

圖 15.4　圓圈活動

一個包紮著的木乃伊、摀住她的耳朵、一個開槍的人，以及一個停止標誌的意象給觸動。這總結出我與這個具有挑戰性青少年進行工作的無助感。我立刻在外圈放上不同的物件，而我注意到幾個物件似乎讓內圈與外圈有所差距。我放上了神燈、有個智者坐在上面的橋，以及緊握的雙手。此外，我又放上帶著雛菊的寶嘉康蒂（Pocahontas）、微笑的佛陀、拿著一頂面具的阿拉斯加女孩、伸出手的警察、做瑜伽的女人，以及一個小型的非裔美國人母親與小孩。

　　當我運用這個技術，這一切對我來說變得十分清楚，我的挫折與絕望反映出這個孩子孤立與無助的經驗。同時，這個經驗澄清我自己的無助，也引導我看到幾個我所忽略的領域，特別是我需要去提供無條件的接納、持續伸出手與她接觸、穩住我自己，並且運用幽默。當我做了這個活動，我也提供機會給我的青少年個案運用自我圓圈來工作。令人訝異的是，她立刻投入於物件之中，這個活動讓她同時正視到自己的孤立，並且發現復原力與樂觀的徵兆。很有趣也值得注意的是，微笑的佛陀也在她的外圈出現。

結　論

　　反移情的研究可回溯至將近一個世紀前，深植於心理分析的傳統之中。反移情在傳統中的歷史定義為治療師對於個案的潛意識反應，早期的反移情文獻聚焦在與成人的傳統口語治療。隨後臨床的注意力拓展到對於兒童的治療，很顯然兒童會引發強大的反移情，之後有少數或臨床的討論是針對處理在兒童治療中所出現的反移情。最近反移情的研究不再受到潛意識的限制，並且超出了治療室的範圍而擴展到個案的整個生態系統。這代表著對此現象的了解有相當大的進步，過去處理與解決的方法只能運用口語。本章所採取的方式是要彌補這樣的不足，藉由遊戲這個用在治療兒童和青少年的相同形式，也能夠在自我工作或督導之中用於反移情的覺察與解決。

　　反移情遊戲是遊戲治療的邏輯向外延伸，治療師經驗到遊戲能夠探索他們對於個案、個案系統中的成員，或甚至對於在個案照護中所涉及的代理人的反應。治療師能在與特別困難的個案開始療程之前，或是帶給他們強烈、莫名或不舒服的感覺和想法的療程之後，運用反移情遊戲。這個技術本身也能夠同時提供給指導性或非指導性的個別與團體督導，並能納入許多的表達性媒介，包括：藝術、沙子，以及象徵工作。其他的可能性還包括：拼貼工作、角色扮演和說故事。

　　反移情遊戲的發展在邏輯上是源自於我們的臨床工作，在基礎上是以我們對於遊戲治療與遊戲治療督導的集體直觀，我們不建議只有一點點遊戲治療經驗的人就能夠快速地運用這個簡單的技術。反移情遊戲，就像遊戲治療一樣，對於在一般兒童與青少年諮商（尤其是遊戲治療方面），致力於在理論與實務上獲得穩固基礎的治療師來說，潛藏有豐富與綜合的資源。如同遊戲治療的訓練透過實驗結果的研究來增加實證的基礎，我們推薦也針對反移情遊戲做同樣的努力。鼓勵讀者們將本章提供的案例作為自身運用創造性的跳板。

參考文獻

Ammann, R. (1996). *Healing and transformation in sandplay: Creative processes become visible.* Peru, IL: Carus Publishing.

Bemporad, J. R., & Gabel, S. (1992). Depression and suicidal children and adolescents. In J. R. Brandell (Ed.), *Countertransference in psychotherapy with children and adolescents.* Northvale, NJ: Jason Aronson.

Bernstein, I., & Glenn, J. (1988). The child and adolescent analyst's emotional reactions to his patients and their parents. *International Review of Psycho-Analysis, 15,* 225–41.

Bettleheim, B. (1975). The love that is enough: Countertransference and ego processes of staff members in the therapeutic milieu. In P. Giovacchini (Ed.), *Tactics and techniques in psychoanalytic therapy.* Northvale, NJ: Jason Aronson.

Boik, B. L., & Goodwin, E. A. (2000). *Sandplay therapy: A step-by-step manual for psychotherapists of diverse orientations.* New York: W. W. Norton.

Boyd Webb, N. (Ed.). (2005). *Working with traumatized children in child welfare: Social work practice with children and families.* New York: Guilford Press.

Bradway, K. (1991). Transference and countertransference in sandplay therapy. *Journal of Sandplay Therapy, 1*(1), 25–43.

Bradway, K., Signell, K., Spare, G., Stewart, C. T., et al. (1990). *Sandplay studies: Origins, theory, and practice.* Boston: Sigo Press.

Brandell, J. R. (Ed.). (1992). *Countertransference in psychotherapy with children and adolescents.* Northvale, NJ: Jason Aronson.

Campbell, J. M. (2000). *Becoming an effective supervisor: A workbook for counselors and psychotherapists.* Philadelphia, PA: Accelerated Development.

Cattanach, A. (1994). *Play therapy: Where the sky meets the underworld.* Bristol, PA: Jessica Kingsley Publishers.

Fahlberg, V. I. (1994). *A child's journey through placement.* Indianapolis, IN: Perspectives Press.

Frawley-O'Dea, M. G., & Sarnat, J. E. (2001). *The supervisory relationship: A contemporary psychodynamic approach.* New York: Guilford Press.

Freud, S. (1910/1959). Future prospects of psychoanalytic psychotherapy. In J. Strachey (Ed. and Trans.), *The standard edition of the complete works of Sigmund Freud* (Vol. 20, 87–172). London: Hogarth Press.

Fromm-Reichman, F. (1950). *Principles of intensive psychotherapy.* Chicago: University of Chicago Press.

Gabel, S., & Bemporad, J. (1994a). An expanded concept of countertransference. *Journal of the American Academy of Child and Adolescent Psychiatry, 33*(2), 140–44.

Gabel, S., & Bemporad, J. (1994b). Variations in countertransference reactions in psychotherapy with children. *American Journal of Psychiatry, 48*(1), 111–20.

Gans, J. (1994). Indirect communication as a therapeutic technique: A novel use of countertransference. *American Journal of Psychotherapy, 48*(1), 120–29.

Garber, B. (1992). Children who have experienced parental loss and divorce. In J. Brandel (Ed.), *Countertransference in psychotherapy with children and adolescents*. Northvale, NJ: Jason Aronson.

Gil, E. (1991). *The healing power of play*. New York: Guilford Press.

Hayes, J., McCracken, J., McClanahan, M., & Hill, C. (1998). Therapists' perspectives on countertransference: Qualitative data in search of a theory. *Journal of Counseling Psychology, 45*(4), 468–82.

Homeyer, L., & Sweeney, D. (1988). *Sandtray: A practical manual*. Canyon Lake, TX: Lindan Press.

James, B. (1989). *Treating traumatized children*. Lexington, KY: Lexington Books.

Jewett, C. (1994). *Helping children cope with separation and loss* (Rev. ed.). Boston, MA: Harvard Common Press.

Kalff, D. (1980). *Sandplay*. Santa Monica, CA: Sigo Press.

Karr-Morse, R., & Wiley, M. S. (1997). *Ghosts in the nursery: Tracing the roots of violence*. New York: Atlantic Monthly Press.

Landreth, G. (2002). *Play therapy: The art of the relationship*. New York: Brunner Mazel.

Lowenfeld, M. (1935/1967). *Play in childhood*. New York: Wiley.

Maddock, J. W., & Larson, N. R. (1995). The social ecology of incest treatment. In J. W. Maddock & N. R. Larson, *Incestuous families: An ecological approach to understanding and treatment* (345–82). New York: Norton.

Malchiodi, C., & Riley, S. (1996). *Supervision and related issues: A handbook for professionals*. Chicago, IL: Magnolia Street Publishers.

Marvasti, J. (1992). Psychotherapy with abused children and adolescents. In J. Brandel (Ed.), *Countertransference in psychotherapy with children and adolescents*. Northvale, NJ: Jason Aronson.

McCarthy, J. M. (1989). Resistance and countertransference in child and adolescent psychotherapy. *American Journal of Psychoanalysis, 49*(1), 67–76.

McElroy, L., & McElroy, R. (1991). Countertransference issues in the treatment of incest families. *Psychotherapy, 28*(Spring), 48–54.

Metcalf, L. M. (2003). Countertransference among play therapists: Implications for therapist development and supervision. *International Journal of Play Therapy, 12*(2), 32–48.

Mishne, J. (1992). Treatment of borderline children and adolescents. In J. R. Brandell (Ed.), *Countertransference in psychotherapy with children and adolescents*. Northvale, NJ: Jason Aronson.

Mitchell, R. R., & Friedman, H. S. (1994). *Sandplay: Past, present, and future*. New York: Routledge.

Moser, C., Luchner, A., Jones, R., Zaroski, D., et al. (2005). The impact of the sibling in clinical practice: Transference and countertransference dynamics. *Psychotherapy: Research and Practice, 42*(3), 262–78.

O'Connor, K. (1991). *The play therapy primer*. New York: John Wiley.

Perry, B. D. & Szalavitz, M. (2006). *The boy who was raised as a dog: And other stories from a child psychiatrist's notebook*. New York: Guilford Press.

Robbins, S., & Jolkovski, M. (1987). Managing countertransference feelings: An interactional model using awareness of feelings and theoretical framework. *Journal of Counseling Psychology, 34*(3), 276–82.

Robertson, B., & Yack, M. (1993). A candidate dreams of her patient: A report and some observations on the supervisory process. *International Journal of Psycho-Analysis, 74*(5), 993–1003.

Rogers, A. (1995). *A shining affliction: A story of harm and healing in psychotherapy.* New York: Penguin Books.

Rosenberger, E., & Hayes, J. (2002). A review of the empirical countertransference literature. *Journal of Counseling and Development, 80*(3), 264–70.

Rubin, J. A. (1984). *The Art of Art Therapy.* New York: Brunner Mazel.

Rudge, A. (1998). A countertransference dream: An instrument to deal with a difficult transference situation. *International Forum of Psychoanalysis, 7,* 105–11.

Ryce-Menuhin, J. (1992). *Jungian sandplay: The wonderful therapy.* New York: Routledge.

Sarles, R. (1994). Transforming countertransference issues with adolescents: A personal reflection. *American Journal of Psychotherapy, 48*(1), 64–74.

Schowalter, J. E. (1985). Countertransference in work with children: Review of a neglected concept. *Journal of the American Academy of Child Psychiatry, 25*(1), 40–45.

Soarkes, B. (1992). Treating children with a life-threatening illness. In J. R. Brandell (Ed.), *Countertransference in psychotherapy with children and adolescents.* Northvale, NJ: Jason Aronson.

Wadeson, H. (1995). *The dynamics of art psychotherapy.* New York: John Wiley.

Waksman, J. (1986). The countertransference of the child analyst. *International Review of Psychoanalysis, 13,* 405–15.

Wright, B. (1985). An approach to infant-parent psychotherapy. *Infant Mental Health Journal, 4,* 247–63.

Part 4

遊戲式的技術集錦

Potpourri of Playful Techniques

16

給督導者與訓練者的
遊戲式活動

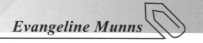

　　不論我們所運用的治療方法為何，很重要的是我們要洞察自己心靈內部的反應（Jernberg, 1983）。治療者要先認識你自己！不斷增加的個案量與更短期的治療架構，很容易讓大部分的治療師完全聚焦在病人的問題，而花極少的時間來自我反思。在我們的督導時間裡，通常所有的注意力會試圖去解決個案的困難，而沒有真正地觀看治療師的反應與動機。

　　與我們自身的議題進行協調的這個需求是很重要的，因為反移情不斷出現的風險——將我們的需求投射在個案上。重要的是要記住，儘管過去我們有自己個人的分析，但很可能有一些反移情是發生在近期與個案每次互動的療程之中。為什麼呢？因為我們都是人。如果我們的反移情投射符合個案的需求，這樣的狀況比較不令人擔憂。然而，如果我們的議題驅使著我們去滿足自己的需求而犧牲個案，我們無疑是在傷害個案。

　　反移情的議題很容易在許多治療的方法中湧現出來，特別是牽涉到與個案直接的身體接觸。有一些治療性的治療方式會有這類的接觸，治療性遊戲

就是這個例子，它是一種結構式的遊戲治療。在臨床層面的治療性遊戲已經證實在增進親子關係或依附關係非常有效（Munns, 2000）。然而，在治療性遊戲中活動會快速的變化，只留有一點時間或空間能反思或自我檢視。治療師必須要覺察自己的議題，並且要抵抗重演（re-enact）自己兒童期的誘惑。「邀請治療師去做出如果他是個兒童的話會對這個兒童做什麼，或者是對兒童做出治療師曾害怕或期待做的事情」（Jernberg, 1983, p. 431）。

反　應

在選擇一個特別的活動，治療師需要持續地問自己選擇的理由，並且探索個人對於兒童行為的反應。公平來說，治療師可能會有一些自然的反應，特別是對於兒童的不禮貌。然而，「治療師不能太客觀以至於對於他所經驗到的既沒有憤怒也沒有焦慮，也不能太脆弱以至於淹沒在這些經驗中」（Jernberg, 1983, p. 431）。有四個方面，治療師必須要特別洞察個人的感覺（Jernberg & Booth, 1999）。

生氣

治療師對於兒童出現身體或口語上的辱罵，像是打、踢、吐口水等等，會生氣是很自然的反應。但是如果氣到治療師無法克服，並且超出可控制的範圍，那就會是個問題。同樣地，如果治療師用生氣來回應兒童的行為，而正常情況下其他人不會引發這種感覺，這種感覺就需要加以探索（例如：當治療師餵孩子的時候覺得很生氣）。

依賴

治療師會藉由逃避與兒童進行退化性的活動來否認自己退化的渴望，像是不餵兒童，或是不幫忙手上有傷的兒童擦藥，即便是兒童曾受到剝奪或忽略，並且顯然真的需要擦藥或餵食。另一方面，治療師會延長這類的活動來

滿足自己被動、依賴的需求。

性

當與曾遭受過性虐待並且表現出挑逗、性感的個案工作時，會喚起治療師一部分的性慾。治療師對這些感覺會怎麼處理是非常重要的。治療師必須正視這些感覺、試圖使感覺中立、改變活動，並且之後與督導者或個人的治療師探索這些感覺。

競爭

我們活在一個競爭的世界，及至成人，有競爭力的奮鬥已經在我們內在根深蒂固。治療師必須要能夠面對挑戰，而不是執著在努力要贏的點上。兒童大部分的時候應該是獲勝的一方。治療師必須要能夠不與家長競爭，而且不要用任何的方式來打壓家長。治療師應該與家長形成正向的同盟，而不是將家長看作是裁判或競爭者。

避免反移情

有許多傳統的方式來避免或減少反移情的感覺，像是督導者或同儕的觀察、觀看療程的影片、督導、角色扮演，以及個人的心理治療。但願透過這些方式能讓治療師獲得一些洞察。有更多其他能幫助治療師獲得自我了解的遊戲方式，也能運用在訓練與團體督導中。有一些活動會在下文進一步描述。這些活動通常都沒有威脅性，不會讓受督導者或訓練者無法負荷。當引發某人失落的回憶時，偶爾會有一些淚水，但是在團體中不至於無法恢復。

下面依序呈現一連串活動（可以自行調整順序），首先以溫和地審視一些我們沒有發現到的自我面向為開場，然後進入更深層的自我認識。許多活動是源自於 Viola Brody 博士（Brody, 1997）的工作坊。如果時間允許的話，一開始用「釋放」或「破冰」的活動通常會很有幫助，像是持續將氣球

拋在空中或是在圓圈內一邊相互丟球，一邊喊出對方的名字。

藉由聲音來了解我們自己

閉上你的眼睛，深呼吸，然後吐氣的時候讓自己放鬆。

重複以上的動作，當你吐氣的時候，清空你腦中的所有想法。

深呼吸，當你吐氣的時候發出聲音——任何聲音都可以。

深呼吸，當你吐氣的時候讓聲音更大聲。

深呼吸，當你吐氣的時候發出你獨特的聲音。

將兩根手指頭放在你的嘴唇上，當你發出聲音的時候感受它們的震動。

深呼吸，當你吐氣的時候發出聲音，想像讓你的聲音投向房間的每個角落。

深呼吸，當你吐氣的時候，想著你的聲音會超出這間房間、超出這棟建築、超出這個城市，進入到宇宙中。持續這個聲音直到你把氣吐完。

深呼吸，當你吐氣的時候，張開你的眼睛。

用一個字詞，說說看你覺得怎麼樣？有人想要分享嗎？

注意領導者要第一個發出聲音，團體再跟進，每個人都會發出他們獨特的聲音。當每個人一起發出聲音的時候，你會訝異於那是多麼美妙的和聲。

了解我們的身體

用一個舒服的姿勢坐著，不要靠旁邊的人太近。深呼吸，吐氣的時候讓自己放鬆。閉上你的眼睛，深呼吸，吐氣的時候放輕鬆。深呼吸，吐氣的時候，清空你腦海中的想法。

用幾秒鐘的時間摩擦你的雙手，當你這麼做的時候，去感受你手掌的凹凸紋路以及柔軟的手心和縫隙。

現在將你的手掌相對，分開約 5 公分，讓手掌不會互相碰到。你有感覺到雙掌之間的能量與溫暖嗎？你的雙掌彼此相像嗎？

現在將你的雙掌放在你的頭上，並且探索你頭皮的凹凸紋路與曲線，還有你頭髮的滑順度、弧度或捲曲度。當你的手指和手穿過頭髮的時候，感受一下你的髮根。

現在用你的雙手感覺你的臉，從你的前額開始──線條與皺紋、你的眉毛、眉毛與眼睛邊緣之間的皺紋、眼皮，還有凹陷的眼窩。

現在輕壓你的眼皮──當你這麼做的時候，你有發現你的眼睛後面有兩個黑眼球嗎？請在那裡遊走一會兒。

感受你的鼻樑、柔軟的鼻孔、顴骨，以及臉頰凸陷處，往鼻子下面的人中，柔軟的嘴唇、嘴角，往嘴巴的下面，下巴。

現在沿著你堅硬的下巴輪廓來到你的耳朵。感覺你的耳骨、周圍、耳朵後面與前面──所有裡面的曲線，以及柔軟的耳垂。

現在用指尖輕壓你的兩耳一會兒，聽聽身體內部強而有力的跳動──跳動的節奏。

你的頭部有聽到來自身體其他部位不同的感覺嗎？

感覺你頸部的前面與後面──有強壯的筋、椎骨與凹洞是頸部主要的構造。

用你的右手探索你左邊的肩膀──鎖骨、溫暖的腋下、手臂的肌肉、尖尖的手肘、前臂、有許多的骨頭在你的手腕、手上的指關節、你的手指與每個指甲、手指之間的空隙，以及手掌。現在用你的左手探索你右邊的肩膀、腋下、手臂等等。

現在將你的手掌放在胸部上方往下移動，感覺胸部的柔軟、肋骨下方與周圍的硬度、肚臍，以及腹部。

運用你的雙手來感覺你右側的髖部，有強壯的骨頭、背部周圍，有脊椎與尾椎、臀部和大腿周圍有強壯的肌肉。

現在運用雙手來探索你左側的髖部等等。當你探索完左側的大腿，往下到你的左膝蓋骨，感覺膝蓋骨的凹凸紋路，以及下面強韌的筋。

探索小腿的肌肉、強壯的小腿骨、腳踝骨、腳跟、腳掌的上面與下面，

以及腳趾與腳指甲。

探索右腿的膝蓋、小腿、小腿骨、腳踝骨、腳跟、腳掌與腳趾。

現在將雙手放在你的頭上，並且進行一個完整的身體能量掃描，從上面的頭到下面的身體，從右腳趾出去，進入到宇宙。再做一次這樣的掃描。

深呼吸然後張開你的眼睛。以一個字詞形容你現在的感覺如何，有任何人想要分享的嗎？

請留意，雖然這個活動對有些人來說會覺得奇怪，但它卻很有影響力。常聽到的評論像是：「我覺得自己彷彿重生了」、「我感到重新連結」，以及「我覺得很專注」。

身體移動

找一個夥伴。決定誰要先移動，由另一個人進行觀察。第一個人要閉上眼睛，可以用任何的移動或移往任何的方向。另一位夥伴安靜的觀察、寫筆記，還有口頭提醒移動的夥伴避免撞到東西（如果他快要撞到的話）。幾分鐘之後，移動中的夥伴會停下來。兩個夥伴相互討論，觀察者的夥伴反映感受如何，以及說出任何對於移動夥伴所帶給他的洞察。接下來，兩位夥伴的角色互換，觀察者現在變成移動的人，兩人接著進行討論。每個參與者在結束時進行討論。這個活動大約會花十分鐘。

當你第一次被看見

每一個人坐在自己的位置上，有一本記事本和筆。領導者說：「閉上眼睛，深呼吸，吐氣的時候讓自己放輕鬆。深呼吸，當你吐氣的時候，放下你所有的想法——清空你的腦袋。深呼吸，吐氣時候，回到你記憶中的一段時光，當你第一次真正被一個人看見，他看到你正向與負向的面向，但仍接納你。回到你的記憶中，直到你找到這個人。這會花一些時間，當你找到看見整個你的那個人，試著回想起每一件事情：當時你幾歲、你在做什麼、你的

穿著是什麼、你在哪裡，以及最重要的是你覺得如何。思考一下，接著將你的記憶與感覺寫下來。如果你想要的話，你甚至可以嘗試將那時候的自己畫出來。」（領導者會提供五到十分鐘，當大部分的人看起來好像都完成了，領導者宣布：「我們還有兩分多鐘，接著我們就要結束這個部分。」）過了一會兒之後，領導者說：「每個人把眼睛張開。是否有人想要針對所經驗到的一切分享自己的想法與感覺？」

要注意領導者手邊要有面紙盒，因為他們想到某個人對他們很重要，而那個人現在已經離開他們，或者有其他的原因，有的人會哭泣。暗示一位團體成員去靠近那位成員，並且提供一些安慰，即便只是碰觸肩膀。（領導者應該要在團體結束之後去確認那個人的狀況是否 OK。）

領導者也應該要在整個團體中討論完全被某個人所接納對於我們每一個人來說有多麼的重要，但是要找到像這樣的一個人是多麼的困難。最後，領導者邀請參與者想想他們的個案，有一個治療師完全地接納他們，對他們來說多麼具有意義，也許他們是第一次有這種感覺，這個活動會花十到十五分鐘。

嬰兒記憶

幾個人面對面站成一個內圈。外圈的人也站成一圈，讓內圈的每個人背後都有人站著。在內圈的人要閉上眼睛。外圈的人現在向右移動兩步，如此他們現在在另一個人的後面。現在外圈的人靠近前面的人的耳朵小聲地說當他們還是小嬰兒的時候，他們最喜歡聽到的話。重複這個指導語讓每個人都了解：「靠近前面的人的耳朵小聲地說，當你還是小嬰兒的時候，你希望有人曾對你說了什麼話。當你繞圈移動的時候，你可以說同樣的事情，或者說新的事情，你可以自己決定。當你結束之後要向右移動，然後再靠近前面的人的耳朵小聲地說一些事情。持續這樣做，向右移動，直到你已經小聲地向每個人都說過了，然後回到一開始的位置。交換圓圈，內圈的人現在換到外圈。」結束之後，每個人坐下來，領導者會問：「用一個字詞來說說看你現

在覺得怎麼樣？」

請留意，這是另一個很有影響力的活動。有些人會哭泣，因為他們並不習慣接受到正向的訊息。領導者應該要在團體中討論接受到讚美是多麼困難。為了要支持個案，我們作為治療師常會去讚美他們，但是我們必須要意識到對有些人來說聽到正向的訊息是多麼的痛苦，他們不習慣聽到這麼支持或是與他們負向的自我意象不相符的訊息。我們的接納會與主要照顧者早期的接納有關聯。這個活動能夠對每個治療師產生很多新的洞察。領導者應該開放地討論：「有人想要分享自己的感覺嗎？」

力量與壓力源，以及愛的圓圈

這個活動是取自 Robert Allen 在加州舉辦的工作坊。

▌壓力源與力量

每個人寫下他們生活中的三個壓力源與三種力量。將團體以四到六人分成一個小組。每個人在小組中找一個夥伴，與夥伴輪流討論他們生活中的力量與壓力源。大約五分鐘後，每個人直接再找一個新的夥伴，並與新夥伴討論他們的壓力源與力量。如果時間允許的話，重複地與新夥伴進行討論，直到每個人彼此都討論過。

▌愛的圓圈

現在參與者回到他們所形成的圓圈，一個人自願坐到圓圈中。這個人坐在圓圈中面對著每一個人，他們要依序說出關於坐在圓圈中的成員正向的事物。當每個人都說完了（圓圈中的人，除了說「謝謝你」之外，都要保持沉默），下一個人與圓圈中的人交換位置，每個人再說一些正向的事物是關於圓圈中的人。持續如此進行，直到每個人都有機會坐在圓圈中接受讚美。

領導者開放討論，並且詢問：「有人想要分享進行這個活動的時候，感覺如何呢？」討論通常會揭露出接受到讚美的感覺是有多麼的美好，但同時也多麼的困難，特別是當正向的評論與我們的自我意象不相符時。

結　論

　　利用一些活動讓參與者以新的方式來學習認識自我作為開始是很明智的。當參與者彼此有一些認識，也對於領導者和參與者彼此感到安全，運用這些活動會碰觸更深、更多潛意識的感覺。雖然後面的一些面向會帶來痛苦的感覺，一般來說他們不至於會負荷不了。我們相信一點點的淚水通常是有益的，當參與者能夠哭泣，他們終於釋放出壓抑已久的感覺。當參與者出現一些痛苦，很重要的是領導者與其他參與者要對那位參與者提供實質上的支持。通常是一個溫暖的擁抱，或是輕輕地碰觸，讓那個參與者知道有人在乎他的感受。這些活動常會引發很多團體中其他人的同理。

　　整體來說，上述的活動能夠增進洞察、接納與滋養，它們提供被關懷的感覺、強化、感覺到連結，以及感覺良好。因為這些活動很有趣，而且普遍沒有威脅性，往往能讓參與者卸下防衛，開始去經驗他們在過去曾壓抑或抑制的想法與感覺。在分享的時刻中，他們揭露出他們所想揭露的。如果他們想要保持沉默，也是被完全接納的。無論是否有分享，這個經驗對個人來說是很感動也很有影響力的。

參考文獻

Brody, V. (1997). *The dialogue of touch: Developmental play therapy*. Northvale, NJ: Jason Aronson.

Jernberg, A. (1983). *Theraplay: A new treatment using structured play for problem children and their families*. San Francisco, CA: Jossey-Bass.

Jernberg, A., & Booth, P. (1999). *Theraplay: Helping parents and children build better relationships through attachment-based play*. San Francisco: Jossey-Bass.

Munns, E. (2000). *Theraplay: Innovations in attachment-enhancing play therapy*. Northvale, NJ: Jason Aronson.

遊戲式的督導：
在遊戲治療師的督導中分享示範性活動

Anne Stewart、Lennis G. Echterling

> 一個小時的遊戲會比一年的對話讓你更了解一個人。
>
> ——希臘哲學家柏拉圖（西元前 427-347）

　　「遊戲區」（playground）這一詞可能喚起你廣泛的記憶與情緒。我們邀請你花幾分鐘的時間閉上你的眼睛，並且想像某個遊戲區的景象來開始這個章節。在你的視線中，遊戲區可能包含盪鞦韆、溜滑梯、立體方格鐵架、翹翹板、旋轉木馬，也許還有一個附有塔樓、橋樑、狹小的空隙，以及繩梯的複合式「兒童城堡」。無論你選擇多麼原始或是複雜的場景，現在想像那兒有年幼的兒童和他的主要照顧者。這個兒童與主要照顧者位於這個場景的哪裡呢？這個兒童正在做什麼？這個主要照顧者正在做什麼？他們如何互相溝通？一旦你已經完成這個想像，請繼續閱讀本章。

　　我們猜測你想像多數的兒童正在參與某些遊戲的種類，他們可能開懷大笑、跑來跑去、爬上爬下，以及參與遊戲。某些兒童可能充滿好奇心地探索

遊戲的機會，並且進入可能的危險之中，而其他人可能全心全意迫不及待地要進入這個經驗。有時候，某些主要照顧者可能會參與這些活動，但是我們臆測你想像他們是典型地坐在一張長凳上或是在活動的旁邊站著——觀看、和其他成人閒話家常，而且偶爾提供一些鼓勵、警告或是讚美的話語。

如果兒童快樂地在你想像中的遊戲區遊戲，他們可能非常開心的對主要照顧者大叫：「你看我！看我可以做什麼！」如果有孩子變得不安或是難過，之後他們可能跑到某個主要照顧者身邊尋求安慰與安心的保證。一旦他們的需求得到處理，這個兒童可能返回他們的遊戲中。

對照起「遊戲區」，「督導」（supervision）這一詞可能撩起你非常不同的回憶與情緒。現在，我們請你閉上你的眼睛並且想像某個督導的景象。這個景象可能是在一個社福機構、大學訓練中心、學校，或是私人執業單位的辦公室裡。想像這個督導者以及至少一位受督導者：他們是坐著還是站著？他們彼此有多麼的靠近？想像他們的姿勢、手勢，以及臉部表情。他們正在做什麼與說什麼？一旦你花幾分鐘用你想像的景象去描繪這些細節，請繼續閱讀本章。

我們打賭你想像的督導景象和你的遊戲區景象顯然形成鮮明的對比。令人遺憾的是，你可能發現你自己想像的督導景象是某個嚴肅的、不舒服的，甚至是苦惱的景象，當中某個督導者可能批評、貶損，或是讓某個受督導者覺得困窘。取而代之，我們希望你描繪一個督導者是支持的、鼓勵的，以及循循善誘受督導者承諾去成為一位更具有能力與自我覺察的臨床工作者。無論你的想像是什麼，「創造性」（creative）與「遊戲性」（playful）這兩個詞可能不是你會應用於典型督導歷程的描述詞彙。本章的目標是邀請你藉由參與整個章節中示範創造性與遊戲性的督導技術，去重新檢視你關於臨床督導歷程的想法。儘管遊戲區與督導之間有很多明顯的差異，我們的目標是讓你去探索創造性與遊戲性的活動整合進入督導中潛在的益處。

督導與遊戲治療

督導的角色是令人愉快的、促進機會給新手治療師帶著新的視野去觀看世界。正在讀本書的你們很多人已經（或是即將）走在專業旅程的道路上，並且發現督導是一個非比尋常的機會去回歸發現的感覺，讓你自己保持更新。基於幾項理由，督導也是複雜與要求嚴格的。首先，你對你的受督導者在治療中的行動負有責任。如果受督導者表現得不適當，你可能應對此行為負有倫理與法律的責任（Falvey, 2002）。再者，你應該要熟悉你的受訓者所處理的每個案例的細節。第三，你必須提供建設性與理解性的回饋，充分的領會每個受督導者個別的需求、表現風格，以及優勢。第四，遍及整個你與受督導者的互動中，你必須呈現出在專業的知識技術、治療能力，以及倫理承諾值得令人欽佩的水平。最後，你應該要能催化你受督導者的個人成長與專業發展（Bernard & Goodyear, 2004）。成功的督導涉及行政管理、評量、教導、衡鑑、顧問指導，以及催化。

儘管我們融入科技，像是攝錄影、電子郵件，以及無線耳機設備在我們的訓練與督導歷程中，大多數的遊戲治療師督導者在概念化個案、給予回饋，以及討論介入計畫時絕大多數依賴口語的溝通（Neill, 2005）。對於遊戲治療的受訓者而言，這個典型的重點已經放在專業建構時理解概念、呈現治療技巧，以及遵守專業的外在標準。例如，Ray（2004）曾經發展出成功操作遊戲治療的督導特定標準檢核表。

諷刺的是，多數情況下，督導忽視了遊戲治療歷程中這個催化個人成長與專業發展很有力的工具——創造性與遊戲。近來，Gil 與 Rubin（2005）已經和其他的遊戲治療師（Stewart et al., 2005, 2006）共同發起利用遊戲與創造性的活動來提升督導的經驗。在本章，我們提供想像性的活動讓受督導者可以表達、發現、整合，以及反思其他口語溝通以外的模式。藉由邀請探索、鼓勵表達，以及參與遊戲式的內心交會，督導者可以幫助受訓者發現並

欣賞遊戲的力量及非口語表達的深度。有別於僅關注在資訊獲得、技巧水準,以及專業操作的外在標準,督導的創造性與遊戲式技術可以催化潛藏於受訓者內在與生俱來的才能的顯現。體驗性的活動可以賦予能量,並且啟發受督導者去埋首於遊戲治療的藝術之中。創造性與遊戲式的督導可以幫助受督導者取得他們個人所擁有的治療認同、發展他們個人所擁有的內在督導者、達成一種專業自主的感覺,並且逐漸賦能成為治療師。

當然,督導者必須藉由訓練遊戲治療師以合適及有效的操作讓他們準備就緒。然而,我們不希望以一種千篇一律的形式去打造我們的治療師。創造性與遊戲式督導為督導關係帶來更多的合作、鼓勵受督導者逐漸對他們個人所擁有的潛能感到好奇、啟發持續專業發展的可能性,以及強調在督導經驗中發現(discovery)的重要性。理想的督導關係是合議的,而非僵化的階級關係(Cresci, 1995)。以遊戲為基礎的督導,其特性是合作的、鼓勵的、啟發的以及發現的,鼓勵受督導者去發展一個**內在的**視野——一個幫助他們與他們個案接觸的初步直覺(grounding intuition),以及身為一個新興的專業人員他們個人所擁有的潛能的指導式願景(Presbury, Echterling, & McKee, 1999)。

基本的原則

聚焦在特定的活動之前,我們想提及成功督導的一些基本原則。首先,和受督導者發展建立諮商關係的平行歷程關係(Haynes, Corey, & Moulton, 2003)。因此,你必須始終帶著 LUV 進行督導。LUV 代表傾聽(Listen)、理解(Understand)、承認(Validate)的字母縮寫,是任何成功助人關係的基礎,無論是在治療、督導,或是任何其他的介入形式中(Echterling, Presbury, & McKee, 2005)。當你提供 LUV,你是積極的**傾聽**你受督導者的口語與非口語訊息,溝通你對於遊戲治療受訓者想法與感受的同理性的**理解**,以及無條件的**承認**個人的內在價值。如果一個受督導者感覺到不被傾聽、理解及接納,無論你之後的創造性活動多精緻,可能會出現只

是充滿花招的手法，或者，充其量只是無意義的花招。身為一個遊戲治療的督導者，你不是所有解答的專家、給予口若懸河的建議給新手的聖人。相反地，藉由提供你支持性的存在，你在你的受督導者專業發展這個受到挑戰階段的期間提供一個安全的空間、一個心理上的慰藉之處。從根本上來說，你的關係鑲嵌在用你的 LUV 與受訓者內心交會，是所有臨床督導工具中最具力量的。

另一個基本的原則是去辨識與真正重視創造性遊戲豐厚生活、促進關係、強化成長，以及催化跨越整個人生全程發展的力量。在遊戲本位的活動中，你的受督導者體驗到一種賦能的感覺，辨識他們未開發的能力，以及連結養分與撫育的來源；搭起在遊戲治療生涯中成功的支架。然而，我們激勵你不只針對你的治療個案與受督導者，也針對你的同儕、合作夥伴、學生、家庭，以及整個社群去擁抱、尊崇，以及頌揚遊戲。研究提供了有力且具說服力的證據，即是遊戲對於神經學的功能具備了普遍與正向的影響（Schore, 2000; Play science — The patterns of play, n.d.）。

第三個必要的原則是藉由強調他們成功的介入以及推敲他們身為治療師的潛能聚焦在你的受督導者的優勢。當然，新手治療師時常會有過度壓迫和不能勝任之感。然而，他們也擁有未被發現的優勢、被忽視的天賦，以及未被注意到的資源。身為一個督導者，你的任務是去催化潛藏在他們內在與生俱來的天賦。藉由採用這個取向，你幫助受督導者獲得他們個人所擁有的治療認同、發展他們內在的督導者，以及學習在當下去信任他們的資源。

督導與象徵——物品課程

花幾分鐘的時間反思你在督導中的經驗，無論是身為一個督導者還是受督導者。找出你所重視的督導歷程的特性，選擇你認為特別珍視的一個特性。接下來，選擇一個物品代表這個特質。現在，思考這個物品的其他特色，提出一些關於督導和督導關係的問題與評論。如果你一開始挑選一隻貓頭鷹的塑像，因為它代表在督導中智慧的價值，你現在可以思考關於一隻貓

頭鷹的其他特性，以及它們可能如何影響督導。例如：你可能注意到貓頭鷹的警覺性，以及這個特質在督導中如何或是否值得擁有。

同樣地，你可以在個別或團體督導中邀請受督導者挑選一個物品，並且描述它如何闡明他們所珍視的特質。同樣要指出這個物品額外的特性，而且關於督導歷程其他屬性的問題與評論也會被探索。這個物品可以從一堆物件或僅只是從這個人當時隨身攜帶的物品中挑選出來。物品可以是繪畫、彩繪、雕塑，或是由督導者或受督導者提供。當然，如果是督導者提供物品的話，重要的是要具備代表各種不同廣泛文化的手工藝品。

在圖 17.1 中，第一張圖片呈現了三件品項：一個禮物、一只慢跑鞋，以及一顆愛心。禮物與慢跑鞋是本章作者 Anne Stewart 在督導歷程中進行物品課程所雕塑的。愛心是在督導者辦公室的櫃子上，是督導者用來代表他們在督導中珍視的面向。第二張圖片呈現同一類物品的使用，在這例子中貝殼可以用來辨識特性，而且也傳達被督導團體所創造出來的溝通。其他的品項也有同樣的功能但卻是不同的，像是石頭、樹葉、杯子、椅子或是鑰匙，對於這個活動可能是非常有用的。最後一張圖片呈現非洲的手工藝品，強調具備文化多樣性的紀念品來象徵受督導者的重要性。

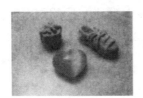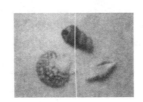

圖 17.1　物品課程──在活動中使用品項的範例

使用象徵媒材去傳遞情緒的經驗是遊戲治療的特徵之一。在這個物品課程的活動中，使用物品能讓你和你的受督導者去參與一個相似的創造性歷程。象徵的使用可以幫助你注意到變化的部分，甚至媲美、詮釋關於督導經驗，以及也許理解某些跨越負向與正向經驗的相似性。我們鼓勵身為督導者

的你去參與以及分享在本章中的所有活動，同時一定要維持聚焦在受督導者的經驗上。你可以針對個別或團體督導修正這些活動。

成功觀照與有效督導的特質

我們決定使用一種熟悉的關係來繼續我們遊戲式督導的探索，一個被心理健康專業人員眾所皆知且深入研究的關係，也就是主要照顧者—兒童的關係。依附理論與研究提供關於這個關係令人信服且豐富的解釋，即在兒童期以及人生全程中提升安全感與探索的關係（Ainsworth et al., 1978; Main, Kaplan, & Cassidy, 1985）。由依附理論與研究驅動名為「安全圈」（Circle of Security）的介入，教育主要照顧者針對孩子安全感與探索的線索做出適當的回應；去增加他們反映他們個人的以及他們孩子的想法、感覺與行為的能力；以及思考他們的經驗如何影響他們現在的照顧方式（Marvin, Cooper, Hoffman, & Powell, 2002）。這些互動與反映的模式改編用於督導者—受督導者的關係也非常好用。用依附和安全圈的語言來說，督導者應該是更強大、更聰慧，以及仁慈的；只要有可能，依循受督導者的需求；每當必要時，承擔起責任。

督導關係的其他面向也和依附觀點相輔相成，即成功的主要照顧者—兒童關係有類似的基本特徵。這些包含使用發展的觀點、針對表現與行為傳遞正向與清楚的期待、提供頻繁與建設性的回饋、辨識權力的差異性，而且最重要的是，承認互惠對等與動力的**關係**是焦點所在。

▋ 發展的觀點

正如父母親在兒童不同的年齡改變他們與兒童的互動和教導方式，遊戲治療師督導者也隨著受督導者的發展調整他們的互動方式。父母親和 15 個月大的孩子一起走在公園時會緊緊跟隨在後，準備好接住這個學走路的小孩。當這個孩子再大一點，父母親可能會走在旁邊，和他們的小孩手牽手，偶爾和這個孩子來來回回的賽跑。當這個孩子長成一個青少年，父母親與這

個孩子不太可能走在一起，但是父母親仍然會很注意他們而且是非常需要的。

督導的模式一貫地辨識出督導者使用發展觀點的重要性（Bernard & Goodyear, 2004）。督導者被期待進入受督導者的知識與技巧水平，並且提供與受督導者發展能力相一致的資訊與挑戰，辨識受督導者跨越不同時間所需不同的督導環境。督導的理論學家已經提出各種不同的階段去描述在這些階段中成長的歷程，以及特定的任務與需求。我們呈現的遊戲本位的活動可以運用在跨越發展水平，從生手到精熟水平的治療師。這是因為治療師對於自我與他人的覺察是一個探索與成長的持續歷程。

正向與清楚的期待

主要照顧者在倫理的議題上引導兒童並幫助他們社會化。遊戲治療師督導者不只在技巧發展上輔助他們的受督導者，也帶著所應具備的倫理行為與實務工作標準使他們準備就緒成為專業社群的一份子。以優勢為基礎的督導者，就像是肯定的主要照顧者，針對他們受督導者的表現傳遞正向與清楚的期待。這不意味著要管理受督導者大大小小的行為，而是督導者與受督導者共同決定督導歷程的目標。督導者分享令人啟發的案例資訊，是基於受督導者做得不錯的部分，並重新組織他們帶進這段討論的知識。督導者也準備好在受督導者獲得經驗時修正督導（Stolenberg, McNeill, & Crethar, 1994）。督導者重整這些資訊，以支持受督導者獲得人際評估技術與介入技巧，以及概念化基模、倫理考量，和介入目標的知識。

頻繁的、即時的與建設性的回饋

主要照顧者花大量的時間回饋給他們的小孩。督導關係一個主要活動是提供頻繁的、即時的、建設性的回饋。受督導者時常帶著大量的焦慮感期待接受回饋。督導者可以藉由和受督導者計畫回饋會如何、在何時，以及以何種類型提供，幫助緩和這份焦慮感。督導的契約具體的指明督導目標以及回饋的機制是非常有用的。

▌權力的差異性

健康的主要照顧者—兒童關係也有一種適當的權力差異，符合他們在家族系統排列（family constellation）中的角色以及適合年齡的能力。不像主要照顧者—兒童關係，督導關係是成人對成人的互動，但是成人就身分資格與知識方面來說是有差異的，意思是對於參與者的權力差異必須被正視。Todd 與 Storm（1997）提供在督導中喚起與權力相關類型想法的討論，像是身分的權力與知識的權力，以及針對在合作性的督導上是否有內隱的矛盾想法提出疑問。他們藉由詢問有關權力的批判性問題挑戰督導者，以確保權力不會以剝削的方式被使用。他們鼓勵督導者針對誰的知識正在成為特權，以及這個知識的權力如何以及在哪裡被引發的提出疑問。使關於權力的影響變得透明，可以幫助你及受督導者以開放的態度駕馭你的關係，並且讓你們做好準備去探索性別、年齡、種族、能力、性取向以及文化在督導與治療關係中的影響。

當然，在使用父母親—兒童的隱喻來描述督導關係的面向時也有限制與考量。父母親聚焦在他們小孩的人際成長，而督導者關注他們的受督導者在專業發展服務上的個人成長，也就是打造一個技巧更為純熟的遊戲治療師。

示範性活動

遊戲治療師的督導者來自各種不同的心理健康訓練，每個都帶著一系列發展良好的模式去引導督導歷程。在你身為專業把關者的角色時，這些是重要的特定訓練模式。此外，我們從我們分享的領域提供一個模式去分類遊戲治療師督導的創新活動。我們挑選治療性遊戲（Theraplay），一個指導性的遊戲治療取向，運用結構、挑戰、參與、撫育的面向來操作介入（Jernberg & Booth, 1999）。我們挑選的治療性遊戲因為它的會談歷程包含兒童與主要照顧者雙方（平行類比至受督導者與督導者），是

個人的、有趣的，並且聚焦在關係。我們相信這四個治療性遊戲的面向
——結構（structure）、挑戰（challenge）、參與（engagement）、撫育
（nurturance）——對於組織督導活動可提供一個非常有用的架構。

結構

遊戲讓兒童有機會去練習他們正在學習的東西。

——美國電視名人 Fred Rogers（1928-2003）

結構涉及主要照顧者成為關係中「負責」（in charge）的角色以及和兒
童活動的重要面向。在治療性遊戲中，主要照顧者被期待針對兒童的生理與
心理安全建立起界限，並且幫助兒童理解世界。主要照顧者覺察兒童發展上
的狀態並且符合發展任務與需求。主要照顧者以將學習與成長最大化的方式
組織兒童的周遭環境以及經驗。

應用到督導歷程，你也「負責」建立起合適的界限並且為心理上安全的
關係創造機會。就像主要照顧者，你被期待在受訓者的專業發展脈絡中，符
合與回應受督導者的需求。以融合你個人所擁有的理論取向的方式，主動幫
助定義與澄清受督導者的經驗。接下來的活動可以協助你在督導關係中探索
結構的要素。第一個活動是物品課程活動的變形，提供結構的方式藉由共同
繪畫去辨識關於督導歷程中正向與負向的屬性。

▌共同繪畫

邀請學生去思考關於他們所有的督導經驗，可能包含他們身為督導者或
受督導者，以及在臨床與非臨床角色督導的時間。邀請他們找出他們認為最
糟糕以及他們認為最好的其中一個督導經驗。引導他們將一張紙對摺成一
半。他們在其中一半畫出他們最負向督導經驗特性的象徵、為這個圖畫命
名，並且寫下它的日期。他們重複此過程，在紙張另外一半畫出他們最正向

的督導經驗。之後，每個人講述在他們圖畫中的象徵意涵，並且述說他們如何相信這些經驗與他們現在的角色、需求及關係相關。這個活動在決定與督導相關的人際主題時特別有用，像是尊重、自主與依賴。

▍儀式與例行事務

優良的督導關係，無論是一對一配對或是小團體，都是學習社群。如同針對其他社群一般，你可以使用例行公事與儀式去連結受督導者、確定集體的認同，並且頌揚所有你們已經走過的旅程。身為督導者，你可以針對受督導者探索教學的取向，提供結構、意義，並且連結到他們的經驗。和你的受督導者共同合作創造一個督導討論的議程，可以幫助他們知道你意圖處理他們關心的事與需求。這個議程需要依循一致性，但不是僵化死板的。議程的一致性是為了讓受督導者有充分的預測性去減少他們的焦慮感，並且讓他們嘗試冒險與探索。隨著時間的推進很多團體開始修正這個議程，並且讓它獨特地屬於他們所擁有。一個會談歷程的議程範例，運用「What? So what? Now what?」（我做了哪些？我學到哪些？我未來如何應用？）的架構，呈現如下：

- 問候的儀式。
- **我做了哪些**？報告某個學習的課程或是介入成功的故事。
- **我學到哪些**？分享一段或幾個錄影檔剪輯，要求呈現特定的回饋、討論這些錄影檔剪輯，並且分享回饋。
- **我未來如何應用**？你需要從這個團體中獲得什麼去為這週做準備？
- 結束的儀式。

某個督導團體指出對焦點解決兒童介入感到興趣。在邀請一個個案從 1（最負向）到 10（最正向）評量某個經驗，學習了這個量尺技術之後，這個團體修正在督導會談討論中的問候語，包含從 1（表現不佳）到 10（表現最好）評量當他們進入督導會談討論時，他們的感覺如何。每個受督導者用

手指比出數目來交流他們的自我評量,並且給予一個簡要的解釋說明。他們在結束會談討論時重複這個用手指比出數目的評量,甚至還在走廊彼此互相使用。另一個團體簡報他們的「學習課程」內容,並且之後決定分享某個與這個課程相關的新諮商技術。這大大拓展他們的整體技術功能而且格外有意義,因為這個技術被連結到某個相關的臨床脈絡之中。你可以藉由從受督導者浮現與反思而來的優勢與天賦設計例行公事或是儀式,幫助你的督導討論歷程變得具有可預測性、創造性和樂趣。如同在家庭中,儀式與例行公事的使用提供受督導者有連結與常態的感覺。

▌俳句與五行詩

當受督導者難以組織或創造出他們的諮商與督導經驗的意義時,他們有時候會感到過度壓迫。俳句與五行詩是特別有幫助的,因為它們提供公式化與簡潔的格式讓受督導者得以整理他們的經驗。這些詩詞的形式也有助受督導者使用象徵去講述及整合他們認知上與情感上的理解。

俳句是來自日本文化的一種詩詞,通常會使用簡短的詞彙去創造關於日常生活事物的觀察。最常見的形式是三行,在第一行有著五個音節,在第二行有七個音節,在第三行有五個音節。俳句不押韻,並且意圖描繪一幅心靈的圖畫給讀者。Sharon Stewart 所創作的一個俳句範例如下:

選擇一個象徵(Picking a symbol)

將它保留在心裡(Holding it in heart and mind)

揭開它的意涵(Unfolding its meaning)

五行詩是一種有五行的詩詞,也具備公式化的形式,可以協助受督導者去整理與表達他們的經驗。五行詩以這樣的設計創造出來:

第一行　一個詞彙　主題或名詞

第二行　兩個詞彙　描述這個主題或名詞的形容詞

第三行　三個詞彙　與這個主題或名詞相關的動詞

第四行　四個詞彙　與這個主題或名詞相關的感覺或一個完整的句子

第五行　一個詞彙　這個主題或名詞的同義字

以下是本章作者以自發性的雙人合作，構成一個有趣的例子：

遊戲（Play）

活力充沛、胸襟開闊（Exuberant, expansive）

自由、參與、轉化（Freeing, joining, transforming）

歐利自由的出去！（Olly outs in free!）

家的基地（Homebase）

座右銘

　　座右銘提供簡潔、中肯的觀察關於生活與改變——也因此，可以成為受督導者開始反思他們個人所擁有的信念與價值觀一個非常有幫助的出發點。邀請你的受督導者找出一個座右銘，分享當中反映出他們的意見或是關於他們所具備的某個與治療歷程相關的問題。像是兒童、遊戲、家庭、養育、改變、變幻無常、健康的主題等等，特別有助於探索。你也可以提供不同文化與時期的座右銘，或是反映極端立場的座右銘，讓受督導者有一個方式去辨識與面對影響他們觀點的那些未被檢視與不安適的假設。這個討論版具備下列的指引。

　　改變：閱讀下列關於「改變」的座右銘。關於改變，哪些座右銘最貼切的符合你個人所擁有的見解？關於用這個方式改變概念化，什麼最吸引你？你的家庭／你的督導用什麼方式影響你的改變觀？思考某個特定的兒童個案。你認為他（她）關於改變的信念是什麼？當你想像你自己身為一個遊戲治療師時，你有興趣用什麼方式改變關於你對改變的想法？

關於改變的座右銘

「人們總是說時間改變事情，但事實上你必須靠自己改變它們。」——
　　安迪・沃荷（Andy Warhol）

「改變到來時，每件事都被解開。」——朵拉思‧愛麗森（Dorothy Allison）

「事情不會改變；是我們改變。」——梭羅（Henry David Thoreau）

「萬物終將消逝，惟有改變永存。」——赫拉克利特（Heraclitus）

「回到一個未曾改變的地方，而發現自己已經改變，沒有什麼比這更特別了。」——曼德拉（Nelson Mandela）

這個活動很適於用在電子公布欄以及主題討論。例如，我們針對受督導者創造一個討論版去回顧一些關於遊戲治療一系列的座右銘——與主題相關並且引導他們去挑選某個座右銘、發表他們的回應，以及反應與針對其他受督導者的觀察進行評論。活動的變形可以在督導討論歷程中一起完成，稱之為「揮毫」。

▋揮毫

「揮毫」（inkshedding）提供受督導者一個機會去組織他們對於臨床事件（在督導中或是遊戲治療中）、或是對於複雜的組成與原則的想法和情緒反應。你也可以在回顧某個影片片段之後進行揮毫活動。接續這個刺激，你邀請受督導者花一到兩分鐘的時間反思這個素材——它可能是某則座右銘、某個臨床的遭遇、某個督導討論，或是某個影片。接下來，邀請他們書寫一個五到八個句子的回應，當中可以包含評論與問題。當每個受督導者完成他們的回應時，你拿起來並將它交給另外一位受督導者。接受者閱讀原本的評論並且增加一個回應。持續這個循環直到每個人的第一個回應至少已經被回應兩次，並且之後將這張紙交回到原始的創作人手中。

依據發展模式，新手受督導者重視高結構的指導性、教導性、以技巧為基礎的督導（Falender & Shafranske, 2004）。除了想要和需要他們工具箱的技巧以外，新手的臨床工作者很可能藉由期望督導者來「主導」，以管理他們對表現良好的焦慮。因此，在督導討論歷程以及督導關係的範圍內，充滿遊戲性的關注這個發展的需求可以減少焦慮感，並且幫助建立起一個穩固的

工作同盟。結構式的活動提醒督導者，特別是針對督導新手的臨床工作者，不是以權威的方式，而是以一種教導、諮詢的風格去提供關於臨床技術與個案概念化的建議。

挑戰

> 在遊戲中，兒童總是做出超出他平均年齡、超越他日常生活的行為。這就好像他在遊戲中，是高於自己一等。
>
> ——俄國心理學家 Lev Vygotsky（1896-1934）

主要照顧者與督導者鼓勵他們為各自的任務成長與發展。主要照顧者會自然的注意到發生的嚴峻考驗，而且有時候會造成負擔，但是這個是兒童在發展上需要去延伸的合適任務——去發展一個新的技巧、在一個不熟悉的脈絡中運用某個獲得的技巧、去學習新的資訊，或是以一個新穎的方式結合資訊。同樣的，督導者會注意到喚起受督導者緊張與不確定感的條件。督導者也可能創造產生焦慮的環境，同時提供建設性的回饋與情緒支持給予受督導者。挑戰任務意在幫助兒童或受督導者成功地駕馭在撫育關係中的困難，並且藉此來建立或恢復他們的自信。

▌神秘袋

我們的同事 J. Edson McKee 創造出這個活動，為治療與督導提供一個很好的隱喻。這個活動需要一個約麵包盒大小難以分辨的立體造型並且藏在袋子中。為了創造這個物品，蒐集各種不同形狀的小木塊、不同長度與寬度的圓柱、暗榫、塑膠片、海綿乳膠，以及其他任何形狀的小物品。接下來使用膠帶、膠水或是繩子，以任意的方式組合這些物品。最終的物品應該是一個抽象的圖形，難以輕易描述或幾何圖形的歸類。最後，把這個物品藏進有拉繩的袋子中。

當你攜帶這個當中隱藏著內容物的袋子來到督導會談時，邀請一個自願對其他人描述這個物品的人。這個人不能偷看袋子，但是可以用手伸進袋子去感覺這個物品，同時提供如何描繪它的指示說明。其他的受督導者必須基於這個自願者給予的描述，畫出袋子裡是什麼的一幅繪畫。這些繪畫者可以詢問自願者問題，但是他們不能夠向任何人透露他們的解釋。

一旦其他人完成他們的繪畫，這位描述者也概略描繪這個物品。之後，所有的受督導者可以和其他人一起比較他們的示範說明。邀請參與者反映表現這個任務的經驗。最成功的問題是什麼？哪些描述對於畫出在袋子裡的東西特別有幫助？這個活動與治療有何相似之處？又有哪些地方像我們的督導？

當你總結這個討論時，拉起束帶並且把這個袋子收起來。你的行為將會使參與者感到驚慌。總有些人會問說：「你不讓我們看看這個袋子裡有什麼嗎？」而且，這個活動最好的部分是應對他們無法看到什麼在袋子裡產生的領悟，因為從來沒有人這樣做過。

▌原創工作

在原創工作的活動中，邀請受督導者使用雕塑的媒材創造某個他們珍視的特性，以及他們相信他們帶進督導關係中的象徵物。不帶有評論，他們將自己完成的作品交給位於他們左邊的成員。每個接受者要觀看這個象徵物並且思考在這個創作者的內心中有什麼特性。不改變原創，他們使用媒材在上面添加一些東西並且將它傳遞給下一個人。這個物品可以被傳遞一到三次，並且最後回歸到一開始創造它的人手上。建議你在傳下去之前，針對每個作品花大約兩分鐘的時間觀看。

很重要的是在這段時間裡成員們不可以說話，而且添加物是在不改變原創形式的前提下被完成。當這個物品歸還的時候，每個人揭露所象徵的特性以及分享對於這個歷程的反應。你可以提出下列問題：

• 你喜歡其他人所添加的什麼部分？哪個添加物最吸引你？哪個最不吸引你？

- 關於為其他人添加的創作中，容易或挑戰的部分是什麼？
- 改變對你而言有什麼意義？
- 你的原始創作對於這些添加內容的反應是什麼？
- 你可以回想在督導中的什麼情境，或是想像有這些添加內容會是很好的嗎？

原創工作是一個能引發討論，去探索督導社群如何接受以及整合回饋的活動。

面具

督導者以及受督導者常玩的一個遊戲是：「你不知道的便無法傷害我」（Kadushin, 1968）。在這個遊戲中，或是相關的遊戲，雙方都只對於呈現有利的一面感到興趣。這樣的結果可能會是一個粗淺的、過度社交的關係。面具活動提供了機會來辨識與分享我們喜歡被認識的方式，以及個人的優勢、不安全感，和我們保留的個人問題。督導者與受督導者剪下一個面具，將它黏貼在一根壓舌板上。你可以使用雜誌上的圖片或詞彙，以及藝術媒材，像是麥克筆、毛根、羽毛、亮粉、鈕扣或是亮片裝飾面具的內外兩側。在別人看得到的面具外側，你創造一個你如何呈現的形象，而在你拿著面具時你觀看的內側，你創作一個你看見的專業自我的形象。邀請這個團體戴上面具，彼此互相觀看，一開始露出你通常對他人呈現的外側，而之後則是露出「隱蔽的」內側。討論你對於露出以及觀看每一側的反應，並且探索這個呈現如何影響督導與諮商關係。你可能想要展示這個面具並且在督導歷程的過程中參考它們，注意受督導者的成就與成長，特別是在他們相信沒有發展得很好或是認為弱勢的區域。

相見歡

相見歡活動可以使用在督導關係的任何時刻。你可以藉由描述我們每個人傾向以照本宣科的方式介紹自己開始，通常是介紹我們的姓名、職業，以及專業關係。當改變我們的介紹去跨越不同的脈絡時，照本宣科的自我介紹

提供限縮參與對話的管道。相對的，相見歡提供一種新奇的方式來分享你是誰，並且讓其他人認識你。這個活動可以幫助我們記住，除了我們在當下呈現給其他人的那個部分以外，我們每個人擁有很多角色並且有很多故事。這個活動可以用配對或是讓每個人對所有人演出的方式來進行。要求受督導者完成下述象徵性或逐字逐句的句首：

> 我的河流是……
> 我的山是……
> 我的家族遺產是……
> 我珍視的督導關係的一個特點是……
> 我的名字是……

　　鼓勵團體在提供介紹之後去評論相似性與差異性。當受督導者難以辨識優勢和看見複雜度，以及努力的對抗他們個人或是其他受督導者的掙扎時，這會是個有利的活動。過度狹隘和問題焦點的觀點的議題，可能讓受督導者平行類比到他們個案的概念化之中。相見歡協助受督導者建構他們個案的世界較複雜的圖像。

▍文化拼貼

　　督導與治療性介入的一個關鍵要素是具備文化敏感度與回應的能力。這個活動提供受督導者機會去辨識在他們個人的發展以及在他們個案的生活之中，重要的影響以及傳統。受督導者使用雜誌上的圖片或是詞彙，建構一幅個人文化的拼貼。與你的受督導者進行關於文化的對話是非常有用的：他們認為文化是什麼、他們的文化遺產以及認同是什麼？以及他們如何看見文化展現在他們的家庭慶祝活動和傳統、食物、音樂，或是宗教上的儀式？參與關於這個圖像與詞彙，以及關於伴隨建構的拼貼而來的情緒的討論。你可以邀請受督導者去述說他們放在拼貼中的什麼圖像或詞彙是他們感到最驚訝的、他們認為誰喜歡看見和聽見關於這個拼貼、身為他們的督導者，了解什

麼圖像或詞彙對你而言最具意義、關於他們自己和他們的文化還有哪些重要的事需要知道，是透過拼貼看不出來的？以及在他們的文化拼貼中他們感到最驕傲的是什麼？

　　督導者可以使用這些挑戰活動去鼓勵冒險與增加發展歷程的動機。Stoltenberg、McNeill 與 Delworth（1998）描述一個專業成長的模式，用來處理受督導者跨越全部發展層次的動機。他們清楚描述受督導者從高度動機與焦慮的狀態，到動機與信心極度波動的時期，再到偶爾懷疑效率是不固定的之過程，使受督導者的旅程有系統的連貫起來。這個挑戰活動讓督導者與受督導者有機會去辨識及面對成長的領域，並建立起信心。

參與

> 遊戲是我們大腦喜歡的學習方式。
>
> ——當代美國作家 Diane Ackerman（1948-）

　　治療性的遊戲介入是為了主動將兒童拉進遊戲式的互動中而設計。這個交流幫助兒童學習溝通，去親近以及去享受人際接觸。主要照顧者的角色是熱情地邀請兒童進入互動之中，並且維持他（她）的興趣與喚起。聚焦在參與的督導介入，提供受督導者機會以新奇的方式去探索個人的資訊並練習溝通。強調參與活動提供督導者一個立場，藉由設計機會去將受督導者引進遊戲式的活動之中，以傳遞他（她）對受督導者能力的承諾與信念。如你所見，這個結構、挑戰、參與及撫育的面向是相互交織的，而且在建立一個安全與支持性的督導關係時，全都是重要的因素。

▍督導場域

　　在這個活動，你與你的受督導者挑選或繪畫動物的圖去創造一個督導的「場景」（scene），名為督導場域（Supervisionland）。邀請受督導者反思他們的督導經驗，瀏覽一系列的動物圖片，並且選擇那些對於展現高品質的

督導關係而言是非常重要的特質的圖片。（你可以使用美工圖案、問候卡，
或是針對這個場景畫出動物。當然可以鼓勵受督導者增加任何現有以外的圖
片。）圖 17.2 呈現一些動物圖畫，以及使用在我們的督導場域活動中一個
場景的背景。

圖 17.2　督導場域──在這個活動中使用項目的例子，挑選或繪出動物的圖
　　　　去創造一個督導的「場景」

　　所有的參與者被邀請透過在督導場域中放置他們的動物創造這個場景。督導場域的場景可以只是在地板上或桌面上、一塊海報板、一張圖片，或是一個叢林、森林或海景的照片——或是某些所有這些環境的結合——由受督導者所繪。受督導者藉由他們挑選的圖片，分享他們關於督導重要特質的想法。督導者鼓勵受督導者藉由注意這些動物的特性去探索他們的恐懼、焦慮，以及對於成長的希望。同時也鼓勵受督導者去觀看在督導場域中挑選的所有動物的情境脈絡。例如：某個受督導者挑選了一張一隻鳥的圖像，陳述他「離開樹枝」的恐懼。督導者認知到這個擔憂，而有趣的是，督導者描述他也選擇了同一張圖來傳遞他希望提供一個安全之地，一個受督導者可以冒險去飛的巢穴。圖 17.3 呈現由督導者與受督導者所挑選的鳥的圖畫。

圖 17.3　督導場域——督導者與受督導者選擇鳥的圖畫

　　這個活動對於運用在督導早期去進入受督導者的期待與關注焦點是很有幫助的。受督導者在督導期間的尾聲被要求貢獻一張圖像以加入督導場域的收藏品，因此在督導場景中留下他們個人所擁有的傳承物。

遊戲治療猜字謎

遊戲治療猜字謎利用傳統的猜字謎遊戲，遊戲中一個人要表演一個字或一個片語當作線索，但要以遊戲治療領域來出題。督導團體會分成兩小隊，並有一位計時／計分員。整個團體要檢視和同意遊戲中會運用到的手勢與姿勢──實際上這可能會是個很有趣的處理階段，因為許多原生家庭的規則通常會出現，也會是爭議的來源！舉例來說，你會如何表現複數、字母表中的字母或是過去式？決定遊戲的回合數，並且發出 10 到 20 張紙條。兩隊各自在紙上出題並且寫下單字和片語。片語可以是名言佳句（如遊戲治療大師 G. Landreth 的名言：「鳥飛、魚游，兒童遊戲」）、遊戲治療的相關書名、這個領域的領導人物、理論或概念，還有技術或玩具的名稱。為了有助於確認題目是可以答出來的，你要建議小隊，只能含括那些團隊中的人都很熟悉的題目，而且片語不會超過六到八個字。之後，唯一的限制就是你們共同的想像力了！

第一小隊的一個玩家抽出一張第二小隊的紙條，並且簡短地確認一下（同樣的，受督導者對於如何完成或許也很有想法）。計時員會告訴玩家開始。第一小隊有三分鐘的時間來猜出正確答案。如果他們猜出來，計時員會記錄花了多久的時間。如果他們沒有在三分鐘內猜出來，計時員會宣布時間到，並且記錄下三分鐘的時間。接著換第二小隊猜題，遊戲用同樣的方式繼續進行。遊戲治療猜字謎通常會持續進行，一直到每個玩家都有機會去「表演」片語，每一小隊的得分是小隊在所有回合中所用掉的時間，由分數最少的小隊獲勝。或許你會想要將這個活動修改成合作式的遊戲，由一個團體完成，不論是否要分成小隊，努力去突破先前的紀錄或減少遊戲中的時間與計分。

團隊的角色扮演

邀請受督導者去確認出在遊戲治療中卡住或無效的例子。你和督導團體中的其他成員會被分派角色來演出，提出問題的受督導者會輪流扮演遊戲治

療師、兒童或家長、觀察者，或督導者的角色。在團隊的角色扮演中，角色扮演的人會要求暫停來請求協助（像是一個教練叫出暫停）。在暫停的時候，扮演的人可能會需要關於下一步要做什麼立即性的建議，或者坐到外面去，讓另一個團體成員坐進來，換言之，團隊會幫助他們讓角色扮演繼續下去。坐進來團隊的成員不會評論或發問，就只是進來在此刻擔任角色繼續進行介入。為了能夠加入角色扮演，所進行的遊戲能夠允許觀察者喊「進入」（當我們演出這個版本，被要求離開角色扮演的人有權利拒絕退出）。受督導者也發現這對於角色扮演的狀態很有幫助，他們相信他們會成功地掌控，以強化他們的收穫。在另一種變化的形式中，受督導者角色扮演他們最害怕發生的事情。對有些受督導者來說，是「具攻擊性」的兒童，對有些受督導者來說是那些「退縮」的兒童，對另外一些受督導者來說則是「黏人」的兒童。角色扮演讓受督導者在安全與關懷的關係中練習遊戲治療技巧──是學習的最佳環境。

▍玩偶

在遊戲治療督導中運用玩偶來幫助受督導者發展趣味性、創造力與自發性。玩偶可以在任何時候用來與受督導者互動以增添對話的刺激與驚奇。受督導者可以運用玩偶在遊戲治療室、兒童的學校或家庭生活中角色扮演他們自己與他們的個案。受督導者可以藉由指名其他受督導者來角色扮演家庭的成員，以進一步探索他們對這個孩子家庭的信念。受督導者扮演在家庭中的角色、選擇玩偶並且創作一個有開始、中間與結尾的故事。演員由故事的標題與寓意來決定。告訴受督導者，故事必須要是原創，並且應該要能排演出來。督導者與沒有扮演的受督導者則擔任觀眾。在故事演完之後，你與其他的觀眾也要運用玩偶，與故事中的玩偶進行互動。停留在遊戲中的隱喻，你可以探問故事中的玩偶，提供機會讓彼此聊聊天。舉例來說：「小兔子被留在山洞中的感受是如何？」「哪個人物也想要有權力？」「告訴我接下來會發生什麼事？」

▍沙盤督導

在這個活動中，你邀請受督導者建構一個兒童與家庭的沙盤。告訴受督導者挑選最能反映出自己對於這個孩子或其他家庭成員的想法與感覺的物件，並且將它們排列在沙盤中。邀請他們為沙盤命名。接下來，你邀請受督導者去挑選最能反映出自己跟這個孩子和家庭間的關係的想法與感覺之物件，並且再次針對這個景象命名。在建構完每個沙盤之後，用簡單的評論開始會很有幫助，像是：「告訴我關於這個孩子和他的家庭」或者「告訴我你如何看待你跟這個孩子和家庭的關係」。你也可以探問受督導者是如何為沙盤命名。最後，邀請受督導者挑選一個物件代表你，並且放在沙盤中再加以命名。提出循環式問句，假設「每件事情與其他事情都有某種程度的連結」（Tomm, 1988, p. 6）能有助於開啟不同的觀點與連結。你可以提出問題像是：「在這個景象中誰最擔心？」「這個人很擔心或不擔心的時候會做些什麼事？」「誰最可能注意到這樣的擔心並且找方法來協助？」或者「你猜猜看，誰對兒童最寄予厚望卻害怕表達出來？」

停留在沙盤中的隱喻去問問題或提出評論，會讓受督導者對孩子與家庭所保持的信念產生耐人尋味與更具啟發的觀察。（進行這個督導活動，最好要有沙盤與豐富的物件，雖然你可以用雜誌或賀卡的圖片、現有的物品、個人的雕塑或圖畫來取代或擴充物件。）這個活動充滿變化。當然，可以修改方向來符合受督導者的發展層次與他們想要探索的議題。他們也可以加以變化，挑選物件來代表家人之間的關係、描述在特定時期或特殊事件，或是在未來當目前的議題已經解決時的兒童與家庭。也可以考慮在督導中採用家族治療的其他技術，像是家庭雕塑（family sculpting）。

參與提供督導者機會去了解受督導者並帶給他們樂趣。我們所做的工作是令人欣慰卻又要求很高的，會損耗我們的情緒資源。參與活動能夠讓受督導者與督導者充電，容讓你可以愚蠢也可以認真、可以有技巧也可以未知、可以與眾不同也可以有所連結，所有的一切都可以同時發生。圖 17.4 是本

圖 17.4 參與—— Patch Adams 和 Anne 很巧妙地擺放他們的手指

章的作者 Anne Stewart 與 Patch Adams，他們的姿勢傳達出參與彼此是多麼的簡單。正因為我們從事嚴肅的工作，但不意味著我們要嚴肅地對待自己。

撫育

遊戲增進歸屬也鼓勵合作。

——美國當代精神病理學家 Stuart Brown, MD

照顧者為他們的孩子提供安適，他們有助於緩和撫慰與平穩孩子的擔心，也能夠貼近情緒、理解的，並回應孩子的需求。兒童會學習成人有效地回應自己的需求，發展出增進自我撫慰的能力，更能自我滿足。然而開展撫育的活動可能不是督導者直接的意願，這類的活動對於和那些在督導中表現出敵意或做出令人厭惡行為的受督導者，以及那些假裝成熟的受督導者建立

連結是非常有用的。督導者必須一致性的回應受督導者的不安全感、懷疑及恐懼，不要因為對他們的需求可能有的誤解而裹足不前。這個支持持續一段時間後，用這個撫育與面質的形式將會幫助受督導者去撫慰不確定性，並且增加他們的自我覺察與自主性。

▌援助之手

你可以針對個別或團體的用途來改編這個介入策略。簡要的說說我們每個人如何需要也應彼此伸出援助之手。給每個人一枝鉛筆和一張紙，並且邀請受督導者畫下他們其中一隻手的輪廓。他們之後可以在每根手指上創作一幅圖畫，或是書寫到現在為止有誰或什麼曾經幫助他們專業成長。他們也可以創造另一隻「援助之手」去描述他們曾經成為他人資源的五種方式。你不需要紙張與麥克筆來進行這個活動。受督導者也可以僅是呈現他們的雙手並且描述他們曾經接受或給予別人的幫助。

「援助之手」邀請受督導者去探索他們曾經如何對他人創造一個正向的不同，因為他們成長而改變了自己。這鼓勵他們意識到自己對於他人的發展扮演著積極主動的角色。

▌支持圈

這個活動也是非常有力的。支持圈的活動最好在六人或更多人的團體中進行。首先，將團體分成一半，引導一半的人圍成一個互相面對面的內圈，讓他們閉上他們的眼睛。引導另一半的受督導者形成一個外圈，站在內圈成員的右後方。告訴外圈的人去想像他們回到一個嬰兒時，並且找出當他們是嬰兒時自己希望被告知的一句正向語句。

接下來，這個在外圈的人向前傾並且小聲的在他們前方的這個受督導者耳邊說這句話。內圈的人留在原地，同時外圈的人向右跨一步到內圈下一個人的右後方，並且再次在耳邊小聲地說這個訊息。持續進行直到外圈的參與者移動回他們原本的位置。

外圈與內圈互換位置，由新的內圈成員閉上他們的眼睛，同時外圈的成

員開始對在他們面前的那個人的耳邊小聲說正向的訊息。重複這個繞圈活動，直到每個人都有機會聽見正向的訊息並且傳遞給其他人。

接續這個活動後進行一次討論，讓參與者談論他們的早期回憶，他們在過去和現在對自己的感覺如何，以及這些訊息與現在督導歷程的關聯。這個活動是我們的朋友及同事，也是《治療性遊戲：提升依附關係的遊戲治療新方法》（*Theraplay: Innovations in Attachment-enhancing Play Therapy*）一書的作者 Evangeline Munns 介紹給我們的。

▌口袋夥伴

在這個活動中，受督導者創作他們個人所擁有的過渡性客體。引導參與者去思考在他們生命中的任何時間點，一直是自己支持來源的人。之後，思考這個人曾經傳達出來某個說出或未說出的訊息，像是：「你是一個不可多得的人才」、「你的微笑照亮這個世界」，或是「你可以做任何事情！」受督導者之後把這個訊息寫在一根冰棒棍上，或是沉思與想像這個木棒棍上的訊息。受督導者裝飾這根冰棒棍以創造出一個「口袋夥伴」（pocket pal）。受督導者可能會（也可能不會）分享這個實際的訊息，但是督導者藉由邀請他們去想像自己在何時可以從聆聽這個訊息獲益、他們可以在哪裡策略性的放置這個口袋夥伴好記住這個訊息，以及是什麼幫助他們相信這個訊息等，進行更深入的探索。這個活動也可以透過在一塊石頭上書寫訊息來進行。

▌我就是喜歡這樣的我！

「我就是喜歡這樣的我！」可以讓受督導者練習產生正向的自我陳述以及建立自尊。參與者配對並且輪流詢問與回應這個問題：「你喜歡自己的什麼？」在這個結構式的活動中，對話被限制在辨認與見證自我肯定。持續兩分鐘的時間，一個人詢問這個問題：「你喜歡自己的什麼？」回應者說出他喜歡的一個特色或特質。問問題的人回應：「你還喜歡自己的什麼？」在這兩分鐘內不允許其他的詢問。對於人們而言，要指出很多關於自己被看重的

地方是出奇的困難。對於提問的人來說，要忍住不參與這個問題的對話或提供像是「是的，我也喜歡你的這個部分」的讚美，也是特別困難的。接下來的兩分鐘，是關於受督導者喜歡自己什麼部分的每個問題與回答，這個配對與團體進行關於他們認同的內容以及關於在每個角色中如何感覺到自在與不自在的對話。整個團體檢視他們經驗到的反應如何與督導歷程相關。

對於所有的治療師而言，持續檢視他們的個人議題，並在我們嘗試去幫助他人時，找到讓他人和我們自己得到滋養的管道是很重要的。這些遊戲式的活動讓身為受督導者與督導者的我們，能以富有想像的方式看見我們自己，帶來自我發現，同時也讓我們與他人連結，建立起我們的學習、遊戲和社群。

結　論

當你讀到了這一章，也是本書的尾聲，我們邀請你回想那些在你生命中當你已經在創造性歷程完全的被吸引，或是全心全意的參與遊戲的某個時間。在那一瞬間，你是全神貫注於這個經驗，專心於此時此刻，並且全然的浸入這個流動中。當你完全專注於當下時你從不孤單，因為在那些時刻撫育你的主要照顧者會清晰的浮現出來——他們的聲音、價值觀、優勢、存在的方式。所有的創造性與遊戲是共有的，即便是在獨處時。

現在，記住那些你覺得你的治療力量處於巔峰的某個時間。在那一刻，你和你的個案有同理性的共鳴，優雅的跳著超越改變的舞蹈，並且體現你內化的督導者的集體智慧。感覺他們的存在、站在他們提供的基礎上，並且回頭聆聽他們合唱的聲音，當你真的有療癒力時你從不會唱獨角戲。

身為督導者，你被稱為一位奉獻的心靈導師、技巧的指導者，以及有才幹的楷模。增加創造性玩伴的角色為你的督導帶來豐富性、深度及探索。藉由遊戲，你的受督導者用心學習如何真的有療癒力，而且，雖然他們在你的督導下發展他們個人的內在視野，他們永遠不會成為孤單的治療師。

參考文獻

Ainsworth, M. D. S., Blehar, M. C., Waters, E., & Wall, S. (1978). *Patterns of attachment: Psychological study of the strange situation.* Hillsdale, NJ: Erlbaum.

Bernard, J. M., & Goodyear, R. K. (2004). *Fundamentals of clinical supervision* (3rd ed.). Boston: Allyn & Bacon.

Cresci, M. M. (1995). How does supervision work? Facilitating the supervisee's learning. *Psychoanalysis and Psychotherapy, 13,* 50–58.

Echterling, L. G., Presbury, J., & McKee, J. E. (2005). *Crisis intervention: Promoting resilience and resolution in troubled times.* Upper Saddle River, NJ: Merrill/Prentice Hall.

Falender, C., & Shafranske, E. (2004). *Clinical supervision: A competency-based approach.* Washington, DC: American Psychological Association.

Falvey, J. E. (2002). *Managing clinical supervision: Ethical practice and legal risk management.* Pacific Grove, CA: Brooks/Cole.

Gil, E., & Rubin, L. (2005). Countertransference play: Informing and enhancing therapist self-awareness through play. *International Journal of Play Therapy, 14,* 87–102.

Haynes, R., Corey, G., & Moulton, P. (2003). *Clinical supervision in the helping professions: A practical guide.* Belmont, CA: Thomson Brooks/Cole.

Holloway, E. L. (1995). *Clinical supervision: A systems approach.* Thousand Oaks, CA: Sage.

Jernberg, A., & Booth, P. (1999). *Theraplay: Helping parents and children build better relationships through attachment-based play.* San Francisco: Jossey-Bass.

Kadushin, A. (1968). Games people play in supervision. *Social Work, 13,* 23–32.

Main, M., Kaplan, N., & Cassidy, J. (1985). Security in infancy, childhood, and adulthood: A move to the level of representation. In I. Bretherton & E. Waters (Eds.), Growing points of attachment theory and research. *Monographs of the Society for Research in Child Development, 50*(1–2), 66–104.

Marvin, R., Cooper, G., Hoffman, K., & Powell, B. (2002). The Circle of Security project: Attachment-based intervention with caregiver-pre-school child dyads. *Attachment and Human Development, 4*(1), 107–24.

Neill, T. K. (Ed.) (2005). *Helping others help children: Clinical supervision of child psychotherapy.* Washington, DC: American Psychological Association.

Play science—The patterns of play. (n.d.). Retrieved June 1, 2007, from nifplay.org/states_play.html.

Presbury, J., Echterling, L. G., & McKee, J. E. (1999). Supervision for innervision: Solution-focused strategies. *Counselor Education and Supervision, 39,* 146–55.

Ray, D. C. (2004). Supervision of basic and advanced skills in play therapy. *Journal of Professional Counseling: Practice, Theory, & Research, 32,* 28–41.

Schore, A. N. (2000). The self-organization of the right brain and the neurobiology of emotional development. In M. D. Lewis & I. Granic (Eds.), *Emotion, de-*

velopment, and self-organization (155–85). New York: Cambridge University Press.

Stewart, A. L, Benedict, H., Bratton, S., Drewes, A., et al. (2005). Excellence in training: Sharing exemplary practices in the education and supervision of play therapists (workshop at the Association for Play Therapy Conference, Nashville, Tennessee, October 10–15).

Stewart, A. L, Benedict, H., Bratton, S., Drewes, A., et al. (2006). Excellence in training: Sharing exemplary practices in the education and supervision of play therapists (workshop at the Association for Play Therapy Conference, Toronto, Canada, October 9–14).

Stolenberg, C., McNeill, B., & Crethar, H. (1994). Changes in supervision as counselors and therapists gain experience: A review. *Professional Psychology: Research and Practice, 25*(4), 416–49.

Stolenberg, C., McNeill, B., & Delworth, U. (1998). *IDM: An integrated developmental model for supervising counselors and therapists.* San Francisco: Jossey-Bass.

Todd, T., & Storm, C. (1997). *The complete systemic supervisor.* Boston: Allyn & Bacon.

Tomm, K. (1988). Interventive interviewing: Part III. Intending to ask lineal, circular, strategic, or reflexive questions? *Family Process, 27,* 1–15.

國家圖書館出版品預行編目（CIP）資料

督導好好玩：遊戲治療督導技巧 / Athena A. Drewes,
Jodi Ann Mullen 主編；許智傑, 謝政廷譯. -- 初版. --
新北市：心理出版社股份有限公司, 2023.06
　　面；　公分. --（心理治療系列；22182）
譯自：Supervision can be playful: techniques for child
and play therapist supervisors
　　ISBN 978-626-7178-59-1（平裝）

1. CST: 遊戲治療　2. CST:心理治療師　3. CST:
心理治療

178.8　　　　　　　　　　　　　112007711

心理治療系列 22182

督導好好玩：遊戲治療督導技巧

主　　編：Athena A. Drewes、Jodi Ann Mullen

總 校 閱：林妙容

譯　　者：許智傑、謝政廷

執行編輯：林汝穎

總 編 輯：林敬堯

發 行 人：洪有義

出 版 者：心理出版社股份有限公司

地　　址：231026 新北市新店區光明街 288 號 7 樓

電　　話：(02) 29150566

傳　　真：(02) 29152928

郵撥帳號：19293172　心理出版社股份有限公司

網　　址：https://www.psy.com.tw

電子信箱：psychoco@ms15.hinet.net

排 版 者：辰皓國際出版製作有限公司

印 刷 者：辰皓國際出版製作有限公司

初版一刷：2023 年 6 月

Ｉ Ｓ Ｂ Ｎ：978-626-7178-59-1

定　　價：新台幣 450 元